»O Haupt, sonst schön gezieret ...«

Neue Beiträge der Paul-Gerhardt-Gesellschaft | 1

Konrad Klek (Hrsg.)

»O Haupt, sonst schön gezieret ...«

Zu Werk und Wirkung Paul Gerhardts

EVANGELISCHE VERLAGSANSTALT
Leipzig

Bibliographische Information der Deutschen Nationalbibliothek
Die Deutsche Nationalbibliothek verzeichnet diese Publikation in der
Deutschen Nationalbibliographie; detaillierte bibliographische Daten
sind im Internet über http://dnb.dnb.de abrufbar.

© 2024 by Evangelische Verlagsanstalt GmbH • Leipzig
Printed in Germany

Das Werk einschließlich aller seiner Teile ist urheberrechtlich geschützt.
Jede Verwertung außerhalb der Grenzen des Urheberrechtsgesetzes ist ohne
Zustimmung des Verlags unzulässig und strafbar. Das gilt insbesondere für
Vervielfältigungen, Übersetzungen, Mikroverfilmungen und die Einspeicherung
und Verarbeitung in elektronischen Systemen.

Das Buch wurde auf alterungsbeständigem Papier gedruckt.

Cover: makena plangrafik, Leipzig/Zwenkau
Coverbild: Paul-Gerhardt-Denkmal, Lübben
Satz und Gestaltung: Steffi Glauche, Leipzig
Druck und Binden: BELTZ Grafische Betriebe GmbH, Bad Langensalza

ISBN 978-3-374-07529-4// eISBN (PDF) 978-3-374-07530-0
www.eva-leipzig.de

Vorwort

Die im Jahr 1999 in Berlin gegründete Paul-Gerhardt-Gesellschaft startet mit dieser Schrift im 25. Jahr ihres Bestehens eine neue Publikationsreihe mit der Evangelischen Verlagsanstalt Leipzig, nachdem bisher elf Bände im Berliner Verlag Frank & Timme erschienen sind. Die Satzung der Gesellschaft hält als Zweck neben anderem die Edition wissenschaftlicher Beiträge fest, welche zumeist auf Vorträgen bei den Tagungen basieren. Wir danken Dr. Annette Weidhas herzlich für die Bereitschaft, unseren »Neuen Beiträgen« ein Dach über dem Kopf in ihrem Verlagshaus zu geben, das von seiner theologischen Programmatik her ideal als Heimat für den bedeutendsten barocken geistlichen Liederdichter Paul Gerhardt fungieren kann. Und wir freuen uns, dass die »Neuen Beiträge« nun auch zum 500. Jubiläum des »Neuen Liedes« der reformatorischen Gesangbücher ihren Lauf beginnen können.

Dieser Band enthält Beiträge zu verschiedenen Themenkomplexen, wie sie in den letzten Jahren auf der Agenda der Gesellschaft standen. Am Anfang stehen zwei umfängliche Forschungsbeiträge von Susanne Weichenhan, Gründungsmitglied der Gesellschaft und seit vielen Jahren im Vorstand als Stellvertreterin des Präsidenten aktiv. Ihre erste Stelle im Pfarrdienst war in den 1990er-Jahren Paul Gerhardts St. Moritz-Kirche in Mittenwalde (Mark Brandenburg). So wurde der berühmte Amtsvorgänger nicht nur ihr großes Lebensthema, sondern sie hat im sonntäglichen Dienst selber die Erfahrung gemacht, was es heißt, dem »Haupt, sonst schön gezieret« in der Predella des Mittenwalder Altarretabels ins Auge zu blicken bzw. sich von ihm anblicken zu lassen. Bei der Jahrestagung der Gesellschaft im Oktober 2020 in Mittenwalde konnte sie im Eröffnungsvortrag dies zum Thema machen. Hier legt sie nun eine gründlich recherchierte Studie zu den ikonographischen Traditionslinien dieser Haupt-

Christi-Darstellung und ihren theologischen Implikationen vor und unternimmt in Korrelation dazu eine »vertiefende Textinterpretation« von Paul Gerhardts viel rezipiertem Passionslied *O Haupt, voll Blut und Wunden*.

Der zweite, umfängliche Beitrag Weichenhans ist die Frucht einer Pfarrdienst-Studienzeit im Jahr 2018. Erste Ergebnisse daraus hatte sie auf dem Studientag der Gesellschaft vorgestellt, der im Oktober 2018 in Zusammenarbeit mit der theologischen Fakultät der Humboldt-Universität in Berlin durchgeführt wurde. Gegenstand ist einer der wenigen erhaltenen, nichtpoetischen Texte Gerhardts, eine zum Druck gebrachte Leichenpredigt aus dem Jahr 1655. Weichenhan referiert detailliert Vita, persönliches Umfeld und Lebensumstände des Verstorbenen – kein Geistlicher, sondern Amtsschreiber, analysiert und rekonstruiert dann nach allen Regeln der Kunst minutiös Aufbau, Sprache und innere sowie formale Logik des aus Sermon, Ehrengedächtnis und Epicedium, einem Gerhardt-Lied zu Psalm 71, zusammengesetzten Werks. So kann man Paul Gerhardt in seiner Meisterwerkstatt als lutherischer Geistlicher gleichsam über die Schulter blicken. Heutige praktisch-theologische Fragestellungen des Umgangs mit dem Altern fungieren als hermeneutische Klammer.

Die Berliner Jahrestagung der Gesellschaft im Jahr 2019 hatte »Paul Gerhardt und die Reformierten« als Thema. Auf dem Hintergrund der bekannten Konfliktsituation zwischen reformiertem Berliner Hof und lutherischer Geistlichkeit war u. a. zu eruieren, inwieweit die Lieder des dezidierten Lutheraners Gerhardt gleichwohl zeitnah in reformierte Gesangbücher aufgenommen wurden. Arbeitsteilig vorgehend kümmerte sich der Unterzeichnende um die Gesangbücher in Gerhardts direktem Berliner Umfeld, Prof. Dr. Irmgard Scheitler (Eichstätt) übernahm mit ihrer einschlägigen Expertise in Libretto- wie Gesangbuchforschung dankenswerterweise die Recherche zu geographisch entfernteren reformierten Gesangbüchern bis hin zu solchen in der entlegenen Schweiz (wo Gerhardts Lieder tatsächlich kaum Aufnahme fanden). Die Recherchen beider Vorträge werden hier als Basis für weitere Forschungen vorgelegt. Als bemerkenswerte Spezifika kommen dabei zu Beginn etwa das wegen der kurfürstlichen Auftraggeberin vom Verf. »Louisen-Gesangbuch« genannte, in mancherlei Hinsicht respektable, aber kurzlebige Liederbuch in den Fokus, oder in Scheitlers Beitrag das bemerkenswerte Rezeptionsphänomen, dass Melodiebezeichnungen Gerhardt-Liedtitel zuwachsen, obwohl es Lehnmelodien von älteren Gesängen sind.

Am Ende dieses Bandes stehen zwei etwas kürzere Florilegien: zunächst die »Enthüllung« eines Anagramm-Fundes in *Befiehl du deine Wege*, was einen lebensweltlichen Bezug in diesem wohl bekanntesten Gerhardt-Lied hypothetisch benennen lässt. Günter Balders, langjähriges Mitglied im Vorstand der Gesellschaft, hat sich schon vor Jahren in solche Spezifika barocker »Sprachspiele« eingearbeitet, um bei Paul Gerhardt auf Spurensuche zu gehen. Nun hat er den Staffelstab diesbezüglich weitergereicht. Als »fruchtbringenden« Gegenpol zu den historischen und werkbezogenen Beiträgen können wir mit den Beobachtungen und literaturwissenschaftlich wie psychologisch umsichtigen Analysen von Anja Conrad zur Rolle einiger Liedzitate bei der Literatin und Bachmann-Preisträgerin Helga Schubert auch den Aspekt der »Wirkung« Gerhardts in heutiger Zeit berücksichtigen. Die junge Pfarrerin in Kurhessen-Waldeck (und Marburger Promovendin) verbindet damit grundsätzliche Erwägungen zu hymnologischer Rezeptionsforschung als Dienst an der Zukunft der Lieder.

Wir danken allen hier Beitragenden für ihre Bereitschaft, diesen im heutigen Diskurs vergleichsweise abgelegenen Themenbereichen ihre Forscherzeit zu widmen und die Texte für die Publikation bereitzustellen. Susanne Weichenhan rekurriert am Ende ihrer Abhandlung zur Leichenpredigt auf die Metapher vom »Glänzen«. Ja, wer sich mit Paul Gerhardt befasst, bekommt solch inneres Glänzen zu spüren. Möge dies sich auch denen erschließen, welche diese Beiträge lesen.

Konrad Klek
Universitätsmusikdirektor Prof. Dr. theol. Konrad Klek
Präsident der Paul-Gerhardt-Gesellschaft

Inhalt

Susanne Weichenhan
**Das Mittenwalder »Schweißtuch der Veronika« und
Paul Gerhardts Dichtung *O Haupt voll Blut und Wunden*** 11

Susanne Weichenhan
»Das liebe hohe Alter« 54
Vom Umgang mit Altern, Sterben und Tod im Barock
am Beispiel der Trauerpredigt Paul Gerhardts
für Joachim Schröder 1655

Konrad Klek
Paul Gerhardt in Berliner reformierten Gesangbüchern 123

Irmgard Scheitler
**Paul Gerhardt in reformierten Gesangbüchern
zwischen 1660 und 1788** 147

Konrad Klek
Befiehl du deine Wege – mehr als ein Bibelwort-Akrostichon 173

Anja Conrad
**»Denn Tulipan und Salomonis Seide waren ihm einfach
zu schön zum Umdichten.«** 183
Erzählungen der Schriftstellerin Helga Schubert
im Kontext hymnologischer Rezeptionsforschung

Autorenverzeichnis 205

Das Mittenwalder »Schweißtuch der Veronika« und Paul Gerhardts Dichtung
O Haupt voll Blut und Wunden

Susanne Weichenhan

1. Vom Gold zur Farbe

In der St. Moritz-Kirche in Mittenwalde, jener Kirche, an der Paul Gerhardt von 1651 bis 1657 als Propst und Gemeindepfarrer tätig war, hat das zu seiner Zeit bereits altehrwürdige spätgotische Altarretabel mit dem geschnitzten Mittelschrein und seinen beiden von Heiligen geschmückten Flügeln, mit dem reichen Gesprenge und der gemalten Predella glücklicherweise alle Wirren der Zeiten überstanden. Es ist bis heute ein Glanzstück der Ausstattung, innerhalb des Binnenchores zwischen den beiden östlichsten Säulen platziert und genau in der Symmetrieachse des Gebäudes gelegen, so dass mit dem Betreten des Kirchenschiffes unmittelbar der Blick darauf gelenkt wird (Abb. 1).

Nicht die Malerei der Predella, sondern schimmerndes Gold fällt als erstes ins Auge: Blattgold, das die Gewänder der Heiligen ziert, das reiche gotische Rankenwerk ringsherum und auch den Grund, von dem sich die Figuren als Halbreliefs abheben. Musste so viel Gold sein? Wer wollte damit etwas warum und wie zeigen? Die weltlichen Antworten, die sich immer finden – Gold als Statussymbol, das luxuriöse Prunkbedürfnis von Stiftern oder auch Abnehmern eines solchen aufwändigen Werkes o. ä. – einmal außen vorgelassen: Ja, Gold musste sein, denn es war aus drei eher schon theologischen Gründen geboten für einen geweihten Altar.

Zum einen galt Gold schon in der Antike als überaus schön und damit würdig, in der Nähe des römischen Kaisers verwendet zu werden,[1]

---

[1] So in einer Rede Papst Leos des Großen (um 400 bis 461), zit. in Belting

Abb. 1: Altarretabel der St. Moritz-Kirche in Mittenwalde (Foto: https://www.altekirchen.de/offene-kirchen/kirchen/st-moritz-kirche-mittenwalde-paul-gerhardt-stadt).

und von daher eine Ahnung gesteigerter himmlischer Herrlichkeit und Majestät zu geben. Zum anderen besaß Gold als Werkstoff eine unvergleichliche Eigenschaft: Es gab ein Licht, das keinen Schatten warf. Denn man stellte sich noch bis ins Mittelalter sein Schimmern nicht als Reflexionsprozess eines Lichtstrahls vor, der unser Auge trifft, wie wir es heute für selbstverständlich halten, sondern man verstand es als ein dem Gold innewohnendes Leuchten[2], sodass man ein geheimnisvolles Licht erblicken konnte, das, anders als alle anderen irdischen Lichtquellen, keinen Schatten warf. Aus diesem Grunde war das Gold gerade gut genug, Himmlisches auf Erden sichtbar zu machen, genauer die innige Nähe von Überirdischem und Innerweltlichem, z. B. in der Gestalt eines Heiligen mit seinem goldenen Heiligenschein (Nimbus). Diese Nimben erscheinen hier im Mittenwalder Retabel auch auf goldenem Grund. Das reine Gold im Rücken der Heiligen kann als Andeutung der nicht mehr irdischen, sondern himmlischen Heimat gedeutet werden, von der her sie seitens der Menschen um Hilfe angerufen werden konnten. »Das Gold als mächtigste Erscheinung des Jenseits im Diesseits malerischer Bildgestaltung ›ein-verleibt‹ jedes natürliche Licht [...], weil es den alles Lebendige und Natürliche voraussetzenden Dualismus von Schatten und Licht gar nicht erst aufkommen lässt«, so dass man von einer »absoluten Souveränität des Goldes als ›Farbe‹«[3] sprechen kann. Zum dritten lässt sich bei einer rein goldenen Fläche wegen ihres Schimmerns in keiner Weise der Abstand schätzen zwischen einer Figur und dem, was man heute gern als »Hintergrund« bezeichnen würde.[4] Ob hier z. B. der Hl. Thomas oder die Hl. Anna Selbdritt auf den Altarflügeln mit ihren Körpern weit oder nicht weit vom goldenen »Himmel« entfernt sind, kann und soll gerade nicht einschätzbar sein. Ihre Heiligenscheine heben sich nur durch die unter-

---

  1991, 567. Alle detaillierten Literaturangaben zum hier vorliegenden Beitrag finden sich im unmittelbar folgenden Anhang.
2 Vgl. Onasch 1961, 28f.
3 Ebd., 29.
4 Ebd.

schiedlichen Punzierungen vom Untergrund ab, sind sozusagen zugleich im »Vorder-« wie »Hintergrund«.

Aus diesen drei Gründen war die Verwendung von Gold konstitutiv für die Tafelmalerei in byzantinischer Tradition und zumindest bis in die Gotik auch in der westlichen Malerei und Altargestaltung. Eine echte perspektivische Aufteilung in Vorder-, Mittel- und Hintergrund kam erst mit der Renaissancekunst auf, die sich im deutschen Raum mit dem beginnenden 16. Jh. Bahn bricht, d. h. zentralperspektivisch verfolgbare Fluchtlinien und in der Malerei die virtuelle Darstellung von Raumtiefe mit unterschiedlichen Farbstaffelungen.

Im spätgotischen Mittenwalder Altarretabel finden wir nun, was die Frage der Perspektive angeht, eine interessante Übergangsform. Im Mittelschrein des Flügelaltars befindet sich ein von Heiligenfiguren flankierter kleinerer Schrein – sekundär verwendet, d. h. als vorhandenes Stück in einen dafür geschaffenen Figuren- und Gehäuserahmen eingebaut, der die Szene der Beweinung Christi zeigt. Darin ist die Figur Christi vorn etwa doppelt so groß wie die der beiden Verbrecher, deren Figürchen an ihren Kreuzen gerade noch erkennbar sind, so, als ob diese Kreuze sich räumlich weiter hinten befänden. Solche perspektivische Schnitzerei der Antwerpener Schule[5] des späten 15. Jahrhunderts fand in der Malerei erst später eine Entsprechung. Die Bemalung der fertig geschnitzten Altarflügel auf deren Rückseiten, wo die Jahreszahl 1514 eingetragen ist, sowie der zeitgleichen Predella unterhalb der Wappenreihe des Mittelschreines datiert bereits in die Umbruchzeit der Frührenaissance, wo man weitgehend auf Gold verzichtete zugunsten natürlicher Farben und Schattengebungen.

---

[5] Vgl. dazu Cárdenas u. Schumann 2004, 11 und 22f.

2. Das Schweißtuch der Veronika als Predella

Die Predella zeigt das sogenannte Schweißtuch der Veronika (Abb. 2). Der Maler, sehr wahrscheinlich aus der Werkstatt oder dem Umfeld von Lucas Cranach,[6] verzichtet hier bereits auf den Goldgrund, obwohl er einen heiligen Gegenstand nach altem Vorbild malt: ein Tuch, das die Gesichtszüge Christi trägt. Genauer: Vor nachtschwarz unermesslichem Raum heben sich zwei schwebende Engel in bauschigem rotem bzw. gelbem Obergewand ab, jeweils mit blauem bzw. grünem Unterkleid; der gelbgekleidete ist auch grün gegürtet. Fast derbe, erwachsen wirkende Gesichter zeichnen die beiden aus, dazu lange dunkelblonde Locken und kräftige Hände, welche ein großes, starke Falten werfendes Leinentuch an den beiden oberen Ecken gefasst halten und gleichzeitig rechts und links raffen. Ein im Vergleich zu den Engelsgesichtern riesiges – und tatsächlich überlebensgroßes – Antlitz des dornengekrönten Christus, der mit leidendem Blick dem Betrachter begegnet, befindet sich im Zentrum des Bildes.

Abb. 2: Schweißtuch der Veronika, Predella des Altarretabels in Mittenwalde, Cranach-Schule, 1514, Zustand nach Restaurierung 2014 (Foto: Ursula Techel, Abdruck mit freundlicher Genehmigung der Fotografin).

---

[6] Ausführlich dazu vgl. ebd., 27.

Das Gesicht zeigt blaugraue Augen unter ebenmäßigen Brauen, große Wangenflächen und eine sehr lange Nasenpartie, dazu einen leicht geöffneten Mund mit kaum geröteten Lippen und einen braunen Oberlippen- und Kinnbart. Das ganze Antlitz wird umrahmt von langen braunen Locken. Deutlich erkennbar sind die Blutstropfen, von der Dornenkrone und den Schlägen herrührend (vgl. Mt 27,29); bei genauem Hinsehen ist sogar Speichel als ekelhafte Spur der Verspottung auf den Wangen zu erkennen (vgl. Mt 27,30). Minutiöse Malerei, die nichts dem Zufall überlässt, schon gar nicht den Umstand, dass das Antlitz des Leidenden dem Faltenwurf des Tuches nicht folgt, sondern wie abstands- und schwerelos darüber zu schweben scheint; auch hebt sich das Tuch über der Dornenkrone leicht entgegen der Schwerkraft, so dass es das gesamte Haupt einschließlich der Dornenkrone hinterfängt.

3. Bild-Legenden und malerische Traditionslinien

Woher aber konnte der Maler wissen, wie Jesus ausgesehen hatte? Aus den Evangelien keinesfalls, denn anders als die meisten Biographien antiker Literatur schweigen sie dazu konsequent. Weder Frisur, Augenfarbe, Barttracht noch einzelne Züge des Gesichts sind überliefert. Porträts aus Jesu Lebenszeit gibt es nicht und wurden auch nicht nachträglich aus der Erinnerung von noch lebenden Zeitgenossen angefertigt, denn in der frühesten Christenheit galt streng das alttestamentliche Bilderverbot. Man versammelte sich zu den Gottesdiensten nicht um ein Kultbild, sondern feierte im Gedenken an das letzte Mahl Jesu mit den Jüngern eine kultische Mahlzeit, das »Abendmahl«. Wie derjenige ausgesehen hat, der als Gottessohn und Herr verehrt und mit dessen Tod das Erlösungswerk in Verbindung gebracht wird, scheint zunächst ganz unwichtig gewesen zu sein.

Aber wie kann man den verehren, den man nicht kennt? War er womöglich unansehnlich, ja hässlich, wie es in dem auf ihn bezogenen Prophetentext vom Gottesknecht heißt: »Er hatte keine Gestalt und Hoheit.

Wir sahen ihn, aber da war keine Gestalt, die uns gefallen hätte« (Jes 53,2)? War er von außergewöhnlicher Schönheit entsprechend dem Königspsalm: »Du bist der Schönste unter den Menschenkindern, voller Huld sind deine Lippen« (Ps 45,3)? Bereits im 2. Jahrhundert diskutierte man solche Fragen, was darauf hinweist, dass womöglich bereits bildliche Darstellungen kursierten.

Damit tauchte das Problem auf, ob derjenige, den man als gestorbenen und auferstandenen Sohn Gottes für Gott hielt, überhaupt abgebildet werden dürfe. Das Gebot »Du sollst dir kein Bildnis noch irgendein Gleichnis machen, weder von dem, was oben im Himmel noch von dem, was unten auf Erden, noch von dem, was im Wasser unter der Erde ist: Bete sie nicht an und diene ihnen nicht« (Ex 20,4) schließt bildliche Darstellungen kategorisch aus. Andererseits: Wenn gilt, dass Gott in Jesus Christus wahrhaft und ganz Mensch geworden ist, bedeutet dies auch, dass man ihn als Menschen abbilden darf, mit allen Folgefragen für die konkrete Umsetzung. Aus diesem theologischen Gegensatz erwuchsen scharfe Auseinandersetzungen, denen nach dem Aufblühen der Bildnismalerei eine beträchtliche Anzahl Ikonen zum Opfer fiel. Erst im Jahr 843 setzten sich die »Bilderfreunde« durch, indem das Konzil von Nicäa Christusbildnisse endgültig legitimierte. Ein damals im byzantinischen Raum bereits üblicher Bildtyp hat sich insbesondere in altkirchlichen Mosaiken und in russischen Ikonen erhalten – und ist in verblüffender Weise auch noch im Mittenwalder Schweißtuch der Veronika erkennbar. Es geht um den Typ des sogenannten Acheiropoieton, des »nicht von Menschenhand gemachten« Bildnisses. Zu seiner Vorgeschichte seien einige alte Christusbilder vorgestellt.

Hier (Abb. 3) ist das Angesicht Christi in der Tradition wandernder Weisheitslehrer der Antike dargestellt: ein längliches Gesicht, betont ebenmäßig, mit Bart und langem offenen Haar. Die Forderung nach einem Porträt, d. h. nach Authentizität des Abbildes, verlangte jedoch eine weitere Legitimation, damit ein Christusbild nicht nur ein typisiertes Lehrerbild unter anderen wäre. So griff man auf die ebenfalls in der heidnisch-griechisch-römischen Antike bereits vorhandene Vorstellung eines »nicht

Abb. 3: Mosaik in St. Appolinare in Classis/Ravenna: Christusmedaillon im Zentrum des Apsiskreuzes, Mitte 6. Jhdt.: Frontalantlitz (mit Hals und Schulteransatz); Oberlippen- und Kinnbart, Mittelscheitel, lange offene Haare in 4 Strähnen auslaufend, Blick seitwärts nach links (Quelle: Kalender Union Verlag Berlin, vor 1989).

von Menschenhand gemachten« Kultbildes zurück, das »Acheiropoieton« (griechisch χείρ, cheir, d. h. Hand, ποιεῖν, poiein, d. h. tun, machen). Ein solches Bild stamme, so der legendäre Ursprung, nicht von Menschen, sondern werde direkt von den Göttern auf die Erde geschickt oder herabgeworfen. – Bereits das Neue Testament referiert in Apg 19 eine solche Vorstellung, da dem Apostel Paulus in Ephesus vorgeworfen wird, gegen die Kultfigur der Diana von Ephesus aufgetreten zu sein mit der Behauptung, es sei von Hand gemacht und also kein Gott. Demgegenüber erklärt der Kanzler, in Wirklichkeit sei es »vom Himmel gefallen«, so dass das Argument des Paulus gar nicht greife und der Apostel erst einmal vor dem Mob geschützt ist (Apg 19,26.35–37).

Die ältesten christlichen Legenden zu Acheiropoieta stammen aus dem türkischen und syrischen Raum und werden in das 4. bis 6. Jh. datiert, in dem von einem auf Leinwand befindlichen Christusbild (»Mandylion«, griechisch nach persischem Wortstamm) die Rede ist, welches sich auf wundersame Weise vervielfältigte. Wichtigstes Mandylion wurde ein legendäres Porträt Christi, das »Abgarbild«. König Abgar von Edessa (Syrien) schreibt einen Brief an seinen Zeitgenossen Jesus und bittet darin, von schwerer Krankheit geheilt zu werden, so eine Legende, die bereits im 4. Jahrhundert in der »Kirchengeschichte« des Euseb erzählt wird. Christus antwortet hier mit einem Brief, der zusammen mit der Handauflegung durch einen Apostel die Heilung bringt. – Von einem Bild ist hier noch nicht die Rede.[7] Im 5. bis 6. Jh. wird diese Heilungsgeschichte nachträglich mit einem Abbild Christi in Verbindung gebracht, welches Abgar zu seiner Heilung erbeten habe, und erhält schließlich über Zwischenstufen folgende Fassung: Ein Bote Abgars solle Christus malen, damit dieses Bild die erhoffte Heilung bringe, scheitert aber daran. So wäscht Christus sein Gesicht, um es feucht in ein Tuch zu drücken, und lässt dieses Abgar überbringen; der König wird schließlich durch dieses nicht von Menschenhand gemachte Bild zusammen mit dem Brief Christi an ihn geheilt.[8] Auf diese Weise ist ein Ikonentyp begründet, der Jesus in Frontalansicht mit Bart und flächig ausgebreitetem Haupthaar ohne Hals und Oberkörper zeigt auf weißlich-leerem Grund (welcher das Tuch symbolisiert, daher ohne Goldgrundierung!) oder unter Andeutung des Tex-

---

[7] Euseb von Cäsarea (geb. um 260 in Palästina, gest. 339/40 in Caesarea), Kirchengeschichte, 112–114; in dem Brief Christi an Abgar wird noch die Bildlosigkeit vorausgesetzt: »Selig bist du, weil du glaubst, ohne mich gesehen zu haben« (112). In diesem Buch, das die Geschichte der jungen Kirche bis 324 n. Chr. schildert, ist an anderer Stelle von einer Jesus-Statue die Rede und von Bildern der Apostel Paulus und Petrus sowie einem farbigen Bild Christi, die jedoch bilderfeindlich abgewertet werden: »War es doch zu erwarten, daß die Alten sie als ihre Retter ohne Überlegung gemäß ihrer heidnischen Gewohnheit auf solche Weise zu ehren pflegen« (334).

[8] Vgl. ausführlich dazu Belting 1993, 233–237.

tils (vgl. Abb. 4), wobei das Antlitz, um die Sprengung der irdischen Dimension zu veranschaulichen, trotz seines Abdruckcharakters nicht dem Faltenwurf unterworfen wird. Dies ist ein zeichenhafter Verweis auf die sogenannte Zwei-Naturen-Lehre, die von der Gleichzeitigkeit der göttlichen und der menschlichen Eigenschaften in Christus handelt (vgl. dazu Abschnitt 5). Die Bildnisse galten als wundertätig.

Abb. 4: Acheiropoieton aus Russland, Nowgorod, Ende 12./Anfang 13. Jhdt.; Tretjakov-Galerie Moskau: Frontalantlitz ohne Halsansatz, bräunliches Gesicht mit Oberlippen-und Kinnbart, letzterer deutlich zweigeteilt; Mittelscheitel, lange offene Haare in vier Strähnen auslaufend, ernster Blick seitwärts nach links (Quelle: Onasch 1961, Abb. 10).

Beim Acheiropoieton begegnen ganz ähnliche Motive wie beim ravennatischen Mosaik, wobei hier deutlich eine Stilisierung des Gesichtes auffällt, die nicht den natürlichen Durchschnittsmaßen eines menschlichen Gesichts entsprechen (vgl. Abb. 5).

Abb. 5: Ikonengrundmaß nach Onasch 1961, 31.

Die (Über-)Länge der Nasenpartie bis zum Ende der Nasenwurzel zwischen den Augenbrauen gilt als Grundmaß für die Konstruktion von Gesichtern in byzantinischer Ikonentradition. So erklärt sich ein Aspekt der Stilisierung der Gesichtszüge.

Abb. 6: Predella mit Eintragung von Kreissegmenten.

Das Mittenwalder Antlitz (Abb. 6) mit der sehr langen Nasenpartie, dem hinter der Dornenkrone fast verborgenen sehr hohen Haaransatz und der kurzen Kinnpartie einschließlich geteiltem Bart, die etwa in den Kreis passt, steht in dieser Hinsicht also ganz in der byzantinischen Tradition. Die Zweiteilung des Bartes ist wiederum nicht zufällig (vgl. Abb. 7), sondern deutet ebenfalls auf die zwei Naturen in Christus.

Insgesamt dienen alle Stilisierungen dazu, eine Schwebe zwischen Göttlichem und Menschlichem im Antlitz zu erreichen. Entsprechend der platonischen Ideenlehre gilt die Ikone als Verkörperung eines Urbildes, einer Idee, die sich im Irdischen manifestiert und auch ins Irdische sich auswirkt. So soll ein solches Antlitz sowohl ein »Fenster zum Himmel« als auch ein »Fenster aus dem Himmel« sein. Einerseits kann im Anblick der Ikone Himmlisches gestalthaft geahnt werden, andererseits trifft einen geradezu der Blick des Himmels. Zur Veranschaulichung:

Abb. 7: Ikone aus Russland: Spas Mókraja Borodá (Erlöser mit dem nassen Bart), Nowgoroder Schule, 15. Jh., Tretjakov-Galerie Moskau: Frontalantlitz ohne Halsansatz, bräunliches Gesicht mit Oberlippen- und Kinnbart in deutlichen Strähnen (zur Nässe vgl. Abgarlegende!), letzterer deutlich zweigeteilt, wenn auch von weitem einheitlich wirkend; Mittelscheitel, lange offene Haare in vier Strähnen auslaufend, ernster Blick seitwärts nach rechts (Quelle: Onasch 1961, Abb. 36).

»Außerhalb der Beziehung zum Licht, außerhalb seiner Funktion, ist ein Fenster, wenn es keine Wirkung hat, tot und kein Fenster: unabhängig vom Licht ist es Holz und Glas«[9]; umso mehr gilt von der Ikone: »Die Ikone, die in Umrissen mit einem geistigen Bild übereinstimmt, *ist* in unserem Bewusstsein dieses Bild, und außerhalb dieses Bildes – ohne es, an ihm vorbei, an sich – ist sie nicht Bild, nicht Ikone, sondern ein Brett.«[10] Jesus Christus selbst ist nun gemäß Kol 1,15 εἰκών τοῦ θεοῦ (eikon tou theou), d. h. »Ikone« Gottes: »[sein lieber Sohn] ist das Ebenbild (eikon) des unsichtbaren Gottes«; vgl. auch 2Kor 4,4: »[...] das helle Licht des Evangeliums von der Herrlichkeit Christi, welcher ist das Ebenbild Gottes«, und 2Kor 4,6: »[...] die Erleuchtung zur Erkenntnis der Herrlichkeit Gottes in dem Angesicht (πρόσοπον, prosopon, d. h. Angesicht, Antlitz) Jesu Christi«. Damit der Malgrund ein solch heiliges Motiv aufnehmen kann, bedarf es umfangreicher mehrschichtiger Grundierungen bis hin zur Vergoldung der Oberfläche mit Blattgold, auf die dann das Motiv erst aufgetragen wird: »Die Ikone *wird auf Licht gemalt*«.[11]

Ikonen, die unmittelbar das Antlitz Jesu zeigen, verkörpern noch eine besondere Dimension. Der nach Gen 1,27.31 »zum Bilde Gottes« schlechthin sehr gut geschaffene Mensch darf sich im Bilde des menschgewordenen Gottessohnes seiner Entsprechung zu Gott bewusst werden. Der byzantinisch-orthodoxen Theologie nach hat der Mensch durch den Sündenfall seine Gottebenbildlichkeit nicht verloren (anders die lutherische Theologie, s. u.); das Gottesbild bleibt in der menschlichen Persönlichkeit unverdorben und wirksam, auch wenn die geistige Natur des Menschen (Vernunft, Freiheit, moralisches Bewusstsein) verderbt sein kann.[12] Der Mensch vermag durch die Bereitschaft, Leid als ein auferlegtes Kreuz zu ertragen, durch Askese, Umkehr und ein gottgefälliges Le-

---

[9] Florenskij 1988, 71.
[10] Ebd.
[11] Florenskij 1988, 151.
[12] Vgl. Zenkowsky 1951, 26.

ben die Kraft der Sünde abzuwerfen und wieder zur Gottes-Entsprechung durchzudringen: »[...] das ›Gottesbild‹ [ist] dem Menschen *gegeben*, das ›Gottesgleichnis‹ ihm *als Aufgabe gestellt*.«[13] Hierfür hilft ihm auch die Betrachtung und Verehrung von Ikonen (sowohl Christus- als auch Heiligenbildnisse), ja solches Tun ist dabei konstitutiv, denn die Ikonen machen nicht nur das »Ziel« himmlischer Herrlichkeit sichtbar, sondern »durchlichten« den ehrfürchtigen Betrachter. Die Verehrung von Ikonen (Verbeugungen, Niederwerfen, Küssen) gilt dabei nicht dem Bild, sondern dem Urbild.[14]

Die malerische Entwicklung entfernte sich jedoch teilweise im byzantinischen Bereich wie auch zunehmend in der westlichen Malerei von den genannten strengen Stilisierungsprinzipien (Abb. 8).

Bemerkenswert ist, dass hier eine für Paul Gerhardt zeitgenössische Ikone vorliegt; im Jahr 1657, dem Entstehungsjahr des Spas nerukotwórny von Uschakov, verließ er Mittenwalde und trat eine Tätigkeit als zweiter Diakon an St. Nikolai in Berlin an. Zu jenem Zeitpunkt tobte in Russland ein erbitterter Bilderstreit, der um Einzelheiten der Darstellbarkeit Jesu kreiste, sicherlich ohne dass Gerhardt irgendetwas von diesen Vorgängen ahnte; er war in andere Auseinandersetzungen um die Lehre von der Gottebenbildlichkeit des Menschen involviert (s. Abschnitt 5). Uschakov wich teilweise von der strengen Überlieferung ab, indem er beim Gesicht eine deutlich illusionistische Licht- und Schattenführung einsetzte, und wurde dafür in Russland scharf attackiert, denn die Darstellung von Schatten ist in der traditionellen Ikonenmalerei verpönt. »Der Ikonenmaler stellt das *Sein* dar, ja, das *Heils-Sein*; Schatten dagegen ist nicht Sein, sondern die Abwesenheit des Seins, und diese darzustellen, d. h. als etwas Positives zu charakterisieren, als Präsenz, Anwesenheit des Seins, bedeutet eine fundamentale Entstellung der Ontologie.«[15] Außerdem lässt

---

[13] Ebd., 17.
[14] Ausführlich dazu Florenskij 1988, 78 und 106.
[15] Florenskij 1988, 158.

Abb. 8: Ikone aus Russland: Spas nerukotwórny (nicht von Hand geschaffener Erlöser), signiert: Simon Uschakov, 1657; Tretjakov-Galerie Moskau: Frontalantlitz ohne Halsansatz auf/über faltigem Tuch; bräunliches Gesicht mit Oberlippen- und Kinnbart, letzterer deutlich zweigeteilt, aber einheitlich wirkend; Mittelscheitel, lange offene Haare asymmetrisch in drei Strähnen auslaufend; ernster Blick seitwärts nach rechts (Quelle: Onasch 1961, Abb. 132).

Uschakov das von zwei Engeln gehaltene Tuch oben durchhängen, also schlicht der Schwerkraft unterliegen. An dieser Stelle ist das Mittenwalder Bild sogar deutlich traditioneller. Wenige Jahre vor der Reformation entstanden, steht es bezüglich dieses Details noch ganz in altkirchlicher Tradition – zugleich jedoch mit dem nachtschwarzen(!) Bildgrund und dem fast naturalistischen Inkarnat des Antlitzes schon weit entfernt von ihr.

Denn längst hatte sich das Bilderverständnis im Westen von den streng (neu)platonischen Wurzeln gelöst und damit zahlreiche malerische Neuerungen zugunsten eher naturalistischer Malweise zugelassen – angefangen von porträthaften Gesichtern über das Eindringen von idealen Landschaften in den Bildhintergrund von Heiligendarstellungen bis hin zum gänzlichen Verzicht auf den Goldhintergrund. Religiöse Bilder sollten zwar der Hochtheologie nach »nur« der Vertiefung der Andacht und der Stärkung des Glaubens dienen, hatten also lediglich eine Veranschaulichungs- und Intensivierungsaufgabe ohne konstitutive Kraft. Anders jedoch in der Praxis der westlichen Volksfrömmigkeit; hier »nahm die Darstellung voll die Rolle des Dargestellten ein und wurde zum unmittelbaren Adressaten der anbetenden Verehrung«,[16] so dass sich (auch im Zusammenhang mit der Reliquienverehrung) eine hochgespannte spätmittelalterliche Bilderfrömmigkeit mit überbordender Produktion von Heiligendarstellungen in Bildern und Skulpturen, aber auch zahlreichen Übertreibungen und Missbräuchen entwickelte. (Dieser spätmittelalterlichen, sich bereits dem Ende entgegen neigenden Phase entstammt auch das Mittenwalder Retabel.) Dagegen sollte Luther dann – zugleich auch in Abgrenzung gegen bilderstürmerische Positionen anderer Reformatoren – seine Unterscheidung von äußeren und inneren Bildern setzen, wobei er die äußeren Bilder mit ihrer didaktisch-religionspädagogischen Aufgabe und ihrer ästhetischen Funktion in die reformatorische Frömmigkeit integrierte und zum Hervorrufen innerer Bilder für nützlich be-

---

[16] Mager 1998, 41.

fand.[17] In diesem Sinne konnte der Lutheraner Paul Gerhardt einem Christusbild wie dem auf der Mittenwalder Predella offen begegnen.

Zu beachten ist jedoch auch in theologischer Hinsicht eine grundlegende Differenz, die, wie bereits angedeutet, für Gerhardt eine wichtige Rolle spielte. Anders als die byzantinisch-orthodoxe Position sieht die lutherisch-orthodoxe Anthropologie den Menschen primär als Sünder, der das Gottebenbildlichsein gänzlich verloren hat und sich nicht aus eigener Kraft erlösen kann. Einzig der Glaube an den Gekreuzigten kann das Heil bringen und darin die Wegbereitung zum ursprünglich guten Zustand vor dem Sündenfall, welcher erst post mortem ganz erreicht werden kann. Der Schwerpunkt Gerhardts als Vertreter der lutherischen Orthodoxie liegt hier ganz in der Theologia crucis, der Leidens- und Kreuzestheologie (s. Abschnitt 5).

So ist nun unter Einbeziehung der bisher bei der Bildbetrachtung ausgeklammerten Passionsthematik ein weiterer Acheiropoieton-Traditionsstrang in den Blick zu nehmen. Die Predella zeigt, wie erwähnt, das Frontalantlitz Christi mit Leidenszügen und Dornenkrone als »Schweißtuch der Veronika«. Veronika sei, so die Legende, eine Frau aus dem Umfeld Jesu gewesen, die ihm auf dem beschwerlichen Weg nach Golgatha mit dem eigenen Kreuz auf dem Rücken ihr Tuch zum Trocknen des Schweißes gereicht habe, und dabei hätten sich auf wundersame Weise seine Gesichtszüge dem Tuch für immer aufgeprägt – wiederum also ein nicht von Menschenhand gemachtes Bildnis. Diese Motivik[18] ist allerdings erst im 13. Jh. erstmals nachweisbar, auch wenn der Name Veronika bereits im 4. Jh. auftaucht. So trägt in den apokryphen Pilatusakten[19] die blutflüssige Frau (vgl. Mt 9,20–22) den Namen *Berenike*, dessen lateinische Übertragung *Veronika* lautet und als eine Zusammensetzung aus lateinisch *vera* (d. h. wahr) und griechisch εικών (eikón, d. h. Abbild, Bild, »Ikone«) gedeutet

---

[17] Vgl. ebd., 41–43.
[18] Vgl. dazu LCI Band 1, Christus, Christusbild, 355–399.418; LCI Band 8, Veronika, 543f.; Belting 1993, 246–252.
[19] Schindler, 506. 555–557.

werden kann, also »wahres Bild«. Zur Veranschaulichung der göttlichen Natur des Dargestellten ist das Antlitz nicht mit dem in irdischem Kontext unumgänglichen Faltenwurf unterzogen. Die uralten bisher erläuterten Konstruktionsprinzipien gelten uneingeschränkt auch hier (vgl. Abb. 9).

Abb. 9: Ikone aus Russland: Schweißtuch der Veronika, Nowgoroder Schule, 2. Hälfte 16. Jh., Mariä-Himmelfahrts-Kathedrale Tichwin; Beschriftung: links oben Erzengel Michael, rechts oben Erzengel Gabriel; Frontalantlitz ohne Halsansatz auf bzw. über faltigem Tuch schwebend, welches von 2 Engeln gehalten wird; bräunliches Gesicht mit Oberlippen- und Kinnbart, letzterer deutlich zweigeteilt, aber einheitlich wirkend; Mittelscheitel, lange offene Haare in vier Strähnen auslaufend; ernster Blick direkt zum Betrachter hin (Quelle: Bildband Nowgoroder Ikonen des 12. bis 17. Jh., 213).

Zu dieser Acheiropoieton-Tradition sind auch sehr alte Reliquien erhalten, deren Verbindungen zum Grabtuch von Turin hier nicht diskutiert werden können, und die Verehrung der Hl. Veronika in einer der Kreuzwegstationen ist in der katholischen Kirche bis heute lebendig (vgl. Abb. 9).

Abb. 10: Veronika reicht Jesus das Schweißtuch, VI. Kreuzwegstation in der Vikolerbild-Kapelle in Villnöss, Südtirol (Druckgraphik, aufgenommen im August 2022, Foto: Vfn.).

Angemerkt sei, dass für den byzantinisch beeinflussten Osten eine Druckgraphik wie die vorliegende keinesfalls eine Heiligendarstellung erlaubte. Drucke in der Technik des Kupferstiches, der Radierung, des Holzschnittes oder der Lithographie, bei denen ein Bildeindruck bis hin zu Licht- und Schatteneffekten durch bloßes Nebeneinandersetzen von schwarzen Strichen auf weißem Papiergrund hervorgerufen wird, sind nach orthodoxer Auffassung lediglich flache weltliche Darstellungen, die nichts mit der Urbild-Abbild-Beziehung zu tun haben und nicht mit religiöser Symbolkraft ausgestattet sind. Ikonen, notwendig auf Goldgrund gemalt, können zwar ebenfalls eine Art Schraffuren zeigen, d. h. auf das Gesicht oder das Gewand zuletzt aufgesetzte, nebeneinander verlaufende Linien, aber diese sind in pulverisiertem Gold auszuführen; in polemischer Zuspitzung ausgedrückt: »Der goldene Strich ist Anwesenheit von Realität, der Strich der Gravüre ihre Abwesenheit«.[20] Die Selbstverständlichkeit, mit der im Westen mit dem Aufkommen des Buchdrucks auch eine Vervielfältigung religiöser Andachtsbilder üblich wurde, ging also einher mit einer weiteren Vertiefung der grundsätzlichen Differenz zwischen östlicher und westlicher Ikonologie, Herstellungs- und Frömmigkeitspraxis.

Aus den bisherigen Betrachtungen ist deutlich geworden, wie tief die Mittenwalder Predella mit ihrem »Schweißtuch der Veronika« motivgeschichtlich und malerisch in jahrhundertealter Tradition wurzelt und wo sie an der Schwelle zur Renaissance alte Prinzipien sprengt. Sie fügt sich thematisch in das Bildprogramm des ursprünglich für die Berliner Dominikanerkirche[21] bestimmten spätgotischen Retabels ein, dessen Vertikale streng christologisch zu deuten ist (vgl. Abb. 1): Der dornengekrönte Christus, welcher »im Gesamtzusammenhang des Altaraufsatzes [...] fast monumental zu nennen« ist,[22] bildet die Basis, senkrecht darüber im Mittelschrein das bereits leere Kreuz mit dem Leichnam Jesu in der Bewei-

---

[20] Ebd., 136.
[21] Cárdenas 2004, 32.
[22] Ebd., 27.

nungsgruppe. Von der in vertikaler Verlängerung im unteren Teil des Gesprenges stehenden Heiligen Katharina von Siena sind mehrere Visionen überliefert, in denen sie Christus als Schmerzensmann schaute.[23] Den oberen Abschluss bildet dann folgerichtig der dornengekrönte Schmerzensmann, welcher seine Wunden vorweist. »Der leidende Erlöser tritt gleichsam als Überwinder des Todes auf dem Scheitelpunkt des Altarretabels in Erscheinung. Er steht für die überzeitliche Gegenwart des Leibes und des Blutes Christi in der Messe als auch für Menschwerdung und Leiden sowie für Sterben und Erlösung.«[24]

4. Aug in Auge mit Christus

Widmen wir uns nun den theologischen Dimensionen des Predella-Gemäldes und setzen sie ins Verhältnis zu Paul Gerhardts Dichtung *O Haupt voll Blut und Wunden*.

Es ist ein technisch meisterhafter Kunstgriff, Augen bei einem Porträt so zu malen, dass sie scheinbar alles im gesamten Sehradius im Blick haben und sich der Betrachter, gleich welchen Standort er in einem Halbkreis vor dem Bild stehend einnimmt, stets angesehen fühlt. Auch hierin folgt das Mittenwalder Bildnis sehr alter Malschule. Bereits für einen berühmten mittelalterlichen Theologen des 15. Jahrhunderts wurde ein solches Christusbild zum Ausgangspunkt eines ganzen theologischen Gedankengebäudes. So schrieb Nikolaus von Kues 1453, damals Kardinal in Rom und Bischof von Brixen, an die Benediktinermönche in Tegernsee:

> [So] schicke ich Euch, liebe Brüder, das Bild, das ich eben bekommen konnte. Es stellt einen Alles-Sehenden dar, und ich nenne es ein Bild Gottes. Befestigt es irgendwo, z. B. an einer Nordwand und stellt euch dann in glei-

---

[23] Ebd., 34f., Anm. 32.
[24] Ebd., 16.

chem Abstand von ihm auf. Schaut es an und jeder von Euch, von welcher Stelle er es auch betrachtet, wird erfahren, daß jenes Bild ihn gleichsam allein anblickt. Dem Bruder, der im Osten steht, scheint das Antlitz in östlicher Richtung zu blicken, dem im Süden, in südlicher, und dem im Westen, in westlicher.

Zuerst werdet ihr euch darüber wundern, wie es geschehen kann, daß es alle und jeden einzelnen zugleich ansieht. Denn derjenige, welcher im Osten steht, kann sich in keiner Weise vorstellen, daß der Blick des Bildes auch in eine andere Richtung, nach Westen oder Süden, gerichtet ist. Nun mag der Bruder, der im Osten steht, sich nach Westen begeben und erfahren, daß der Blick hier ebenso auf ihn gerichtet ist wie vordem im Osten. Und da er weiß, daß das Bild fest hängt und unbeweglich ist, wird er sich über die Wandlung des unwandelbaren Blickes wundern. Auch wenn er seinen Blick fest auf das Bild heftet und von Osten nach Westen geht, wird er erfahren, daß der Blick des Bildes ununterbrochen mit ihm geht, und kehrt er von Westen nach Osten zurück, ihn auch dann nicht verlässt. Er wird sich wundern, wie dieser Blick sich unbeweglich bewegte. Und noch weniger wird sein Vorstellungsvermögen es fassen können, daß er sich mit einem anderen, der ihm selbst aus entgegengesetzter Richtung begegnet, in derselben Weise bewegt. Um dies zu erproben, lasse er einen Mitbruder, den Blick auf das Bild geheftet, von Osten nach Westen gehen, während er selbst von Westen nach Osten wandert; sobald er ihm begegnet, mag er ihn fragen, ob der Blick des Bildes ständig mit ihm wandle, und ihm glauben, so er hört, daß der Blick des Bildes sich gleichermaßen mit ihm und entgegengesetzt bewegt. Sollte er nicht glauben, würde er nicht fassen, daß dies möglich ist.

So gelangt er durch die Mitteilung des Berichtenden zum Wissen, daß jenes Antlitz alle, auch die in entgegengesetzter Richtung Wandernden nicht verlässt. Er erfährt, daß das unbewegliche Antlitz sich ebenso nach Osten wie nach Westen, nach Süden wie nach Norden bewegt, und ebenso zu einem Ort wie zu allen und ebenso zu einer Bewegung wie zu allen hinblickt. Und während er darauf achtet, daß dieser Blick niemand verlässt, wird er gewahr, daß er um jeden einzelnen so Sorge trägt, als ob er sich allein um ihn, der erkennt, daß er angeblickt wird, kümmern würde und um keinen anderen; und das so sehr, daß derjenige, den er anblickt, nicht zu begreifen vermag, daß er auch um einen anderen Sorge trägt. So wird er auch sehen, daß er dem geringsten Geschöpf die gleiche eifrige Sorge widmet wie dem größten und dem ganzen Gesamt. Durch solche sinnliche Erscheinungen möchte ich euch, geliebte Brüder, mittels einer Art Andachtsübung zur mystischen Theologie emporführen [...].[25]

Es ist hier nicht der Ort, die von Nikolaus von Kues ausgehend von dieser Beobachtung entwickelte mystische Theologie von der coincidentia oppositorum, dem Zusammenfall der Gegensätze, mit ihrer Gotteslehre und Christologie zu entfalten; ein Eindruck von der enormen Wirkkraft solchermaßen gemalter Bilder über die Jahrhunderte hinweg teilt sich jedoch unmittelbar mit.

Paul Gerhardt amtierte ab 1651 als Propst an der Mittenwalder St. Moritz-Kirche bei seinen Gottesdiensten möglicherweise mehrmals pro Woche am Altar vor der Predella – und damit sozusagen unter den Augen Christi.[26] Wurde er (unabhängig davon, ob er den Gedankengang von Nikolaus von Kues kannte) womöglich auch durch diesen ständigen visuellen Impuls inspiriert zu seiner Dichtung *O Haupt voll Blut und Wunden*? Der Text ist allerdings, wie allgemein bekannt, keine einfache Beschreibung dieses Bildes, sondern eine Nachdichtung. Die direkte Textvorlage dafür entstammt dem lateinischen Passionssalve (um 1250) des

---

[25] Nikolaus von Kues, 9–11.
[26] Nach Cárdenas 2004, 34, Anm. 18, befand sich das Altarretabel bis 1862 nicht am heutigen Standort, sondern als »Kreuzaltar« etwas weiter westlich an dem Übergang zwischen Langhaus und Binnenchor, hier aber auch in der Symmetrieachse des Langhauses. Ob davon unterschieden noch ein Hochaltar am heutigen Altarstandort zwischen den beiden östlichsten Säulen des Binnenchores existierte, geht nicht klar hervor; das Vorhandensein von zwei Altären hintereinander in der Mittelachse wäre für ein längst evangelisches Kirchengebäude im 17. Jhdt. zumindest untypisch. In jedem Falle fiel die Predella bei Benutzung des Mittelganges unmittelbar ins Auge.

Zisterziensermönchs Arnulf von Löwen mit späterer, ebenfalls zisterziensischer Überarbeitung – zu Gerhardts Zeit insgesamt noch dem Heiligen Bernhard von Clairvaux (um 1090–1153) zugeschrieben. Unter dem Titel *An das leydende Angesicht Jesu Christi* wurde Gerhardts Nachdichtung von »Ad faciem. Salve caput cruentatum« 1656 erstmals veröffentlicht.[27] Es kann als wahrscheinlich gelten, dass diese Nachdichtung nach 1651 in Mittenwalde entstand, da die ersten vier eingedeutschten Salve-Lieder aus dem Zyklus bereits in der V. Edition der von Johann Crüger herausgegebenen *Praxis Pietatis Melica* von 1653 erschienen waren, denen erst 1656, also im vorletzten Mittenwalder Amtsjahr, die letzten drei einschließlich *O Haupt voll Blut und Wunden* folgten.[28] Die virtuose sprachliche Meisterschaft insbesondere dieses siebten und letzten Textes kann sich auch einer mehrjährigen Arbeit Gerhardts am gesamten Zyklus verdanken, der in der Betrachtung des Hauptes gipfeln sollte. Eine letzte Sicherheit darüber, was der Auslöser für die Zyklus-Nachdichtung war, ob ein visueller oder textlicher Impuls oder ein bereits ausgebildetes inneres Bild bzw. ein Zusammenspiel davon,[29] lässt sich nicht mehr gewinnen.

Ebenso wie das Gedicht an das Haupt stellen die anderen sechs Teile des Passionssalve, welche sich an Brust, Seite mit Wunde, Herz, Hände, Knie und Füße Jesu richten, meditative, mystisch vertiefende, allegorische und betende Betrachtungen dar.

---

[27] Zum Textvergleich lateinisch-deutsch, hier nicht Gegenstand der Untersuchung, s. Franz 2001, bes. 280 f., mit Darstellung der Verbindung des Hymnus zum Hohelied und zur bernhardinischen Liebesmystik; ebenso Lorch 2019, 28–30. 79–82 mit umfangreicher Literaturauswertung.

[28] Franz 2001, 279, allerdings mit irrtümlicher Nummerierung der Auflagen der PPM. Die Crügersche PPM erlebte 1653 ihre V. Edition in Berlin, die VI. (um 1655 in Berlin) ist verschollen; der Druck in Frankfurt/M. 1656 ist wahrscheinlich ein außerhalb der Berliner Stammreihe erschienener Nachdruck dieser VI. Edition, s. Korth/Miersemann 2015, 40.

[29] Vgl. auch Greule 2008, 66; die Predella als möglicher Impuls ist dort nicht im Blick.

5. Das *Haupt voll Blut und Wunden* im Wechselspiel von Text und Gemälde

Grundvorstellung im gesamten Passionssalve ist, dass ein Mensch unterhalb des (imaginierten) Kreuzes steht, an dem der sterbende Gekreuzigte hängt, zu diesem meditierend aufblickt und sich betend an ihn wendet. »Anders als die Jünger, die vor dem Schrecken des Kreuzes geflohen waren, sucht er die Nähe des Sterbenden bis zum bitteren Ende.«[30] Der bekannte Text des Gerhardtschen Passionsliedes[31] lässt den Betrachter auf seine Weise sogleich die direkte Begegnung mit Christus suchen – hier wird nicht einfach eine Beschreibung des Anblicks gegeben, sondern sogleich in Anredeform gesprochen:[32]

> *An das Angesicht des HErrn Jesu.*
> *Melod: Hertzlich thut mich verlangen.*
>
> *1. O Haupt vol Blut und Wunden /*
> *Vol Schmertz und voller Hohn!*
> *O Haupt zum Spott gebunden*
> *Mit einer Dornen Krohn!*
> *O Haupt! sonst schön geziehret*
> *Mit höchster Ehr und Ziehr /*
> *Itzt aber höchst schimpfiret,*
> *Gegrüsset seyst du mir.*

---

[30] Franz, 287.
[31] Zur Analyse der Melodie vgl. Schneider 2004.
[32] Text hier in der Druckfassung von 1666 aus der Ebelingschen Gesamtausgabe (Ebeling 1667, 20f); zu den wenigen Abweichungen der EG-Fassung im Vergleich zum Erstdruck 1656 s. Axmacher 2004, 40.

2. Du edles Angesichte /
Dafür sonst schrickt und scheut
Das grosse Welt=Gewichte /
Wie bist du so bespeyt?
Wie bist du so erbleichet?
Wer hat dein Augenlicht /
Dem sonst kein Licht nicht gleichet /
So schändlich zugericht?

3. Die Farbe deiner Wangen /
Der rothen Lippen Pracht
Ist hin / und gantz vergangen:
Des blassen Todes Macht
Hat alles hingenommen /
Hat alles hingerafft /
Und daher bist du kommen
Von deines Leibes Krafft.

Viele Züge in Bild und Text scheinen übereinzustimmen, allerdings ist zu beachten, dass Paul Gerhardt hier keinesfalls eine minutiöse dichterische Beschreibung des Predellabildes geben wollte; der Legende zufolge zeigt es Jesus noch auf dem Weg zum Kreuz, während das Gedicht den bereits Gekreuzigten im Moment des bevorstehenden Todes betrachtet.

Der Text drückt einerseits einen gewissen Mitleidsimpuls aus, das Erschrecken über den Anblick eines durch Folter zugerichteten, von Blut und Speichel besudelten, ja vom baldigen Tode gezeichneten Menschen, andererseits das Wissen um seine gleichzeitige Hoheit als Gottessohn, vor dem *sonst schrickt und scheut/das grosse Welt=Gewichte.* So scheint hier wieder der theologische Topos der zwei Naturen in Christus auf, d. h. einerseits Jesus als Mensch mit seiner menschlichen, leidensfähigen Natur, die auch Leiden bis zum Tod ertragen kann und muss, und zugleich die unverwundbare, hoheits- und heilvolle göttliche Natur Christi, die die Erlösung von Leid und Tod für die Menschen erst möglich macht. Die beiden Pole Ehre und Schande sind durch den zweifachen Superlativ *höchst* weitestmöglich getrennt: *O Haupt! sonst schön gezieret / Mit höchster Ehr und Zier / Itzt aber höchst schimpfiret* (im EG entsprechend der Erstfassung von 1656 abgeschwächt: *höchster/hoch*). Dabei sind beide Naturen in Jesus Christus bereits altkirchlicher dogmatischer Tradition zufolge »unvermischt« (ἀσυγχύτως), »unverwandelt« (ἀτρέπτως), »ungetrennt« (ἀδιαιρέτως) und »unzerteilt« (ἀχωρίστως) zu denken, wie es in der bereits erwähnten Konkordienformel, Abschnitt VIII De persona Christi, insbesondere durch Martin Chemnitz (1522–1586) noch einmal festgeschrieben und bis hin zur »communicatio idiomatum«, dem Gleichgegenwärtigsein beider Naturen, mit allen gedanklichen Konsequenzen differenziert worden war. Bezüglich der Frage, ob Gott selbst leiden könne, wird dort ausgeführt: Die göttliche Natur, die allmächtig, ewig und unveränderlich, d. h. Irdischem nicht unterworfen ist und nicht leidet, aber stets präsent ist, beschließt, sich so weit zurückzunehmen, dass allein noch die menschliche Natur vorhanden zu sein scheint und gänzlich vorherrscht; diese ist des Leidens und Sterbens teilhaftig, wie es bei jedem Menschen der Fall ist, während die göttliche Natur dieses Leiden für den Gottessohn bejaht.[33] Nur insofern lässt sich sagen, dass Jesus als Gottessohn leide, was Gerhardt hier in Str. 2 bis in die Satzstruktur gestaltet. Elke Axmacher führt aus:

> »Wie die menschliche Natur, für die hier das Angesicht und das Augenlicht stehen, im Leiden die göttliche verbirgt, verhüllt – so sind hier in beiden Strophenhälften die Aussagen über die göttliche umschlossen von der Nennung der menschlichen Leiden. Aber die eingeschlossenen Nebensätze öffnen das Bild auf den ›wahren Gott‹ und sprengen die Umfassung durch die Leidensaussagen. Indem der Betrachter ›hinter‹ dem Angesicht des Gekreuzigten das des »Herrn der Herrlichkeit« (1Kor 2,8) sieht und beide Wahr-

---

[33] Bekenntnisschriften 1930, 805–808.

nehmungen in einem Satz zusammenfügt (und dies wiederholt am Beispiel des »augenliechts«), wird der Widerspruch aufgerissen und im gleichen Augenblick aufgehoben und überwunden von eben diesem ›dahinter‹ Erscheinenden.«[34]

Axmacher fasst dann bezüglich *O Haupt voll Blut und Wunden* zusammen: »Die ersten Strophen dieses Liedes sind [...] meditiertes Dogma.«[35] So zeigt sich der Dichter Gerhardt im Gewand vollendeter Poesie als präzise denkender, streng den Rahmen der lutherischen Bekenntnisschriften wahrender Theologe.

Im Folgenden sei das Wechselspiel zwischen Gemälde und Liedtext bezüglich der Haltung des Betrachters näher beleuchtet.[36] Während, wie

---

[34] Axmacher 2004, 194f.

[35] Ebd., 194, Anm. 17, vgl. 195, Anm. 18 mit Belegen zu Johann Gerhards Formulierung der theopaschitischen Frage, ob Gott leiden könne. Die Konkordienformel steht einem Dogma noch näher als die spätere Akzentuierung durch J. Gerhard und hatte für Paul Gerhardt besondere Bedeutung: Er war vor dem Amtsantritt in Mittenwalde im November 1651 in Berlin ordiniert worden, wobei er eine ausdrückliche Verpflichtung auch auf die umstrittene Konkordienformel eingegangen war, an der er zeitlebens festhielt. Dies sollte ihm später in den Konfessionskämpfen der sechziger Jahre einen Gewissenskonflikt bescheren, der bis zur Amtsenthebung durch den Kurfürsten Friedrich Wilhelm und, nach einer zugestandenen Begnadigung, 1667 zur Amtsniederlegung aus Gewissensgründen seitens Gerhardt führte. Diese Bekenntnisschrift ist für das Verständnis Gerhardtscher Positionen m. E. mindestens so wichtig wie spätere ihn beeinflussende lutherisch-orthodoxe Positionen.

[36] Ein solches Wechselspiel ist bisher, soweit ich sehe, nicht Gegenstand einer gründlichen Analyse gewesen. Zwar wird bei zahlreichen Besprechungen des Liedes die Mittenwalder Predella abgebildet, z.B. bei Franz 2004, 278, aber die Text-Bild-Beziehung findet keine ausdrückliche Erwähnung. Auch Axmacher hält in ihrer profunden Analyse zwar »das Motiv des Sehens, dessen Varianten sich durch das ganze Lied hindurchziehen und als poetisch-theologischer Ausdruck für alles stehen, was sich zwischen dem Menschen und Jesus vollzieht« (Axmacher 2004, 197) fest, stellt aber keine Verbindung zur Predella her.

erwähnt, das Veronika-Bild den bereits Gemarterten und auf dem Weg zum Kreuz Aufstöhnenden zeigt, bedenkt der Liedtext schon viel stärker die Dimension des Kreuzestodes mit; beiden zugleich eignet aber die Einladung an den Betrachter bzw. Leser, sich dem Leiden bzw. dem (bevorstehenden) Sterben Jesu auszusetzen, es mit auszuhalten und sich dazu unmittelbar ins Verhältnis zu setzen. Zuerst zum Predella-Bild:

Ist es beim Antlitz auf dem Schweißtuch ein gequälter, mitleidheischender, womöglich der Verzweiflung anheimfallender Blick, ein *schändlich zugerichtet*(es) *Augenlicht*, das sich aus diesem Opfer menschlicher Gewalt hervorquält? Oder ist es vielmehr der allwaltende Blick des leidenden Gottessohnes als ein den Betrachter prüfender, gar richtender Blick? Ist es in allem Schmerz auch ein liebender Blick? – In jedem Falle einer, der bis ins Herz gehen kann und soll, vgl. 1Sam 9,16: »Der Mensch sieht, was vor Augen ist, Gott aber sieht das Herz an.« Vermag ein solcher Blick beides gleichermaßen zu sein, gequält *und* liebend, unvermischt *und* ungetrennt? Nicht umsonst hatten die byzantinischen Ikonenmaler eine streng stilisierte Darstellung vorgezogen, um gerade nicht »nur« einen realistischen Anblick eines leidenden Menschen zu geben. Dem Maler der Predella, der sich fast einer realistischen Malweise nähert, scheint diese Gratwanderung gerade noch zu gelingen.

Wie hält man aber diesen göttlich-menschlichen Blick, der unverwandt auf einem ruht, überhaupt aus? Gewöhnlich schlägt man, von einem Mitmenschen fortwährend angeblickt, irgendwann die Augen nieder; Menschen scheinen nicht in der Lage zu sein, einander unbegrenzt anzuschauen und endlos Augenkontakt zu halten. Muss oder will man sich lieber abwenden, entziehen? Von einem Bild kann man allerdings leicht absehen, man muss sich mit den Augen nur außerhalb des Rahmens begeben. So tat es beispielsweise Theodor Fontane (1819–1898), als er auf seinen »Wanderungen durch die Mark Brandenburg« (publiziert 1882) die St. Moritz-Kirche besuchte:

> [...] der Altar selbst aber, ein Schnitzwerk aus katholischer Zeit [...], ist mutmaßlich ein Geschenk, das vom Kurfürst Joachim I. der Mittenwalder

> Kirche gemacht wurde. Zwischen Altarwand und Altartisch, auf schmalem Raume, begegnen wir noch einem Christuskopf auf dem Schweißtuche der heiligen Veronika, die Teilnahme jedoch, die wir diesem Bilde zuwenden, erlischt vor dem größeren Interesse, mit dem wir eines Porträts[37] ansichtig werden [...] Es ist nicht das Bild als solches, das uns fesselt, es ist der, den es darstellt: [...] Paul Gerhardt.[38]

So wie Fontane zwischen »dem Bild als solchem« (das ihn wohl künstlerisch nicht faszinierte) und dem Dargestellten unterscheidet, soll bei der nun folgenden Textbetrachtung umgekehrt gerade nicht der Dichter Paul Gerhardt im Mittelpunkt stehen. Mit dem Liedtext gibt er nicht etwa über sein persönliches Glaubensleben dichterische Auskunft. Vielmehr ist zu betrachten, wie hier ein überindividuelles »liturgisches Ich«[39] spricht, eben der imaginierte Sprecher/Beter/Betrachter. In seinen Worten leuchten ähnliche Dimensionen und Abgründe zwischen Leid, Mitleid, Todesnähe und Erlösungshoffnung wie beim Schweißtuch-Antlitz auf, aber hier bleibt die Perspektive durch den Rededuktus klar ausgerichtet. Man kann, wenn man dem Text bewusst folgt, nicht ganz so leicht »wegsehen« – es sei denn, man klappt das Gesangbuch zu – und wird von Strophe zu Strophe einen bestimmten geistlichen Weg geführt.

Der Sprecher schaute eingangs ehrfürchtig auf den Sterbenden (Str. 1–3); von Str. 4 an wird der betrachtende Sprecher zum Beter, und dies bis zum Schluss des Liedes. In Str. 4 beginnt er sich Rechenschaft zu geben, dass er selbst als Person mit diesem Geschehen am Kreuz zu tun hat. Es geschieht eine extreme Vergegenwärtigung: Die im Vergleich zur Barockzeit rund 1600 Jahre zuvor – bzw. für Menschen des 21. Jahrhunderts

---

[37] Hier ist das Ganzkörperbild von Paul Gerhardt gemeint, das von Emma Mathieu 1829 für die Moritzkirche als Kopie des Gerhardt-Bildes in der Stadtkirche in Lübben geschaffen wurde. Es ist bis heute in der St. Moritz-Kirche zu sehen.
[38] Fontane, 247.
[39] So Wolfgang Ullmann, zit. in Weichenhan 2019, 48.

vor rund 2000 Jahren – in Jerusalem geschehene Hinrichtung eines Opfers der römischen Justiz soll zeitgenössische, höchstpersönliche, eigene Schuld sein! Der Beter gesteht sich ein:

> 4. *Nun was du / HErr erduldet /*
> *Ist alles meine Last:*
> *Ich hab es selbst verschuldet*
> *Was du getragen hast.*

Die ganze Zumutung des christlichen Glaubens, der in evangelischer Ausprägung die Passion im Zentrum weiß und verinnerlicht, und zugleich seine ganze Erlösungskraft steckt in dieser einen Strophe des Liedes. Der Beter spricht im Präsens glaubend aus, dass er vor Gott eine lastende Schuld trägt, die ursächlich mit seiner eigenen Beziehung zu Jesus Christus zu tun hat. Die in Str. 3 gestellten Wer-Fragen haben ihn jetzt eingeholt, und die Ausflucht zu sagen, das seien damals nur die römischen Soldaten gewesen, ist durch das Präsens *Ist alles meine Last* abgeschnitten. *Meine Last* steht hier in der Doppelbedeutung von einer Last, die der Betrachter dem Gekreuzigten selbst aufbürdet, und zugleich etwas, das sich ihm selbst lastend auf die eigene Seele legt. Die so eingestandene Mitschuld am Leiden Jesu, alle Gottferne nach dem Sündenfall, sei es in Gedanken, Worten und Werken des Menschen, mündet in die Hoffnung, von dieser Sünde befreit zu werden. Dabei hat allerdings kein Sünder ein Recht auf Gnade. Er wagt aber umso mehr zu bitten, dass der gekreuzigte Gottessohn im wahrsten Sinne des Wortes Gnade vor Recht ergehen lassen möge:

> *Schau her / hier steh ich Armer /*
> *Der Zorn verdienet hat /*
> *Gib mir / o mein Erbarmer /*
> *Den Anblick deiner Gnad.*

Pure Gnade als Wort, als Begriff oder Geschehen kann man allerdings nicht sehen, nicht als *Anblick* erleben; vielmehr ist hier ein gnädiges Angeblicktwerden gemeint, eben der Blick des leidenden Erlösers auf den Beter unter dem Kreuz, welcher zu dessen Haupt aufschaut.[40]

Das in den Strophen 1 bis 3 in Worten »gemalte« Bild des leidenden Erlösers, das man vor dem inneren Auge haben kann, bleibt allerdings in seiner Ausgestaltung und Intensität auch subjektiv, vom eigenen Selbst abhängig. – So hielt schon Paulus den Galatern vor, dass sie irrten und »unverständig« wurden, obwohl ihnen doch »Jesus Christus vor die Augen gemalt war als der Gekreuzigte«, Gal 3,1. – Ein subjektives inneres Bild ist womöglich nicht so wirkmächtig wie ein dinglich-objektives, tatsächlich mit den Augen zu betrachtendes, anrührendes Bild, geschweige denn wie eine »durchlichtete« Ikone. Nicht umsonst findet sich auch auf vielen barocken Porträts evangelischer Geistlicher ein Kreuz mit dem Corpus des Leidenden, so auch bei der sehr alten Paul-Gerhardt-Darstellung, dem großen Ölgemälde in der Stadtkirche in Lübben, aus dem späten 17. oder frühen 18. Jh.

Im nächsten Schritt erinnert bzw. vergewissert sich der Beter, dass dieser gnädig vom Kreuz herabschauende Herr nicht etwa nur ein Richter ist, der über ein gerechtes Strafmaß zu entscheiden hat, auch nicht nur ein Herrscher, der Gnade gewähren oder ablehnen kann, sondern immer auch ein fürsorglicher Beschützer (*Hüter, Hirte*) und nährender *Quell*. Metaphorisch ist dabei von *Milch* die Rede (vgl. Hld 4,11; 1Kor 3,2), d. h. von seelischer Stärkung durch das Wort, außerdem deutet sich Erinnerung an wohltuende, *Himmels=Lust* gewährende, in der Vergangenheit empfangene Geistesgaben (*dein Geist hat mich begabet*) an wie z. B. Weisheit, Erkenntnis, Glaube (1Kor 12,1–11), auch Liebe, Freude,

---

[40] Axmacher 2004, 197, hält die zwei möglichen Blickrichtungen – vom Beter zum Leidensantlitz und von Jesus auf den Beter – für gleichbedeutend. M. E. ist hier Franz 2004, 284, zuzustimmen, der gewichtet: »[…] *den Anblick deiner Gnad*. Die letztgenannte Fügung meint wohl weniger, Jesus möge dem Sünder die Gnade, die vom Kreuzesleiden ausgeht, ›anblicken‹, erkennen lassen, sondern ist, analog zu *schau her*, als ›blicke gnädig, voll Gnade‹ zu verstehen und meint die im Blick Christi geschenkte Gnade der Vergebung.«

Friede, Geduld, Freundlichkeit, Güte, Treue, Sanftmut, Keuschheit (als Früchte des Geistes, vgl. Gal 5,22 f.):

> *5. Erkenne mich / mein Hüter /*
> *Mein Hirte nim mich an:*
> *Von dir / Quell aller Güter /*
> *Ist mir viel guts gethan:*
> *Dein Mund hat mich gelabet*
> *Mit Milch und süsser Kost /*
> *Dein Geist hat mich begabet*
> *Mit mancher Himmels=Lust.*

In der folgenden Strophe siegt das Mitgefühl des – noch einmal an seine Unwürdigkeit denkenden – Beters mit dem bis zuletzt scheinbar hilflos Sterbenden:

> *6. Ich wil hier bey dir stehen /*
> *Verachte mich doch nicht:*
> *Von dir wil ich nicht gehen /*
> *Wann dir dein Hertze bricht /*
> *Wann dein Haupt wird erblassen*
> *Im letzten Todesstoß /*
> *Alsdann wil ich dich fassen*
> *In meinen Arm und Schooß.*

Die liebende Hilfsbereitschaft ist hier bis ins Extrem geführt: Einem sterbenden Menschen gebührt Zuspruch und alle Fürsorge, ein Auffangen des Geschwächten bis hin zur Bergung des Leichnams. Nicht gemeint ist, dass sich etwa das Geschöpf des Schöpfers, der Mensch sich Gottes erbarmen könnte. Dies wäre eine Verkehrung der Relationen – die durch die bereits zitierte Deutung, dass sich in der communicatio idiomatum die göttliche Natur ganz zurückgenommen habe, systematisch vermieden wird. In den folgenden Strophen richtet sich folglich der Blick des Beters wieder darauf, dass dieses Sterben, recht verstanden das des in Hingabe sich erbarmenden Gottessohnes Jesus Christus, eine Wegbereitung durch den Tod hindurch und ein Geschehen zum Heil sein kann. Folglich kann der Beter sogar von *Freuden* sprechen und seinen Herrn nun als sein *Heyl* und *Leben* anreden. Von hier aus beginnt er in einem nächsten Schritt angstfrei an sein eigenes Sterben zu denken, ja versetzt sich fast schwärmerisch in es hinein:

> *7. Es dient zu meinen Freuden /*
> *Und kömmt mir herzlich wol /*
> *Wenn ich in deinem Leyden /*
> *Mein Heyl / mich finden sol!*
> *Ach möcht ich / O mein Leben /*
> *An deinem Creutze hier /*
> *Mein Leben von mir geben!*
> *Wie wol geschehe mir!*

Schließlich geht der Beter, welcher um Fassung gerungen und sie gefunden hat, den letzten konsequenten Schritt: Er spricht seinen Herrn liebevoll-vertraut und direkt an mit *O Jesu / liebster Freund* (!). Die erbetene Nähe gipfelt in der Hoffnung auf das Erreichen mystischer Einheit im Moment des eigenen Todes als ein In-Christus-Sein. Im Hintergrund steht dabei die Gewissheit, dass auf solchem Sterben die Verheißung der Auferstehung liegt: »[…] zuerst werden die Toten, die in Christus gestorben sind, auferstehen«, 1Thess 4,1b (vgl. auch 1Kor 15,17–22; 2Kor 5,17):

> *8. Ich dancke dir von Hertzen /*
> *O Jesu / liebster Freund*
> *Für deines Todes Schmertzen,*
> *Da dus so gut gemeint:*
> *Ach gib / daß ich mich halte*
> *Zu dir und deiner Treu /*
> *Und wann ich nun erkalte /*
> *In dir mein Ende sey.*

Dabei ist dem Beter deutlich, dass im entscheidenden Moment nicht seine eigenen Kräfte zählen; er bittet um das spürbare, aktive Eingreifen Jesu – der also bereits als Auferstandener gedacht ist, ohne dass das eigens formuliert wird; die *Pein Jesu* allein bewirkt nicht das Heilsgeschehen, sondern gewinnt nur in Verbindung mit der Auferstehung Kraft. Die Fokussierung bleibt jedoch auf das stellvertretende Leiden gerichtet. Da Jesus als Mensch gelitten hat bis in die Todesangst im Garten Gethsemane hinein und bis in die blutige Todes-Einsamkeit am Kreuz, kennt er aus bitterster Erfahrung sämtliche Abgründe menschlicher Schmerzen und Verzweiflung, alle *Angst und Pein,* und kann so als Erlöser dem Verzweifelten gerade in solchen Momenten umso näher sein. Umgekehrt weiß sich ein Sterbender auch deshalb Jesus nahe, weil er nach Hebr 4,15 leidgeprüft ist: »Denn wir haben nicht einen Hohenpriester, der nicht könnte mitleiden mit unserer Schwachheit, sondern der versucht worden ist in allem wie wir.«

> *9. Wann ich einmal sol scheiden /*
> *So scheide nicht von mir!*
> *Wann ich den Tod sol leyden /*
> *So tritt du dann herfür:*
> *Wann mir am allerbängsten*
> *Wird umb das Hertze seyn:*
> *So reiß mich aus den Aengsten /*
> *Krafft deiner Angst und Pein.*

In Str. 9 von *O Haupt voll Blut und Wunden* drückt sich eine besondere Hoffnung aus: Im glaubensvollen Sterben wird der Mensch dem sterbenden Jesus gleich, vgl. Röm 8,17.29f: »[...] so sind wir Gottes Erben und Miterben Christi, wenn wir denn mit ihm leiden, damit auch wir zur Herrlichkeit erhoben werden. [...] Denn die er [Gott] ausersehen hat, die hat er auch vorherbestimmt, dass sie gleich sein sollten dem Bild (eikon) seines Sohnes [...].« Das Motiv der Entsprechung menschlichen Leidens zum Leidensweg des Gottessohnes findet sich auch in einem anderen Gedicht Gerhardts, der Paraphrase eines Gebets aus Johann Arndts *Para-*

diesgärtlein – in dem Lied *Ach treuer Gott, barmherzigs Herz* nach Arndts *Gebeth umb Gedult in großem Creutz* in »Paradiesgärtlein« III, 25:[41]

> (Str. 5) *Hat nun dein Sohn / der From und recht /*
> *So willig sich ergeben /*
> *Was wil ich armer Sünden=Knecht*
> *Dir viel zu wieder streben?*
> *Er ist der Spiegel der Gedult /*
> *Und wer sich sehnt nach deiner Huld*
> *Der muß ihm ehnlich werden.*[42]

»Spiegel« ist hier im Sinne von Vorbild zu verstehen; der Weg der Hingabe Jesu in Geduld steht dem Betrachter vor Augen (vgl. *O Welt, sieh hier dein Leben*, Str. 9); das Ähnlichwerden geschieht nicht durch eigene Leistung, sondern in glaubender, empfangender Hingabe.[43]

In der inneren Vorwegnahme des eigenen, womöglich – fern aller Schwärmerei – auch schweren Sterbens wird nun in Str. 10 noch einmal der Augensinn wichtig, das Bild des Leidenden am Kreuz, wo eigene Worte in der Schwere des Todeskampfs womöglich gar nicht mehr über die Lippen kommen:

---

[41] Vgl. Ebeling 1667, Anhang 35f.

[42] Textfassung nach Ebeling 1667, 150; Zeile 7 in der Erstausgabe in Crügers PPM 1653: *Der muß ihm endlich werden.*

[43] Johann Arndt, der für Gerhardt wichtige Theologe, baute sein »Wahres Christentum« von der Gottebenbildlichkeit des Menschen auf und hielt diese für nicht völlig zerstört. S. den Überblick zur Arndtschen theologischen Anthropologie bei Axmacher 2001, 8–41, s. zur Arndtschen Bildfrömmigkeit vor allem in seiner »Ikonographia« von 1596 bei Mager 199). Dieser Ansatz wurde von Gerhardt m. E. nicht unmittelbar übernommen; der Dichter bleibt bezüglich der Gottebenbildlichkeit näher an der Konkordienformel als an Arndt.

> 10. *Erscheine mir zum Schilde /*
> *Zum Trost in meinem Tod /*
> *Und laß mich sehn dein Bilde*
> *In deiner Creutzes=Noht /*
> *Da wil ich nach dir blicken /*
> *Da wil ich Glaubens vol*
> *Dich fest an mein Hertz drücken.*
> *Wer so stirbt / der stirbt wol.*

Hier könnte ein beliebiges gegenständliches *Bild* Jesu auf dem Leidensweg wie das Schweißtuch der Veronika gemeint sein, auch ein echtes Kruzifix, das der Sterbende anblicken oder auf seine Brust pressen kann. Noch wahrscheinlicher dürfte hier auch das im übertragenen Sinne vor Augen stehende innere Bild des Gekreuzigten intendiert sein. Mit dem Topos des Bildes – wozu es in der lateinischen Textvorlage keine direkte Entsprechung wie etwa *imago* gibt, also ein eigens von Gerhardt gesetzter Akzent! – wird zudem noch einmal eine neue theologische Tiefendimension berührt: das Verhältnis des Bildes Jesu zum Bilde Gottes im Menschen.

So heißt es bereits in der lutherischen Bekenntnisschrift der Konkordienformel von 1577/83:

> »Daß die Erbsünde (an der menschlichen Natur) nicht alleine sei ein solcher gänzlicher Mangel alles Guten in geistlichen, göttlichen Sachen, sondern daß sie auch zugleich sei anstatt des verlornen Bildes Gottes in dem Menschen eine tiefe, böse, greuliche, grundlose, unausforschliche und unaussprechliche Verderbung der ganzen Natur und aller Kräften […]«.[44]

---

[44] Konkordienformel: Solida declaratio, I. Von der Erbsünde, in: Bekenntnisschriften 1930, 848.

Ein bedingtes Ebenbildlichsein wird möglich durch ein christliches Leben, das immer auch Leiden mit sich bringt und damit eine direkte Ähnlichkeit zu Christus:

> »Jtem, wie Paulus dies gar tröstlich handelt, Ro. 8, daß Gott in seinem Fürsatz vor der Zeit der Welt verordnet habe, durch was Kreuze und Leiden er einen ijden seiner Auserwählten gleich wolle machen ›dem Ebenbilde [in der lat. Fassung: imago] seines Sohns‹, und daß einem jden sein Kreuz ›zum Besten dienen soll und müsse‹ [...]«.[45]

Mit solcher Ähnlichkeit im Kreuztragenmüssen ist allerdings das ursprünglich gute Ebenbild Gottes noch nicht wiederhergestellt und die Erbsünde noch nicht besiegt:

> »Derselbe Erbschade ist so groß und greulich, daß er allein umb des Herrn Christi willen in den Getauften und Gläubigen für Gott zugedeckt und vorgeben muß werden. Es muß und kann die dardurch verrückte, verderbte menschliche Natur allein durch des Heiligen Geistes Wiedergeburt und Erneuerung geheilt werden, welchs doch in diesem Leben nur angefangen, aber allererst in jenem Leben vollkommen sein wird.«[46]

Ganz auf dem Boden der Konkordienformel kann Gerhardt im Lied *Du Volck, das du getauffet bist* (Erstveröffentlichung 1667) von der Zerstörung dieses Bildes nach dem Sündenfall sprechen:

> (Str. 3) *Dein Leib und Seel war mit der Sünb* [sic!]
>   *Als einen Gifft durchkrochen /*
>   *Und du wahrst nicht mehr Gottes Kind /*
>   *Nach dem der Bund gebrochen*

---

[45] Ebd., XI. Von der ewigen Vorsehung, 1078.
[46] Ebd., I. Von der Erbsünde, 849.

> Den unser Schöpffer auffgericht
> Da er uns seines Bildes Licht
> Und herrlichs Kleid ertheilte.[47]

Die Abwaschung der Erbsünde geschieht also in der Taufe, wobei dieser Vorgang der Aneignung im Glauben bedarf; weiter heißt es dann im angesprochenen Lied:

> (Str. 8) *Hier ziehn wir Jesum Christum an*
> *Und decken unsre Schanden /*
> *Mit dem/ was er für uns gethan*
> *Und willig außgestanden.*
> *Hier wäscht uns sein hochtheures Blut*
> *Und macht uns heilig fromm und gut*
> *In seines Vaters Augen.*[48]

Auf der Basis der Taufe kann – unter Rekurs auf Röm 6,1-11 und Gal 3,24-27 – einzig der Glaube an den Gekreuzigten das Heil bringen und darin die Wegbereitung zum ursprünglich guten Zustande vor dem Sündenfall, der erst post mortem ganz erreicht werden kann. So geschieht ein allerletztes »Ähnlichwerden«: es wird im lutherischen Sinne der Mensch als Ebenbild Gottes ganz wiederhergestellt und kann heimfinden in den Status gloriae, den Stand der himmlischen Gnade und Herrlichkeit. Zu diesem gehört, dass der gnädig blickende Gott geschaut werden darf: »Nun aber schauen wir alle mit aufgedecktem Angesicht die Herrlichkeit des Herrn wie in einem Spiegel, und wir werden verklärt in sein Bild von einer Herrlichkeit zur andern von dem Herrn, der Geist ist« (2Kor 3,18). So gilt ein neues Aug-in-Auge – und damit uneingeschränkt: *Wer so stirbt / der stirbt wol.*

---

[47] Ebeling 1667, 262.
[48] Ebd., 263.

6. Zusammenfassende Schlussbemerkung

Das traditionsträchtige Motiv des »Schweißtuches der Veronika« in der Mittenwalder Predella erweist sich als Impulsgeber für eine vertiefende Textinterpretation. Die Dynamik sowohl des Sehens als auch des Angesehenwerdens ist sowohl der bildlichen Darstellung als auch dem Text innewohnend. In der Besinnung auf die sehr alte Bildtradition des Acheiropoietons kommt nicht nur die Frage der konkreten Darstellbarkeit Jesu Christi mit der Zweinaturenlehre in den Blick, sondern auch die Dimension der Ebenbildlichkeit des Menschen in lutherischer Fokussierung. Der Text wiederum evoziert das innere Bild des Leidenden bzw. Gekreuzigten, lässt den Blick des Beters unter dem Kreuz den Blick des Gekreuzigten suchen und führt ihn zur Besinnung auf das eigene Sterben, das als Erlösung erhofft wird, die mit der Wiederherstellung der Gottebenbildlichkeit einhergeht.

Gerhardts Dichtung *O Haupt voll Blut und Wunden* gehört zu den meistverbreiteten und am häufigsten übersetzten Texten des Evangelischen Gesangbuches und ist mit der auf Hans Leo Hassler zurückgehenden Melodie (entstanden bereits 1601) um die Welt gegangen. Wie *Befiehl du deine Wege* ist es, um mit einem Wort Fontanes zu sprechen, zu einem großen »Tröstelied« der Menschheit geworden, aus dem über viele Generationen Hunderttausende von Menschen im Leben, im Sterben wie auch im Trauern Kraft geschöpft haben. Wie weit dies heute noch und auch in Zukunft geschehen kann, bedarf vorurteilslosen Staunens und suchender Aneignung.

Literatur:

Axmacher, Elke: Johann Arndt und Paul Gerhardt, Studien zur Theologie, Frömmigkeit und geistlichen Dichtung des 17. Jahrhunderts, A. Francke Verlag, Tübingen und Basel 2001.

Axmacher, Elke: O Haupt voll Blut und Wunden (EG 85), in: Liederkunde zum Evangelischen Gesangbuch Heft 10, Vandenhoeck & Ruprecht, Göttingen 2004, 40-49.

Bekenntnisschriften der evangelisch-lutherischen Kirche Bd. 2, Vandenhoeck & Ruprecht, Göttingen 1930.

Belting, Hans: Bild und Kult, C. H. Beck, München ²1993.

Bunners, Christian: Paul Gerhardt, Weg – Werk – Wirkung, Vandenhoeck & Ruprecht, Göttingen 2006.

Cárdenas, Livia und Dirk Schumann: Das mittelalterliche Altarretabel der Moritzkirche in Mittenwalde, Lukas-Verlag, Berlin 2004.

Ebeling, Johann Georg und Paul Gerhardt: Pauli Gerhardi Geistliche Andachten: Bestehend in hundert und zwantzig Liedern / Auff Hoher und vornehmer Herren Anfoderung in ein Buch gebracht; Der göttlichen Majestät zu foderst Zu Ehren / denn auch der werthen und bedrängten Christenheit zu Trost / und einer jedweden gläubigen Seelen Zu Vermehrung ihres Christenthums Also Dutzendweise mit neuen sechsstimmigen Melodeyen gezieret; Hervor gegeben und verlegt Von Johan Georg Ebeling / Der Berlinischen Haupt-Kirchen Music: Director. Christoph Runge, Berlin, 1667. Reprint hrsg. von Friedhelm Kemp, A. Francke AG Verlag, Bern 1975.

Euseb von Cäsarea: Kirchengeschichte, Wissenschaftliche Buchgesellschaft Darmstadt, Kösel-Verlag München, ³1989.

Florenskij, Pawel: Die Ikonostase, Urbild und Grenzerlebnis im revolutionären Rußland (mit Einführung von Ulrich Werner), Verlag Urachhaus, Stuttgart 1988.

Fontane, Theodor: Wanderungen durch die Mark Brandenburg, Vierter Teil: Spreeland, nymphenburger, München 1994.

Franz, Ansgar: O Haupt voll Blut und Wunden, in: Hansjakob Becker / Ansgar Franz / Jürgen Henkys / Hermann Kurzke / Christa Reich / Alex Stock (Hrsg.), Geistliches Wunderhorn, Große deutsche Kirchenlieder, Verlag C. H. Beck, München 2001, 275–290.

Greule, Albrecht: Textstruktur und Tradition, Paul Gerhardts Geistliches Lied »O Haupt voll Blut und Wunden«, in: Ulla Fix (Hrsg.): »In Traurigkeit mein Lachen ... in Einsamkeit mein Sprachgesell«. Das evangelische Kirchenlied aus interdisziplinärer Perspektive (Beiträge der Paul-Gerhardt-Gesellschaft Band 3), Frank & Timme Verlag, Berlin 2008, 63–77.

Korth, Hans-Otto / Miersemann, Wolfgang (Hrsg.): Johann Crüger: PRAXIS PIETATIS MELICA. Edition und Dokumentation der Werkgeschichte. Bd. I/2: Apparat, Harrassowitz Verlag GmbH & Co.KG., Halle 2015.

Langbecker, Emanuel Christian Gottlieb: Leben und Lieder von Paulus Gerhardt. Hrsg. v. E. C. G. Langbecker. Verlag der Sanderschen Buchhandlung, Berlin 1841.

Lexikon Christlicher Ikonographie (LCI), Band 1 und Band 8. Sonderausgabe Herder Freiburg, Basel, Wien 1976.

Lorch, Gloria: Das »Haupt voll Blut und Wunden« in der Dichtung des Barock, Staatsexamensarbeit Univ. Konstanz, 2019 (unveröffentl. Manuskript).

Mager, Inge: Johann Arndts Bildfrömmigkeit, in: Pietas in der lutherischen Orthodoxie, Drei Kastanien Verlag Wittenberg 1998, 41–60.

Nikolaus von Kues: Vom Sehen Gottes (mit Nachwort von Alois Haas), Artemis Zürich und München 1987.

Nowgoroder Ikonen des 12. bis 17. Jahrhunderts, Text: Vera K. Laurina und Wassili A. Puschkarjow, Aurora-Kunstverlag Leningrad 1983.

Onasch, Konrad: Ikonen, Union Verlag Berlin 1961.

Schneider, Matthias: O Haupt voll Blut und Wunden (EG 85), in: Liederkunde zum Evangelischen Gesangbuch Heft 10, Vandenhoeck & Ruprecht, Göttingen 2004, 49–52.

Schindler, Alfred (Hg.), Apokryphen zum AT und NT, Manesse Zürich 1998.

Weichenhan, Susanne: Ich singe dir mit Herz und Mund (EG 324), Liederkunde zum Evangelischen Gesangbuch Heft 25, Vandenhoeck & Ruprecht, Göttingen 2019, 43–48.

Weichenhan, Susanne: Gib dich zufrieden und sei stille (EG 371), Liederkunde zum Evangelischen Gesangbuch Heft 28, Vandenhoeck & Ruprecht, Göttingen 2021, 43–50.

Zenkowsky, Basilius: Das Bild vom Menschen in der Ostkirche. Grundlagen der orthodoxen Anthropologie, Ev. Verlagswerk Stuttgart, 1951.

»Das liebe hohe Alter«.
Vom Umgang mit Altern, Sterben und Tod im Barock am Beispiel der Trauerpredigt Paul Gerhardts für Joachim Schröder 1655[1]

Susanne Weichenhan

1. Einleitung

Altern ist in aller Munde heutzutage. Altersarmut, Alzheimer, Demenz, Oberschenkelhalsbruch, Pflegebett, Vergreisung, Zahnersatz – die alphabetische Liste bedrohlicher Schlagwörter ließe sich beliebig verlängern. Um das *Sterben* ist es stiller, wir wissen trotz Virusbedrohung und Lockdown kaum, wie das »normalerweise« geht. In den wenigen Hospizen lernt man es neu. Es gibt viele Menschen, die bis ins höhere Alter noch nie Sterben miterlebt, geschweige denn einen Toten gesehen oder berührt haben. Und der *Tod* selbst? Er ist in unserer schnelllebigen Gesellschaft, trotz mancher Diskussion um die Änderungen der Friedhofskultur, um Öko-Urne, Friedwald und Seebestattung, trotz Totenköpfen als beliebtem Motiv für T-Shirts und Tattoos in Wirklichkeit das gern geflohene Tabu. Man achte lieber auf die steigende Lebenserwartung als auf das Jenseits.

Ganz anders darin die Zeiten Paul Gerhardts. Alt zu werden, war nicht unbedingt typisch, die durchschnittliche Lebenserwartung lag kriegs- und seuchenbedingt und wegen der sehr hohen Kindersterblichkeit bei nur etwa 25 bis 35 Jahren; auch in jüngeren Jahren zu verwitwen war ein häufiges Schicksal.[2] Rechnet man die extreme Kindersterblichkeit

---

[1] Überarbeitete Fassung eines Vortrags sowie einer Belegarbeit im Rahmen einer vierteljährigen Pfarrdienst-Studienzeit, die die Ev. Kirche Berlin – Brandenburg – schlesische Oberlausitz (EKBO) der Vfn. im Sommer 2018 gewährte.

[2] Vgl. zur Lebenserwartung in der Frühen Neuzeit die Untersuchung von Emich

heraus – ein Viertel der Neugeborenen starb bereits im ersten Jahr, ein weiteres Viertel erreichte das Erwachsenenalter nicht –, ergibt sich, »dass diejenigen, die noch nicht vor ihrem 25. Lebensjahr gestorben waren, im Durchschnitt 55 bis 70 Jahre alt wurden«.[3] Je nach Kriegseinwirkung konnte jedoch die Mortalitätsrate unter der Bevölkerung in betroffenen Gebieten zwischen 40 und 80 Prozent liegen.

Die Allgegenwart von schwerstem Leid und das stete Erleben von Vergänglichkeit setzte jedoch auch Kräfte frei, das Leben in allen Extremen auszuschöpfen. In der erblühenden deutschsprachigen Dichtung wechseln idyllische Hirtenszenen und die Ausmalung himmlisch-paradiesischen Wohlbefindens mit drastischer Erdnähe und Vanitasgedanken; so finden sich beispielsweise auch ausführliche gereimte Beschreibungen aller erdenklichen Verwesungs- und Zersetzungsvorgänge eines Leichnams, z. B. bei dem Jesuiten Peter Frank (auch: Petrus Franckius, Franciscus, 1564–1602) im Gedicht *Ein schönes Toten-Liedlein, Darinnen der Tod und die Eitelkeit dieser schnöden und vergänglichen Welt fein artig und künstlich abgemalet und vor Augen gestellet wird*:

> (Str. 5) *Das Fleisch wird stinken wie ein Aas,*
> *Kein Mensch mag bei dir bleiben.*
> *Man wird verstopfen Mund und Nas,*
> *Dich aus der Gmeind vertreiben.*
> *Nur flugs hinaus*
> *Mit dir zum Haus*
> *Die Leut ab dir erschrecken.*
> *Man deckt dich zu,*
> *da schlaf mit Ruh,*
> *Niemand wird dich aufwecken.*

2006. Alle detaillierten Literaturangaben zum hier vorliegenden Beitrag finden sich im unmittelbar folgenden Anhang.
[3] Ebd., 213.

(Str. 7) *Im Grab verborgen warten dein*
Viel Kroten und viel Schlangen:
Die werden da dein Hausgsind sein,
Dich grüßen mit Verlangen.
Ihr Gasterei
Wird sein da frei,
Keins darf die Zech bezahlen.
Sie schliefen nein
Bis auf die Bein,
Machen's nach ihrm Gefallen.[4]

Oder man teile *Andreä Gryphii gedancken über den kirch=hof und ruhe=städte der verstorbenen*, in denen der Dichter in 50 Strophen einen unheimlichen nächtlichen Gang über den Friedhof schildert, wo der Inhalt verschiedener nicht mehr ganz frischer, von Grabräubern aufgerissener Gräber in Augenschein genommen wird:

(Str. 27) *Der locken schmuck fleucht und verfällt,*
Die flechten sind verwirrt und stieben;
Kaum, was die feuchte haut anhält,
Ist um die öffnen schläffe blieben!
Der augen ausgeleschtes licht
Beginnt sich scheußlich zu bewegen
Durch innerlichen würmer regen,
Die nase rümpfft sich und zerbricht.

(Str. 31) *Der därmer wust reist durch die haut,*
So von den maden gantz durchbissen;
Ich schau die därmer (ach mir graut!)
In eiter, blut und wasser flißen.

---

[4]   Zit. nach Haufe 1985, Bd. 1, 54 f. Erstdruck des Gedichts 1605.

> *Das fleisch, das nicht die zeit verletzt,*
> *Wird unter schlangen-blauem schimmel*
> *Von unersättlichem gewimmel*
> *Vielfalter würmer abgefretzt.*[5]

Auch bei Paul Gerhardt finden sich entsprechende Beispiele, wenn auch nicht in solcher Ausführlichkeit, so in dem Lied *Ich weiß, dass mein Erlöser lebt*:[6]

> (Str. 5) *Zwar alles was der Mensche trägt*
> *Das Fleisch und seine Knochen /*
> *Wird / wann er sich hin sterben legt /*
> *Zumalmet und zerbrochen.*
> *Von Maden /Motten und was mehr*
> *Gehöret zu der Würme Heer:*
> *Doch solls nicht stets so bleiben.*

Eine rätselhafte, ja befremdende Zeit bleibt das Jahrhundert Paul Gerhardts, da von Tod, Vergänglichkeit, Verwesung, Zersetzung solche Faszinationskraft für die Dichtung ausgeht. Der heutige Künstler Wieland Förster (geb. 1930), zugleich Bildhauer und wortmächtiger Prosadichter, skizziert den Geist jener Zeit folgendermaßen:

> »Barock, das ist die Einheit des Widersprüchlichen, von Spiel und Zucht, von freiem Fluß und Zwang, von Wasser und Stein, Mauer und Pflanze, Ratio und Wahn, Innen und Außen, Weite und Begrenzung, von Starre und Biegsamkeit, Realität und Mythos, Aufklärung und Glauben, Lust und Askese, von gebauter und gewachsener Natur, und die Illusion grenzenloser

---

[5] Gryphius, Werke, Dritter Band, 347f. Erstdruck des Gedichts 1657.
[6] Gerhardt, Geistliche Andachten, Reprint 1975, 266. Erstdruck des Gedichts 1667.

Perspektiven, – Licht und Schatten, Kult und Weltlichkeit. – Das Barock ist […] Raum, Expansion, Schwingung, Ekstase, Prunk, Atmung, Grazie, Entfaltung, Genuß, Kubus, Geometrie, Kalkül, Irrationalität, Rausch, Verve, Exaltation, Maske, Zeremonie, Morbidität, Metaphysik, Illusion, Pathos, Wollust, Transparenz, Exotik, Erotik, Todesverklärung – es ist Spiegel, Grotte, Höhlung, Nische, Hostie, Kelch, Fontäne, Lorbeer, Lilie, Alge, Moos, Perücke; Puder und Pferdeschweiß, Weihrauch und Bratendunst, Monstranz und Füllhorn, Samt, Taft und Spitze; – es sind die Farben Weiß, Gold, Rot und das Violett als Farbe der Macht – Barock, das ist der Versuch, Eigenständiges zusammenzuschmelzen zum Gesamten, zum Gesamtkunstwerk, in dem sich das Öl mit dem Wasser mischen muss, die Architektur den Garten bestimmt, die Malerei die Plastik, und keines bleibt rein, – es wird zurechtgeschnitten, simuliert und in riesigen Mengen verbraucht – es wird viel verloren, eines gewonnen: – Glanz.«[7]

Eine solche intuitive Zusammenschau, zu der sich der Bildhauer in den siebziger Jahren des vorigen Jahrhunderts beim Studium der Barockplastik im katholischen Böhmen anregen ließ, kann nur sinngemäß übertragen werden auf die nüchterneren Verhältnisse im lutherischen oder gar reformierten Norden Deutschlands. Der Terminus *Glanz* jedoch trifft m. E. auch hier Wesentliches jener Zeit, und so stellt sich für unser Thema die Frage: Kann *Glanz* womöglich auch auf das altersbedingte Ende des Lebens fallen, wenn ein barocker Christenmensch ihm begegnet? Welche Mittel werden aufgeboten, die Würde des Alters, aber auch das Elende und Bedrohliche daran zur Sprache zu bringen und der Furcht vor dem Altern mit seinen Verfallserscheinungen, dem Grauen vor Sterben und Tod, dem Wissen um die leibliche Vergänglichkeit die Stirn zu bieten? Waltet hier eine übertriebene »Todesverklärung«, oder lassen sich bis heute tragende Gründe finden für ein getrostes Verhältnis zum Tod? Dies soll am Beispiel der Leichenpredigt Paul Gerhardts

---

[7] Förster, Sieben Tage in Kuks, 126 f.

für den Amtsschreiber Joachim Schröder aus dem Jahre 1655[8] untersucht werden.

2. Der Kasus

2.1 Die Übernahme der Amtshandlung durch Paul Gerhardt

Paul Gerhardt, seit 1651 Propst an St. Moritz in Mittenwalde, wurde im Mai 1655 um die Beerdigung des Amtsschreibers des kurfürstlich-brandenburgischen Amtes Zossen gebeten. Warum nicht der zuständige Zossener Propst Georg Koch (1612–1666), bereits seit 1639 dort tätig,[9] in jenem märkischen Kleinstädtchen diese Amtshandlung hielt, auch nicht der Zossener Archidiakonus Kaspar Janosch (?–1685), seit 1654 dort tätig[10], sondern Propst Gerhardt aus dem 10 km entfernten Mittenwalde, kann aus mehreren Gründen vermutet werden:

a) Propst Georg Koch war verheiratet mit Elisabeth Rudolph, einer Schwester von Schröders Ehefrau Ursula[11]. Er war damit ein Schwager des Verstorbenen und gehörte zu den Leidtragenden.

---

[8] Die insgesamt nur vier erhaltenen Leichenpredigten Gerhardts sind nachgedruckt in: Paul Gerhardt, Dichtungen und Schriften, hg. und textkritisch durchgesehen von Eberhard von Cranach-Sichart, Zug o. J., (Einleitung 1957). Diese Ausgabe ist allerdings mit zahlreichen Mängeln behaftet, vgl. Axmacher 2006, 22, Anm. 2. Die längst fällige historisch-kritische Edition ist jetzt in Hamburg in Angriff genommen worden.

[9] Ev. Pfarrerbuch für die Mark Brandenburg, Band I, 189. Damit hatte Koch diese leitende Stelle mit nur 27 Jahren angetreten – ein Beispiel dafür, dass bei der Frage, warum Paul Gerhardt seine erste feste Pfarrstelle erst mit Mitte Vierzig erhielt, mit der häufig geäußerten Pauschalvermutung, dies sei wegen der schweren Zeiten des Dreißigjährigen Krieges geschehen, nicht geholfen ist; vgl. Anm. 16.

[10] Ebd., 376.

[11] Niemann 2009, 111.

b) Propst Koch stammte als Pfarrerssohn aus Mittenwalde; sein Vater Johann Koch war nach der Mittenwalder Pfarrtätigkeit Propst und Inspektor an St. Petri in Cölln und ab 1637 bis zu seinem Tod 1640 Konsistorialrat. Der Vater hatte zu Beginn seiner Propsttätigkeit eine Auseinandersetzung über den Einsatz der Kurrende mit dem nachmaligen Mittenwalder Propst Gallus Luther[12] zu führen gehabt, der später im Mai 1637 vor dem Altar der Moritzkirche von einem schwedischen Soldaten erschossen wurde.[13] – Die Erinnerung an diese Bluttat in der Kirche vor dem weiterhin in Gebrauch stehenden Altar blieb in Mittenwalde stets wach. – Da Gerhardt wohl Ende 1642 / Anfang 1643 aus Wittenberg nach Berlin kam, Koch aber schon 1639 in Zossen sein Amt antrat, dürften sich beide erst ab 1651 in Mittenwalde näher kennengelernt haben.[14] Die Familien Koch und Gerhardt standen sich im Laufe der Zeit so nahe, dass Paul Gerhardt 1652/53 Pate bei Kochs Tochter Ursula geworden war,[15] zum Zeitpunkt der Beerdigung hatten beide Familien also bereits längere Zeit Kontakt.

c) Gerhardt war mit dem Schwiegersohn des Verstorbenen, Elias Sigismund Reinhardt (1625–1669), seit 1650 3. Diaconus an St. Nikolai in Berlin (und 18 Jahre jünger als Gerhardt), aus seiner vormaligen Berliner Zeit bekannt;[16] für den Stellenantritt in Mittenwalde war Gerhardt seinerzeit am 18. 11. 1651 in St. Nikolai ordiniert worden.

d) Der Verstorbene war für Gerhardt kein Unbekannter. Bereits vor 1653 ist ein näherer Kontakt von Gerhardt zu Joachim Schröder

---

[12] Noack/Splett 2009, 316.
[13] Niemann, ebd. 75.
[14] Niemann, ebd. 111, vermutet eine frühere nähere Bekanntschaft.
[15] Ebd.
[16] Vgl. Niemann, ebd. 81; auch Reinhart wurde sehr jung eingeführt mit noch nicht ganz 25 Jahren. Er wird später (15. 1. 1658) in St. Nikolai Gerhardts Tochter Anna Catharina taufen, seine Frau Elisabeth wird dabei Pate stehen (ebd.).

belegt, da er diesem sein (1653 veröffentlichtes) Gedicht *WJe lang / o HERR / wie lange sol Dein hertze mein vergessen* gewidmet haben dürfte, wie Günter Balders nachweisen und damit den Entstehungszeitraum des Textes datieren konnte:[17] Dieses Gedicht nimmt in Str. 2 seelsorgerlich auf einen konkreten und einzigartigen Lebensumstand Schröders Bezug, nämlich die plötzliche und andauernde beidseitige Lähmung seiner Beine ab Mitte 1651, und entsprechende medizinische Behandlungsversuche (was in der Leichenpredigt mehrfach eine Rolle spielen wird). Außerdem enthält es das Anagramm Joachim Schröders in den beiden letzten Strophen: Str. 5,1 und 6,9 (je die Anfangsbuchstaben I bzw. J und S). Auch ein zweites, allerdings erst 1660 erstmals veröffentlichtes Gedicht Gerhardts wird von Balders in möglichen Bezug zu Schröder gesetzt, und zwar *Also hat Gott die Welt geliebt*[18] ebenfalls mit drei Anagrammen Schröders in der 16. und 17. Strophe (Str. 16,8: I bzw. J Sch, Str. 17,1: I bzw. J S); für die hier tatsächlich vorliegende Anspielung auf Schröder spricht m. E. auch die häufige Verwendung von Verben der Bewegung bzw. Ruhe (Str. 4 stehen, gehen; Str. 5 entlaufen; Str. 13 bleiben).[19]

---

[17] Balders 2009, 68 f.
[18] Balders 2009, 69, hier noch 1661 als Datum der Erstveröffentlichung angenommen. Heute ist 1660 gesichert, s. Crüger 2015, 230, und Weichenhan 2020, 43.
[19] In Str. 17 scheint Cranach-Sichart (Nr. 25) zufolge sogar die Vorstellung eines eigenen Throns für den Gläubigen angedacht zu sein (*Hier hab ich Gott und Gottes Sohn, / Und dort bei Gottes Stuhl den Thron: / Da wird fürwahr mein Leben / In ewgen Freuden schweben.*). Allerdings lässt sich diese Textversion weder in der PPM 1660 (Crüger 1660, 643) noch in den *Geistlichen Andachten* (Gerhardt 1667, 25) verifizieren, dort heißt es jeweils »GOttes Stuel und Thron«, d. h. »Stuhl« und »Thron« Gottes sind synonym gemeint.

Aus Anlass der von ihm zu haltenden Beerdigung schuf bzw. verwendete Gerhardt innerhalb der gesamten Leichenpredigt[20] drei Texte verschiedener Gattungen; sie wurden gemeinsam gedruckt bei Christoph Runge, Berlin 1655 (Titelblatt vgl. Abb. 1). Es handelt sich um

1) den eigentlichen *Leichsermon* (im Druck 31 Quartseiten, hier abgekürzt mit L), eine reich gegliederte, mindestens einstündige Predigt zu Psalm 71,9: »Verwirff mich nicht in meinem Alter / verlaß mich nicht / wenn ich schwach werde«, gehalten im Gottesdienst am 17. Mai 1655 in der Kirche in Zossen am offenen Sarg,
2) das *Ehrengedächtnis* (im Druck 13 Quartseiten, hier abgekürzt mit E), ein ausführlicher Lebenslauf[21] von ca. einer halben Stunde, der üblicherweise am Grab verlesen wurde, und schließlich
3) ein *Epicedium*, hier als 14-strophiges Gedicht, Nachdichtung des gesamten 71. Psalms, der mit Vers 9 den Predigttext enthält, zu singen auf die Crüger-Melodie *Du o schönes Weltgebäude*. Es kann ein Casualcarmen aus Anlass des Trauerfalles sein, ist womöglich aber auch bereits zu Lebzeiten Schröders entstanden und dann dem Druck der Leichenpredigt beigegeben worden.[22]

Weitere Epicedien, d. h. literarische Kondolenzbezeigungen, oft als Gedichte in lateinischer oder deutscher Sprache, sind dort nicht beigefügt.

Eine derartig umfangreiche Erstellung von Texten anlässlich der Beerdigung eines Angehörigen der Mittel- oder Oberschicht war nicht selten;

---

[20] Vgl. dazu die Analysen bei Niemann 2009, 115–121, und Axmacher 2006, welche aber jeweils nur einzelne Aspekte herausgreifen. Die 2021 verstorbene Autorin Prof. Dr. Elke Axmacher hatte der Vfn. dankenswerterweise auch ihre ausführlichen Vorarbeiten für den hier verwendeten Aufsatz von 2006 zur Verfügung gestellt, auf die im Folgenden mehrfach sinngemäß zurückgegriffen wird.

[21] Im vorliegenden Druck 32–45 und bei Zitaten mit dem Buchstaben E vor den Seitenangaben versehen.

[22] Vgl. dazu Abschnitt 3.3.

wir befinden uns in der Mitte des 17. Jahrhunderts und – insbesondere in den drei Dezennien nach dem Dreißigjährigen Krieg – in der Hoch-Zeit ausladender Leichenpredigt (die dann nach hypertrophem Ausufern im frühen 18. Jahrhundert rasch enden wird).[23]

2.2 Der Lebensweg des Verstorbenen

Aus dem Ehrengedächtnis, für das der Verstorbene üblicherweise selbst zu Lebzeiten sein Curriculum vitae schriftlich zusammenstellte, tritt ein für die Zeit des Dreißigjährigen Krieges durchaus nicht ungewöhnlicher Lebenslauf hervor. Joachim Schröder wird am 8. November 1599[24] in Templin geboren, der Vater ist »Gerichtsverwandter«, also Mitarbeiter im Templiner städtischen Gericht, wo bereits der Großvater mütterlicherseits Stadtrichter war. Die Mutter stirbt bereits 1602, und der Halbwaise wächst, da der Vater neu heiratet, bei seinem Onkel und Stadtschreiber auf, später beim Bürgermeister, wo er bis zum Ende der Schulzeit 1613 lebt. Wegen Geldmangel ist kein Studium möglich, so dass er Schreibergehilfe in Prenzlau (1615) und dann in Himmelstädt (1616–1618/19) wird, schließlich Gerichtsschreiber in Beeskow und Storkow. Ab 1621 geht er in den Kriegsdienst unter Herzog Christian von Braunschweig und wird »Musterschreiber« (d. h. Schreiber bei Musterungen) in der Kompanie des Kapitäns Ernst von Maltwitz. Der Kriegslauf sieht ihn in Mannheim, der Oberpfalz, Lothringen, Braband, Holland; er ist in zwei Schlachten (Höxter am Main, Braband bei Dion) im Einsatz und bleibt danach »aus Be-

---

[23] Lenz 1990, 666 f.; Axmacher 2006, 23 f.
[24] Niemann 2009, 115, gibt irrtümlich 8.1.1599 an. Zur Datierung allgemein: Im Druck dieser Leichenpredigt wird oft nicht angegeben, ob es sich bei den Daten um Angaben im alten (julianischen) oder neuen (gregorianischen) Stil handelt (Zeitdifferenz: 10 Tage); lediglich im *Ehrengedächtnis* finden sich an zwei Stellen Präzisierungen: »[...] auch darauff zu Wallweg in Braband den 1. Octob. Styli novi theils licentiret ...« (E 34); »[...] auff ein Schiff gesetzet / und den 20. Septembr. Alten Calenders glücklich zu Hamburg angelanget [...]« (E 35).

gierde zu mehrer Krieges-Erfahrung«[25] Soldat, ist 1622 in die Kämpfe gegen den spanischen General Spinola bei Bergen ob Som verwickelt. Im gleichen Jahr geht er über Amsterdam, Hamburg, Lenzen, wo er für 20 Wochen erkrankt, zurück nach Templin und dient dann weiter als Musterschreiber unter dem Kommandanten der Festung Spandau Hans Georg von Ribbeck. 1626 erfolgt ein Wechsel zur Garnison in Pritzwald (Pritzwalk?), wo er schließlich 1630 abdankt. Ab 10. September 1630 tritt er unter Kurfürst Georg Wilhelm das Amt des kurfürstlichen Amtsschreibers in Biesenthal an. Als inzwischen erfahrener Schreiber bildet er selbst zahlreiche junge Leute in »Haushaltung«, also Wirtschafts- und Buchführung, aus.

Schröder heiratet in Biesenthal 1632 Ursula Rudolph, Tochter des bereits verstorbenen dortigen Stall-, Holz- und Amtsschreibers. Zum Sonntag Trinitatis 1637 wird er »auff gnädigstes Begehren Churfürst Georg Wilhelms glorwürdigsten Andenckens«[26] zum Amtsschreiber in Zossen bestellt, und dort findet die wachsende Familie von da an ihr Auskommen. Die beiden haben insgesamt 3 Söhne (Gottfried, Joachim, Joachim Gottfried) und 4 Töchter (Elisabeth, Ursula (1.), Ursula (2.), Agneta), von denen jedoch der älteste Sohn und die drei jüngsten Töchter bald sterben. Insgesamt drei der Kinder werden in der Berliner St. Nikolaikirche getauft.[27] Eine Auswertung der Taufbücher[28] zeigte folgende Einzelheiten:

a) Bei der Taufe von Ursula (1.) am 22. Februar 1636[29] durch den 2. Diaconus Georg Lilius (1597–1666) standen drei Männer und

---

[25] E 35.
[26] E 37 (beachte falsche Paginierung im Druck, dort versehentlich auch als S. 35 ausgewiesen).
[27] Niemann 2009, 116.
[28] Für freundliche Hilfe bei der Entzifferung der Namenslisten danke ich Herrn Andreas Vohwinkel, seinerzeit Student der Fachrichtung Archivwesen an der FH Potsdam.
[29] Taufbuch St. Nicolai Berlin 1626–1639, Sign. 5631, A15, 477; Niemann 2009, 116, gibt irrtümlich 1637 an.

vier Frauen Pate, u. a. der in Berlin und Cölln renommierte Geistliche Jacob Helwig sen. (1600–1651), von 1632 bis 1639 Archidiaconus an St. Petri in Cölln und später dort bis zu seinem Tod Propst, der in »Spezial- und Personalgnade« beim ab 1640 amtierenden Kurfürsten Friedrich Wilhelm I. stand und in dessen Familie ein- und ausging;[30] außerdem Anna Catrina Stripen (Striepe) aus einer bekannten Berlin-Cöllner Familie, die zahlreiche kurfürstliche Hofbedienstete vor allem im juristischen Bereich stellte und reformierten Bekenntnisses war.[31]

b) Bei Ursula (2.) gab es am 8. Dezember 1639[32] wieder mit 2. Diaconus Lilius insgesamt elf Paten, darunter fünf Männer, u. a. Hauptmann Johann von Waldow und Comptur Burkardt von Goldacker (auch Burchardt von Goltacker)[33], zwei später in die blutige Belagerung von Zossen 1640 verwickelte Offiziere; außerdem Johann Fehr sen. (ca. 1581–1666), kurmärkischer Kammermeister von 1620 bis 1652 und kurze Zeit vor der Taufe (1637) vom Rat für die vakante 2. Bürgermeisterstelle in Berlin vorgeschlagen, aber von Kurfürst Georg Wilhelm dafür nicht freigegeben.[34] Weiterhin gab es

---

[30] Niemann, ebd. 63; Noack/Splett 1997, 186–189; Schmitz 2002, 83.
[31] Vgl. Bahl 2001, 600–602, und Tafel 9, 634 (allerdings ohne eigene Nennung von Anna Catharina); Schmitz, 120–124. Zur Frage, wie weit bei lutherischen Taufen Reformierte Pate standen und umgekehrt bei reformierten Taufen auch Lutheraner, wären weitere Untersuchungen von Interesse, da beide Kirchen keine Abendmahlsgemeinschaft hatten und ihre Religionsstreitigkeiten in den fünfziger Jahren des 17. Jahrhunderts so weit eskalierten, dass sich Theologen beider Kirchen gegenseitig das Heil absprachen. In diese Streitigkeiten wird Paul Gerhardt dann tief involviert werden.
[32] Taufbuch St. Nicolai Berlin 1626–1639, A15, 663.
[33] Vgl. Warlich o. J., Personenregister.
[34] Vgl. Schmitz 2002, 134. Sein Sohn Johann Samuel Fehr wird 1662 bei Paul Gerhardts Sohn Paul Friedrich Pate stehen (Niemann, 224) und sich später als Geheimer Cammer-Secretarius an der Finanzierung der Ebelingschen Gesamtausgabe der Gerhardt-Lieder beteiligen, vgl. Gerhardt 1667, Vorsatzblatt 2 zum 7. Dutzend.

hier sechs Frauen als Patinnen, darunter Margreta Damerow (auch Margaretha Dameroh, 1620–1687), Ehefrau des Berliner Bürgermeisters Caspar Miser,[35] die nach ihrer Verwitwung (1640) dann als zweite Ehefrau des Berliner Bürgermeisters Michael Zarlang 1656 Patin bei Gerhardts ältester Tochter Maria Elisabeth werden wird.[36] Außerdem finden sich hier unter den Patinnen Anna Wernighens (Wernicke), Tochter des kurfürstlich-brandenburgischen Sekretärs und Bürgermeisters zu Cölln Georg Thenigk (gest. 1582),[37] sowie Sabina Tiffenbach (Tieffenbach), seit 1628 Ehefrau von Jacob Hellwig sen. aus einem der »Kerngeschlechter«, aus denen sich unter Kurfürst Friedrich Wilhelm I. die Angehörigen des Kammergerichts rekrutierten.[38]

c) Schließlich gibt es bei der Taufe von Joachim Gottfried am 16. August 1642[39] wiederum durch 2. Diaconus Lilius insgesamt fünf Paten, und zwar drei Männer, darunter ein »Cammersecretary« Pauwell(?) Kemnitz, kurfürstlich-brandenburgischer Amtskammersekretär, Sohn des Konsistorialrates Joachim Kemnitz,(1600–1663),[40] und Erdtmann Schmoll, 1640 bis zu seinem Tod 1664 im Amt des Hofküchenmeisters (oberster Chef der kurfürstlichen Küche) und damit »am unteren Rand der höheren Hofgesellschaft […] mit Verbindungen zur gehobenen Schicht der Sekretäre und Schreiber«.[41] Von den beiden Frauen ist Elisabeth »Rudeloffs« erwähnenswert, falls damit Elisabeth Rudolph gemeint ist, Tochter des Biesenthaler Amtsschreibers Thomas Rudolph und ab 1639

---

[35] Niemann 2009, 125; Noack/Splett 1997, 447.
[36] Niemann, 188. Auch diese wird dann zu den Förderern der Ebeling-Ausgabe gehören, und zwar beim zweiten Dutzend 1666, vgl. Gerhardt 1667, 35.
[37] Schmitz 2002, 103.
[38] Ebd. 80.
[39] Taufbuch St. Nicolai Berlin 1640–1649, A 22, 27 rechts.
[40] Bahl 2001, 514.
[41] Ebd. 91.

Ehefrau des Zossener Propstes Georg Koch. Sie wird als Schwägerin des Verstorbenen zu den Leidtragenden gehören.

Damit gehörten zum Freundes- und Bekanntenkreis des Zossener Amtsschreibers bereits in jungen Jahren zumindest ein akademisch gebildeter Pfarrer, ein bürgerlicher Angehöriger der höheren Schicht des kurfürstlichen Hofes sowie mehrere juristische Bedienstete des Kurfürsten in gehobener Stellung, außerdem zwei adlige Militärs sowie bekannte Persönlichkeiten des städtisch-bürgerlichen öffentlichen Lebens bis hin zu einem Bürgermeisterkandidaten. Dies deutet darauf hin, dass Joachim Schröder über das Dorf Biesenthal und dann das Kleinstädtchen Zossen hinaus einen relativ hohen Bekanntheitsgrad mit guten Verbindungen in die Hauptstadt des Kurfürstentums gehabt haben muss.

In Zossen macht sich Schröder ab 1639 besonders um den Wiederaufbau der 1637 von den Schweden niedergebrannten Kirche sowie des Pfarrhauses, der »Caplaney« und des Zossener Schulhauses verdient (Kirchweih schließlich 1649 nach 10 Jahren)[42], ebenso der zerstörten Kirche im Filialdorf Wünsdorf. Am 18. Juli 1651 erleidet er eine plötzliche »gäntzliche [...] Lähmung seyner beiden Schenckel«[43]; als Ursache sind Veränderungen an der Wirbelsäule und den Bandscheiben zu vermuten, die zu einer Querschnittslähmung führten.[44] Zahlreiche Behandlungsversuche werden unternommen, u. a. »Heil- und warme Bäder«[45]; darauf dürfte Gerhardt angespielt haben in *Wie lang, o Herr, wie lange*, Str. 2: »Wie lange sol mein arme seel / Jn diesem bade schwitzen«.[46] Die trotz

---

[42] Niemann 2009, 116. Beide Kirchen sind nicht erhalten, sondern wurden im 19. Jahrhundert durch moderne Bauten ersetzt.
[43] E 40 f.
[44] Für diese Auskunft dankt Vfn. Dr. med. Anneke Vad, München. Die von Niemann angenommene Diagnose »Schlaganfall« (116) dürfte nicht zutreffen, da damit eine halbseitige Lähmung der rechten oder linken Körperhälfte verbunden gewesen wäre.
[45] E 42.
[46] Balders 2009, 68 f.

aller Bemühungen und drängender Gebete nicht mehr heilbare Krankheit fesselt ihn die vier Jahre bis zu seinem Tod an Stuhl bzw. Bett, wobei seine Frau ihn unter Aufbietung aller Kräfte pflegt.

Trotz der starken Einschränkung erledigt er bis kurz vor seinem Tod weiter die Amtsgeschäfte für den Kurfürsten. Im Jahr 1655 lassen seine Kräfte immer mehr nach, es beginnt ab dem 1. Mai ein tagelanger Sterbeprozess im Beisein der Familie und unter besonderer seelsorgerlicher Fürsorge seines Schwagers Propst Georg Koch.

Der eigentliche Todestag – laut *Ehrengedächtnis* der Sonntag Jubilate 1655 – bleibt näher zu bestimmen, da sich auf den ersten Blick widersprüchliche Angaben finden:

a) Niemann schreibt, der Sonntag Jubilate sei der 6.5.1655 gewesen, was sich durch mehrere Kalenderrechnungstabellen, die den alten Stil des Julianischen Kalenders voraussetzen, bestätigen lässt.[47] Da jedoch der Leichsermon auf den 17.5. datiert ist und darin der Verstorbene im offenen Sarg erwähnt ist (L 30), kann der Abstand aus biologischen Gründen nicht 11 Tage betragen haben.

b) Das Tauf- und Bestattungsbuch Zossen[48] vermeldet: »1655, Nr. 11, den 17ten [Mai] dieses [Jahres] ist der allhiesige Ambtschreiber H. Joachim Schröder begraben worden, mit gantzem Gel[äute]«.

c) Das Lebensalter wird im Ehrengedächtnis mit 54 Jahren, 5 Monaten und 22 Tagen angegeben. Eine Nachrechnung jedoch ergibt, dass Schröder, am 8.11.1599 geboren, bis zum 6.5.1655 schon 55 Jahre, 5 Monate (mit je 30 Tagen angesetzt) und 29 Tage (inclusive Enddatum) alt war. Die Angabe der absoluten Lebenslänge hilft also nicht zur Klärung der Differenz.

---

[47] Niemann, 117, vgl. Bach 1907 und Huber o. J. Ostersonntag war nach altem Stil der 15.4.1655 (NB: 28.3. neuen Stils, also nicht die üblichen 10 oder 11 Tage Differenz!). Dementsprechend ergibt sich für Jubilate (21 Tage nach Ostern) der 6.5.1655.

[48] Tauf- und Bestattungsbuch Zossen Dreifaltigkeit, Sign. 26862, 882.

d) Die zu große Differenz dürfte der bereits 1582 erfolgten, aber von den Lutheranern nur zögerlich angenommenen Gregorianischen Kalenderreform (mit Kürzung um 10 Tage) geschuldet sein; das Kirchenbuch Zossen und der Drucker Runge hätten demzufolge nach neuem Stil datiert. Zu bedenken bleibt, dass der 7. Mai alten Stils – genau wie der 17. Mai neuen Stils – ein Montag war, und damit hätte die Beerdigung nur einen Tag nach dem sonntäglichen Tod stattgefunden, was aus praktischen Gründen plausibel erscheint, aber darauf hindeutet, dass die rhetorische Vorbereitung der sehr aufwendigen Leichenpredigt bereits vor dem (absehbaren) Ableben begonnen haben dürfte. – Es ist auch denkbar, dass die Predigt für den Druck noch einmal erweitert wurde; das Verhältnis von gehaltener und gedruckter Leichenpredigt ist oft nicht genau bestimmbar.

Im *Ehrengedächtnis* wird hervorgehoben, dass der Kurfürst Friedrich Wilhelm I. »sich diesen Todesfall [hat] vortragen lassen / ihm (d. h. J. Schröder, S. Wei.) selbst vor vielen ümbstehenden das allergnädigste Zeugnis nachgesprochen / daß es Sr. Churfürstl. Durchl. Leid wäre / sie hätten einen rechten treuen Diener an ihme verlohren« (E 38). Die Andeutung, dass der Kurfürst seinen Bediensteten »in mancherley unbillicher Verfolgung [...] kräftiglich geschützet« (ebd.) habe, verlangt noch nähere Aufklärung.

Die Ehefrau Ursula wird Witwe bleiben, wie zwei Einträge im Zossener Taufbuch von 1662 zeigen: Die Patin wird als »Sehl. H. Joachimi Schröders hinterbliebene Wittibe« bzw. als »Ursula Rudolphs, sehl. H. Joachimi Schröders gewesenen Ambtsschreibers in Zossen Wittibe« bezeichnet.[49]

---

[49] Tauf- und Bestattungsbuch (wie Anm. 48), 440 und 426.

3. Das rhetorische Aufgebot gegen den Tod

3.1 Allgemeines

Alle drei unter 2.1 genannten Textgattungen sind als Ganzes gedruckt. Bereits das Titelblatt verzeichnet den »von ihme (d. h. J. Schröder, S. Wei.) selbst zum Leich-Text erwehlten 9. vers. des 71. Psalms: Verwirff mich nicht in meinem Alter / verlaß mich nicht / wenn ich schwach werde.« (Abb. 1)

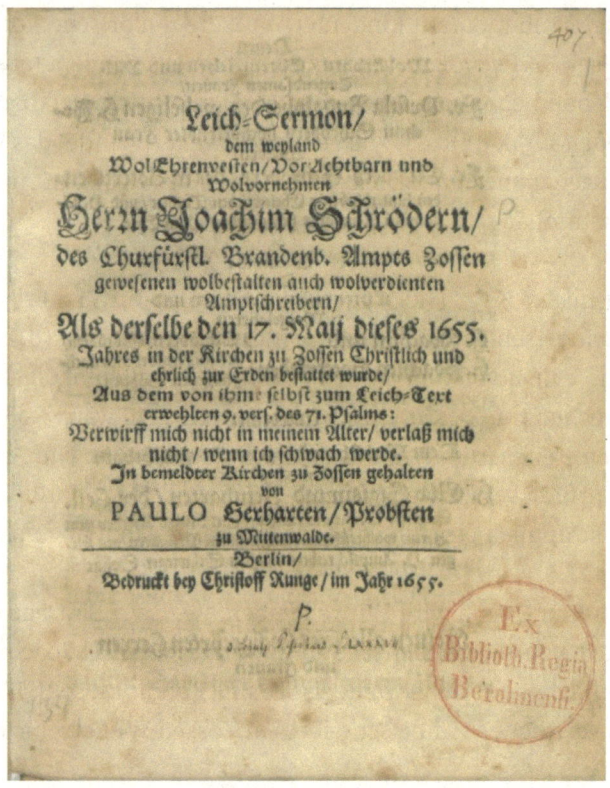

Abb.1: Titelblatt der Leichenpredigt.[50]

---

[50] Quelle: Digitalisat der Staatsbibliothek Berlin (https://digital.staatsbibliothek-berlin.de/werkansicht?PPN=PPN668916052&PHYSID=PHYS_0007&DMDID=).

Unmittelbar Leidtragende sind laut des ersten unpaginierten Vorsatzblattes, das auf das Titelblatt folgt, die Ehefrau bzw. Witwe Ursula Rudolph, die beiden Söhne Joachim Schröder (jr., der vom Vater in Haushaltführung unterrichtet worden war) und Joachim Gottfried Schröder (seinerzeit Student) sowie die Tochter Elisabeth Schröder mit ihrem Ehemann, Pfarrer Elias Sigismund Reinhardt (s. 2.1.c), welche unmittelbar angeredet werden, so dass dieses erste Vorsatzblatt auch die Widmung der Druckschrift bildet. Die Ehefrau wird mit festen Floskeln als »Wolerbar, Ehrenreich und Viel-Tugendsam« beschrieben, die Söhne ähnlich als »Ehrenvest, Achtbar und Wolgelahrt« bezeichnet, für den Schwiegersohn lautet die Widmung jedoch: »Dem WolEhrwürdigen / GroßAchtbarn und Hochgelahrten H. Eliae Sigismund Reinharten / der Heil. Schrifft Licentiato, und der St. Niclas Kirchen zum Berlin wolberühmten treufleißigen Predigern [...]«. Diese Personen waren sicherlich bei der Beerdigung anwesend, darüber hinaus – wegen des Bekanntheitsgrades des Verstorbenen womöglich zahlreiche – weitere Anteilnehmende. Gerhardt hatte also für Menschen städtischer wie ländlicher bürgerlicher Herkunft wie auch für akademisch Gebildete, darunter zwei Amtsbrüder (Reinhardt und Propst Koch), zu predigen und seine rhetorischen Mittel im Rahmen der Gattung entsprechend zu wählen.

Auf den folgenden beiden unpaginierten Vorsatzblättern erklärt sich Gerhardt zur Drucklegung, die ohne den ausdrücklichen Willen (resp. die Finanzierung) der Angehörigen nicht erfolgt wäre.

3.2 Der Leich-Sermon – Form, Ausdruck, Gedankengang

Des Verstorbenen ehrend zu gedenken, die Hinterbliebenen zu trösten und zu erbauen, sie zu belehren und zu mahnen sowie Gott zu loben – diesen sechs rhetorischen Grundaufgaben der Beerdigungspredigt hat Gerhardt in dieser Gattung zu entsprechen.[51] Seine Predigt ist über weite

---

[51] Zur Motivation von Leichenpredigten vgl. z. B. Lenz 1990, 668, Schmitz, 25 f.

Teile im Niederen Stil der Ciceronischen Rhetorik[52] gehalten, also im »genus humile« mit dem Ziel »docere«, d. h. die Hörer zu belehren. Sie weist darüber hinaus auch Elemente des Mittleren Stils auf, des »genus medium« mit dem Ziel »delectare«, d. h. die Hörer zu unterhalten bzw. hier in der Trauersituation zu trösten und zu erfreuen. Vereinzelt sind Elemente des Erhabenen Stils zu konstatieren, des »genus grande« mit dem Ziel »movere«, d. h. die Hörer zu erschüttern bzw. in der Trauersituation die Herzen der Hörer leidenschaftlich anzurühren und zur Zuversicht mitzureißen. Ihr nun zu betrachtender Aufbau folgt ebenfalls den Grundsätzen antiker Redekunst.

3.2.1 Gliederung und Gedankengang

In der vorliegenden Druckausgabe von 1655 sind typographisch eine Reihe von Gliederungselementen hervorgehoben (vgl. Tab. 1).[53] Allerdings sind damit nicht alle Redeteile entsprechend der von Gerhardt implizit strikt eingehaltenen vier klassischen Gliederungsebenen Exordium / Narratio / Argumentatio / Peroratio erfasst.[54] Daher sei in der folgenden Tabelle eine detaillierte Beschreibung gegeben, die sowohl den Gedankengang nachzeichnet als auch auf von Gerhardt verwendete Quellen verweist, gefolgt von Erläuterungen zu den Stilmitteln.

---

[52] Vgl. dazu Ueding 2005 und v. Wilpert 1969.
[53] S. Tabelle 1, linke Spalte, hier in Großbuchstaben wiedergegeben.
[54] Für diesen Hinweis dankt Vfn. Dr. Reinhard Gruhl, Hamburg. Die hier vorgestellte Gliederung weicht damit deutlich von der Auffassung Niemanns 2009, 117f., und Axmachers 2006, 25–28, ab. Insbesondere wird die Partitio nicht als die eigentliche Auslegung verstanden, sondern nur als die Untergliederungsangabe zu Beginn der entfaltenden Auslegung, d. h. der (im Druck nicht eigens benannten) Argumentatio.

Tabelle 1: Aufbau und Inhalt des Leich-Sermons
(linke Spalte: Schreibweise in GROSSBUCHSTABEN gibt originale Gliederungsbegriffe wieder; Angaben in [Klammern]: Zusätze der Vfn.; Abkürzung JS=Joachim Schröder; außerbiblische Quellenangaben g e s p e r r t):

Gliederung [Seitenzahl im Druck 1655]	Bibelstelle	Inhaltliche Gedankenführung (mit weiteren von Gerhardt für seine Auslegung herangezogenen Bibelstellen einschl. Apokryphen sowie außerbiblischen Quellen)
[Trinitarisches Votum, S. 1]		Jesus Christus als handelnder »Herr und Heyland«, der uns Angst erfahren lässt und wieder lebendig macht und »aus der Tieffe der Erden heraus« holt, hochgelobt mit dem Vater und dem Heiligen Geist.
[Exordium generale, Allg. Einleitung, S. 1-3]	Apk 2,10b Sey getreu bis an den Tod, so wil ich dir die Krone des Lebens geben.	Christus als »Hochverdienter Herr und Heyland«, als »Erlöser und Seligmacher« hat Wohlgefallen an »Christen, die ein rechtschaffenes treues beständiges und unverrucktes Hertze haben«, die zu ihm halten nicht allein in guten, sondern auch in bösen Tagen; Christus selbst gibt einem Christen »Löwen-Hertz und Helden-Muht«, stellt die »Lebens- und Ehren-Krone« vor Augen, welche allen aufgesetzt werden soll, »die da ritterlich gerungen / durch Tod und Leben zu ihrem Herrn Christo hindurch gedrungen« [vgl. L u t h e r , *Komm, Heilger Geist, Herre Gott*, Str. 3]; Christus als »ewiger Sohn Gottes« hat dies durch JS die Anwesenden spüren lassen: JS hatte im härtesten Leiden solches Herz [d. h. Applicatio: der Verstorbene als Exemplum fidei, als Vorbild im Glauben].
	Ps 71,9 Verwirff mich nicht in meinem Alter / verlaß mich nicht / wenn ich schwach werde	Ankündigung eines »Christlichen Sermons« zum vom »Seligverstorbenen« selbst ausgewählten »Leich-Text«.

Gliederung [Seitenzahl im Druck 1655]	Bibelstelle	Inhaltliche Gedankenführung (mit weiteren von Gerhardt für seine Auslegung herangezogenen Bibelstellen einschl. Apokryphen sowie außerbiblischen Quellen)
EXORDIUM [speciale, Casus-bezogene Einleitung, S. 4]	**Ps 26,8** HERR ich habe lieb die Stäte deines Hauses / und den Ort da deine Ehre wohnet. **Neh 5,19** Gedencke mir mein GOTT zum besten / alles / daß ich diesem Volcke gethan habe **Ps 71,9** Verwirff mich nicht in meinem Alter / verlaß mich nicht / wenn ich schwach werde.	JS hat »unterschiedliche schöne Sprüchlein aus Gottes Wort auffgesuchet / Daß auf den Fall / wenn Gott der HERR über ihn gebieten würde/eines unter denselben bey seiner Leich-Bestattung möchte erklärt und abgehandelt werden«; er ist mit diesen dreien »offtmals in seiner Einsamkeit ümbgegangen«.
[Narratio, Schilderung des Sachverhaltes, **S. 4–10**] [S. 4–6]	Zu 1. **Ps 26,8** HERR ich habe lieb die Stäte deines Hauses / und den Ort da deine Ehre wohnet.	Dolor animi pientissimus [frömmster Schmerz der Seele], d. h. »sein Christliches und Gottseliges Hertzens-Betrübnüß« – [applicatio:] Anspielung auf Verdienste des JS bei Wiederaufbau und Ausschmückung der Zossener Kirche, in die er jedoch (die letzten vier Jahre wegen der Lähmung beider Beine) nicht mehr gelangen konnte; Decor domus domini [Schmuck des Hauses des Herrn], so bei H i e r o n y m u s [vgl. **1 Kön 6–8**, Vulgata-Übersetzung]: Gott selbst ist hier in seinem Haus das Feuer; seine Ehre wird hier durch Dank und Predigt erhöht; [applicatio:] Erinnerung an frühere Gottesdienstbesuche des JS mit **Ps 42,5**.

[S. 6–8]	Zu 2. Neh 5,19 Gedencke mir mein GOTT zum besten / alles / daß ich diesem Volcke gethan habe.	Amor proximi & populi constantissimus [beständigste Nächstenliebe und Liebe zum Volk], d. h. Nehemias »bestendige Liebe zu seinem Nechsten und … ihm von GOtt und von der Hohen Obrigkeit anvertrauten Unterthanen«; Nehemia, »ein Mann von feinem und guten Hertzen«, hatte salus patriae et populi [das Wohl des Vaterlandes und des Volkes] als Ziel, welches er in seinem durch langwieriges Elend verwilderten Volk auch mit »Schärffe und gebürlichem Ernst« durchsetzt, auch gegen böse Nachrede – [applicatio:] Amtsführung des JS »nach dem Exempel Nehemiae«, der den zerstörten Tempel Salomos aufbaute »mit solchem Hertzen und Gemüht«.
[S. 8–10]	Zu 3. Ps 71,9 Verwirff mich nicht in meinem Alter / verlaß mich nicht / wenn ich schwach werde	Fervor fidei intensissimus [stärkste Glaubensglut], d. h. des Psalmbeters »hertzliche innbrünstige Zuversicht / Glauben und Vertrauen«, auch wenn »die Sonne der Freuden nun auffhöret zu scheinen und die Wetter der Trübsal einher treten« und Gedanken kommen, Gott habe sein Herz abgewendet und sei zum Feind geworden; Davids Kampf gegen solche Versuchung – [applicatio:] JS blieb in der Not bis an sein Ende aufrecht im Kampf gegen die Versuchung, Gott würde ihn in der Leibesnot verlassen.
[Argumentatio, Auslegung und Beweisführung, S. 10–30]	Ps 71,9 Verwirff mich nicht in meinem Alter / verlaß mich nicht / wenn ich schwach werde.	Diesen Text will der Prediger für JS nun »eigentlich und vornehmlich seinen Leichtext seyn lassen«, der nun »in aller kürtz und einfalt« entfaltet wird.
PARTITIO [Gliederung der Auslegung, S. 10]		Drei Aphorismos oder Gesätzlein zu dem vorgenommenen Sprüchlein: 1. »Ich werde einmal alt werden / oder / es wird einmal mein Alter kommen.« 2. »Wenn einmal mein Alter kommen wird werde ich schwach werden.« 3. »Wenn ich einmal alt und schwach werde / wird mich mein GOtt nicht verwerffen noch verlassen.«

Gliederung [Seitenzahl im Druck 1655]	Bibelstelle	Inhaltliche Gedankenführung (mit weiteren von Gerhardt für seine Auslegung herangezogenen Bibelstellen einschl. Apokryphen sowie außerbiblischen Quellen)

[Argumentatio] DE PRIMO [S. 10–17]	Ps 71,9a Verwirff mich nicht in meinem Alter /	1. Gesätzlein: »Ich werde einmal alt werden /oder/ es wird mein Alter kommen.«
		 I. <u>Was heißt Alter? Es gibt in der Hl. Schrift zweierlei Alter</u> [S.10]:
		    a) Alter des Gemütes und der Seele: d. h. ein kluges, verständiges Herz haben Menschen auch ungeachtet junger Jahre, vgl. **Weish 4,7–14; Tob 1,4–8; Jes 3,4–6**.
		    b) Alter des Leibes: an Jahren wachsen bei Abnehmen der Leibeskraft; dabei bleibt aber Gott derselbe von Jugend auf, vgl. **Ps 71,5.6**.
		 II. <u>»Wenn mein Alter kommt, werde ich schwach werden.«</u> [S.12] unterschiedliche Lebensalter von bibl. Vorzeit – z. B. Noah: 950 J., vgl. **Gen 5**, [**Gen 9,28**], dgg. Jakob 130 J., [**Gen 47,9**], schließlich bei David 70 bis 80 J. [**Ps 90,10**].
		 Immer wichtig: Bitte um Gottes gnädigen Schutz im Alter, wie gering oder hoch es sei!
		 <u>Summe:</u> De senectute mature est cogitandum.
		 »An das liebe Alter sol man bey zeiten gedencken.« [S.14]
		  • Man denke schon in der Jugend an »**das liebe, hohe Alter**« [S.14] und die Notwendigkeit von Hilfe und Beistand.
		  • Man widerstehe der Versuchung, in der Jugend die Frömmigkeit auf das Alter zu verschieben, vgl. **Sir 18,22; Weish 2,6–11;** [**Ps. 75,9; Spr 10,13**].
		  • Man mühe sich schon in der Jugend um Gottesfurcht, Zucht, Tugend, Ehrbarkeit, Fleiß und Treue in Amt und Beruf, Sparsamkeit, vgl. **Hi 27,6; Sir 25,5**.
		  • Man widerstehe der Versuchung, im Alter geizig zu werden oder vergebliche Vorräte anzulegen, vgl. [irrtümlich] C i c e r o [tatsächlich: S e n e c a , Proverbien, s. u.]; **Pred 5,14 f.** [S.16].
		  • Man bereite gläubig sich auf das Sterben vor, freue sich darauf als »Simeonis Stündlein« [S. 17], vgl. **Lk 2,27–32**, speziell V. 29: »in Friede hinfahren«.

[Argumentaio]
DE SECUNDO
[S. 17-24]
	Ps 71,9b
	verlaß mich
	nicht / wenn
	ich schwach
	werde.
		2. Gesätzlein: »Wenn einmal mein Alter kömmet / so werde ich schwach werden.«
		I. Zwei Weisen des Alters [S. 17]:
		a) Alter als kostbarstes Gottesgeschenk; rühmenswerte Weisheit und Erfahrung, z. B. Verheißung für Salomo [1Kön 3,14]; Lev 19,32; Hi 12,12; junge Leute sollen sich ratsuchend an die weisen, erfahrenen Alten halten, **Sir 6,35 u. 8. 9-12.**
		b) Alter als Mühsal; zahlreiche Mängel und Gebrechen des Alters [s. dazu II].
		II. Schwachheit des Alters als Frucht der Sünde [S. 19]:
		Fall Adams [**Gen 3**] als Ursache der Schwäche, kann nur durch Gnade abgewendet werden, dazu 2 Beispiele: Mose, vgl. **Dtn 34,7,** und Caleb, vgl. **Jos 14,10f.**
		Übliche Auswirkung der Sünde: ein Gram, Kummer, Betrübnis folgt im Alter dem andern, vgl. **Pred 12** mit zahlreichen Metaphern und ihren Deutungen, z. B. » Da verfinstern Sonn und Licht [...] das ist / das innerliche Hertzens=Licht« [S.20].
		
		Summe: Votum senectutis est moderandum. »Alt zu werden sol man nicht allzuhefftig wünschen und begehren.« [S. 21]
		Menschliche Gründe dafür, ein langes Leben zu wünschen: Gesundheit, ausreichendes Auskommen, Dienst für das Vaterland, Gunst, Ehre, großer Name – aber dies alles schützt nicht vor Schwachheit im Alter; dem Menschen wird »**das Alter selbst zur Kranckheit**« [S. 23]:, z. B. bei David [vgl. **1Kön 1,1**], [**Ps 39,12**]; Barsillai [**2Sam 19,32-38**]; vigor animi [vgl. S e n e c a , Epistula, s. u.], Judicium und Memoria ist hin; Samuel [**1Sam 8,1-5**],
		daher:
		• man mäßige seine Begierde nach hohem Alter;
		• man stelle seine Jahre in Gottes Belieben:
		   – Altwerden mit Dank annehmen
		   – ggf. frühes Lebensende als göttliche Bewahrung vor Schlimmerem begreifen.

Gliederung [Seitenzahl im Druck 1655]	Bibelstelle	Inhaltliche Gedankenführung (mit weiteren von Gerhardt für seine Auslegung herangezogenen Bibelstellen einschl. Apokryphen sowie außerbiblischen Quellen)

[Argumentatio] DE TERTIO [S. 25–30]	Ps 71,9 Verwirff mich nicht in meinem Alter / verlaß mich nicht / wenn ich schwach werde	3. Gesätzlein: »Wenn ich einmal alt und schwach werde / wird mich mein GOtt nicht verwerffen noch verlassen.« Es folgen »zwo unterschiedliche bewegliche Schluß=Reden« [S. 25, d. h. Auslegungen, die jeweils einen syllogistischen Schluss enthalten, s. u].:
		
		   I. <u>Schlussrede:</u> »Du, mein GOTT, kanst und wirst mich nicht verwerffen / denn mein Alter ist da.«, vgl. **Ps 71,5.6.**
		[Es folgen Obersatz, Untersatz, Schlussfolgerung:]
		Gott, der im Eingang des Lebens ein Freund ist, wird nicht sein Feind werden [vgl. **Ps 139,13–16**]; er wird sich nicht in einen Grausamen verwandeln und das Gebet mit Füßen treten.
		
		   II. <u>Schlussrede</u> [S. 26]: »Du, mein GOtt, kanst und wirst mich nicht verlassen / Denn ich bin schwach / und meine Krafft verlässet mich.«
		[Es folgen Obersatz, Untersatz, Schlussfolgerung:]
		Wenn auch meine eigene Kraft mich verlässet, wirst Du, Gott, mich nicht verlassen. Gott kann nicht grausam sein, sondern er selbst wird ersetzen, was durch Nachlassen der Sinnes- und Leibeskräfte fehlt, z. B. fehlende Kraft der Augen ersetzt durch Gott als Licht, fehlende Kraft der Arme ersetzt durch Gott als Stärke usw. [vgl. **Ps 146,8 f.; Ps 23,4**]
		
		<u>Summe</u>: **In senectute non est desperandum. »Im Alter sol man nicht verzagen.«** [27]
		Menschliche Zuversicht, sich aus eigener Kraft helfen zu können, in der Jugend ausgeprägt – z. B. Kampfeskraft, Schnelligkeit zur Flucht, Fähigkeit zu Neuanfang; dagegen im Alter oft rasche Verzagtheit.
		Folgerungen:
		• Man mache sich bewusst: Wo des Menschen Hilfe aufhört, da geht Gottes Hilfe an.

		• Das Heil hängt weder an Jugend noch an Alter, sondern allein an Gottes Allmacht. • Gottes Kraft ist in den Schwachen mächtig. [**2Kor 12,9**] • Jugendliche Kraft kann zurückkehren. [**Ps 103,5**] • Ein frommer Christ soll vertrauen auf den allmächtigen Gott. • Ein Gerechter wird im Alter grünen wie eine Palme. [**Ps 92,13–16**]
PERORATIO [zusammen- fassender, krönender Schluss, S. 30–31]		[Erneute applicatio – der Verstorbene als Exemplum fidei, dabei Verweis auf den Leichnam im offenen Sarg!] JS hatte dies alles wohl erkannt und die Gebetsbitten wurden erhört: Verlassen von der Kraft der Jugend und mit krankem Leibe behielt er »ein freudiges getrostes und unerschrockenes Hertz« [S. 30], ließ keine »Kleinmühtigkeit« spüren; Gott hat ihn aus dem Mutterleibe gezogen, ihm Kraft verliehen bis ins Alter, seine Geduld geprüft, schließlich sein Kreuz abgenommen und ihn selig zu sich genommen, wo er grünet wie ein Palmbaum [**Ps 92,13–16**], Gott lobt [vgl. **Ps 71,20b–24a**] und »mit den heiligen Engeln« »singet und springet«, wo er verkündigt, dass der Herr so fromm und ohne Unrecht ist [**Dtn 32,4**].
[Schluss- doxologie S. 31]		Dem frommen Herren und Hort unseres Heils [vgl. **Ps 95,1**] sei Lob ... in alle Ewigkeit.

3.2.2 Formale Beobachtungen

Eine Reihe formaler Beobachtungen soll deutlich machen, wie bewusst Gerhardt rhetorische Mittel einsetzt. Oftmals ist die Wahl der Stilmittel eng verknüpft mit inhaltlichen theologischen Aussagen.

a) Die Tabelle zeigt, dass Gerhardt eine strengstens gegliederte Predigt vorlegte, deren Gliederungsprinzip sich in den aufeinander aufbauenden und z. T. rückverweisenden Gedankengängen und Schriftverweisen verwirklicht.

b) Ein konkreter Bezug auf den Verstorbenen (Applicatio) findet sich ausschließlich in den rahmenden Redeteilen Exordium, Narratio und Peroratio, nicht aber in der Argumentatio als ausführlichstem Teil der Rede. Der in dieser vollzogene rein lehrhafte, argumentierende Gedankengang lenkt den Blick ganz auf das Allgemeine, das dem konkreten Trauerfall Vor- und Übergeordnete, um zu allgemeingültigen Folgerungen zu gelangen, an denen sich schließlich die Leidtragenden wiederum in concreto aufrichten können.

c) Gerhardt bedient sich grundsätzlich einer bibelgesättigten Sprache und Argumentationsweise. Es finden sich allein im Sermon mindestens 50 direkte biblische Verweise, bzw. deutliche biblische Anspielungen einschl. des von ihm teilweise vorausgesetzten lateinischen Wortlautes der Vulgata-Übersetzung des Hieronymus. Der Autor referiert stellenweise – nach heutigem Empfinden unter Verzicht auf die Brevitas (angemessene Kürze) – detailliert einzelne biblische Abschnitte, indem er z. B. dutzende unterschiedliche Beispiele des Alter(n)s und des Umgangs mit dem Alter(n) in der Bibel aufzählt (bes. L 12–14).[55]

---

[55] Das hier auch zitierte Wort des greisen Jacob an den Pharao »Wenig und böse ist die Zeit meines Lebens« (1. Mo 47,9; L 13) wird Gerhardt knapp zwei Jahre später als Bibelwort auf das Grabtäfelchen seiner eigenen, am 19. 5. 1657 als Säugling verstorbenen Tochter Maria Elisabeth schreiben lassen.

d) Gerhardt beginnt die Argumentatio – nach bereits umfangreich angelegtem Exordium und ausführlicher Narratio – mit einem Understatement: »in aller kürtz und einfalt« (L 10) wolle er predigen – Ausdruck eigener Demut, aber auch Anwendung einer rhetorisch üblichen Form, die Geneigtheit des Hörers durch ihm versprochene Kürze und Schlichtheit zu erreichen, obwohl höchst Elaboriertes fertig vorbereitet ist. Dieser Figur bedient sich Gerhardt auch in dem der Druckfassung vorangestellten, rhetorisch kunstvollen Vorwort des Druckes vom 1. August 1655, indem er betont, dass er die Predigt zwar gerne gehalten habe, diese aber nicht von sich aus zum Druck gegeben hätte und nur auf Bitten der Angehörigen zu ihrer »Vergnügung« handele: » [...] Also wünsche ich von Grund meines Hertzens/ daß dasjenige / was ich über das mir angewiesene Davidische Sprüchlein einfältig [sic!] geprediget/ GOTT im Himmel zuförderst zu seines heiligen Namens Ehre/ dem seligverstorbenen Hern Amptschreiber zum langwierigen rühmlichen Andencken/ den lieben Seinigen aber [...] zu ihrer ohne des (ohnehin, S. Wei.) in heiliger Andacht und reiner Gottesfurcht brennender Gemühter Vergnügung gereichen und gedeyen möge/...« (2. und 3. Vorsatzblatt). Auf die Metapher des Brennens wird noch zurückzukommen sein.

Des Weiteren bezeichnet er die drei Hauptgedanken der Argumentatio, die drei »aphorismos«, im herabspielenden Diminutiv als »Gesätzlein« – »Gesätz«, hier verwendet als terminus technicus für den prägnant formulierten, zu beweisenden Kernsatz.

e) Der Prediger arbeitet gern mit der rhetorischen Figur der Antithesis nach dem Muster »nicht / sondern« bzw. »nicht nur / sondern auch« und »nicht etwa / sondern«, z. B.: »Es komme nicht aus unserem eigenen Fleische und Blute her / daß ein Christ seinem Erlöser und Seligmacher also fest und unbeweglich anhange: Sondern daß müsse geschehen eintzig durch seine göttliche Krafft und Stärcke, daß ER selbst einem Christen ein Löwen-Hertz und Helden-

Muht einspräche« (L 2). Diese Figur findet sich allein im Exordium generale sechsmal, im Exordium speciale viermal, auch in der Argumentatio vielfach. Sie bildet ein Grundmuster für die Struktur von Gerhardts Argumentationsweise: Es soll gezeigt werden, wie der natürliche Mensch denkt und handelt, um das christliche Denken und Tun dagegen plausibel zu machen. Die Anwendung eines formalen rhetorischen Stilmittels geht hier besonders deutlich parallel mit der Entfaltung einer theologischen Dimension.

f) In der Narratio werden die Vergleichspunkte in akademischer Weise durchweg zuerst lateinisch benannt und dann jeweils anschaulich erläutert, so dass sie auch für des Lateins unkundige Hörer verständlich werden. Umgekehrt werden in der Argumentatio die drei Gesätze in Deutsch gegeben, die Zusammenfassungen (Summen) dagegen jeweils in Latein. Auch darüber hinaus würzt Gerhardt seine Rede mit einer Reihe lateinischer Wendungen, um akademischem Brauch zu entsprechen – und erreicht damit einerseits für die gebildeten Hörer das dem genus medium mehr als dem genus humile angemessene Delectare (Ergötzen) sowie Conciliare (Erregung von Wohlwollen), andererseits zeigt er seine Gelehrsamkeit und souveräne Beherrschung der Stilmittel. Als einzige außerchristliche Quelle wird an einer Stelle Cicero (106–43 v. Chr.) genannt:

> »[Man tut] auch in dem hohen Alter nichts zu gute / sondern samlet bis in das Grab hinein / und fürchtet doch immerdar / man werde Hungers sterden (sic!) müssen. Das ist ein rechtes monstrosum vitium, *wie es der kluge Redner Cicero nennet /* Monstro similis est senilis avaritia, *Alter Leute Geitz ist nicht ungleich einem ungeheuren WunderThier.* Quid enim absurdius? quàm quò minus viae restat, eò plus viatici quaerere. *Dann was ist ungereumbters / als wenn die Reise nun fast zu Ende kommen / sich alsdann je mehr und mehr ümb einen hauffen Reisezehrung ümb zu thun.*« (L 16)

Allerdings sind Gerhardts Quellenangaben, wie in bisherigen Kommentaren übersehen, nicht immer präzise. So stammt »Monstro similis ...« mit Wortspiel similis – senilis nicht unmittelbar von Cicero, sondern von Seneca (1–46 n. Chr.) aus dessen Proverbien: »Monstro similis est senilis avaritia. Quid enim stultius est, quam via deficiente viaticum augere?«[56]
Der bei Gerhardt folgende lateinische Satz »Quid enim absurdius?« ist in Wirklichkeit ein leicht angepasstes Zitat aus Ciceros Schrift *De senectute* (Über das Greisenalter): »Avaritia vero senilis quid sibi velit, non intelligo; potest enim quidquam esse absurdius quam, quo viae minus restet, eo plus viatici quaerere?«[57]

g) Insgesamt lassen sich zahlreiche Ähnlichkeiten zwischen der Argumentationsweise in der Argumentatio und Ciceros *De senectute* finden; hier hat Gerhardt sich in einzelnen Gedankengängen wie in seinen Beispielen stark angelehnt, bis dahin, dass die Summe des 1. Gesätzes wörtlich auf diese Quelle anspielt: »De senectute(!) mature est cogitandum.« Gerhardt durfte bei seinen gebildeten Hörern die Kenntnis dieses bereits im Renaissance-Humanismus u. a. von Melanchthon und Calvin[58] rezipierten Werkes voraussetzen. Cicero lässt Cato hier ausführlich vier Gründe diskutieren, weshalb das Greisenalter unglücklich erscheint: »einmal weil es uns von der Ausübung einer Tätigkeit abhalte; zum andern weil es unseren Körper schwäche; drittens, weil es uns fast sämtlicher Genüsse beraube; viertens, weil es dem Tode nahe sei«;[59] alle vier Punkte wer-

---

[56] Seneca, Proverbien Nr. 18. »Einem Monstrum ähnelt der Geiz im Alter. Was nämlich ist unsinniger, als etwa bei abnehmendem Leben das Reisegeld zu mehren?« (Übers.: Vfn.)
[57] Cicero, 88. »Was einem aber Geiz im Alter soll, begreife ich nicht; kann es denn irgendetwas Absurderes geben, als, je weniger Weg noch übrig ist, desto mehr Reisegeld zu suchen?« (Übers.: Vfn.)
[58] Vgl. Lorbeer 2012, 473.
[59] Cicero, 35. (Übers.: Vfn.)

den dann systematisch durch Argumente widerlegt, so dass der Redner das nur auf den ersten Blick beschwerliche Alter nicht als sozusagen unzumutbare Last ablehnt, sondern schlussendlich ganz bejaht, einschließlich eines Blickes auf ein (nicht zwingend) mögliches Weiterleben der Seele im Jenseits. Solches versucht auch Gerhardt in vergleichbarer Argumentationsweise seinen Hörern nahe zu bringen, als christlicher Theologe jedoch vor allem mit biblischen Beispielen arbeitend und die Gedankengänge mit lutherischer Dogmatik untermauernd,[60] wobei von ihm das Leben nach dem Tode im Unterschied zu Cicero nicht nur als möglich, sondern als gewiss vorausgesetzt wird.

h) Von Gerhardt nicht als Quelle genannt, aber verwendet wurde auch Seneca mit seinem 30. Brief an Lucilius; die Formulierung »vigor animi« (Geisteskraft) ist diesem direkt entnommen: »Fateor ergo ad hominem mihi carum ex pluribus me causis frequentius venisse, ut scirem an illum totiens eundem invenirem, numquid cum corporis viribus minueretur animi vigor«.[61] Auch dieser Brief ist eine ausführliche Auseinandersetzung mit den Risiken und Mühen des Altwerdens aus stoischer Position.

Es kann hier nicht eigens untersucht werden, wie weit die unter f) bis g) genannten Schriften unmittelbar zum Bildungsgang der Fürstenschule in Grimma oder der Universität Wittenberg gehörten; es ist jedoch anzunehmen, dass Gerhardt deren Kenntnis zumindest bei seinen Kollegen voraussetzte, so dass Anspielungen genügten.

---

[60] Vgl. dazu Abschnitt 4.
[61] Seneca, Epistularum moralium, hier XXX. Epistula ad Lucilium; deutsche Übersetzung: »Ich gestehe, dass ich diesen mir so teueren Freund neben manchen anderen Gründen auch deshalb häufiger besuchte, um zu erkunden, ob ich ihn immer wieder als denselben fände und ob nicht mit den Körperkräften auch seine Geistesfrische eine Abnahme erführe.« Zit. aus Seneca, Philosophische Schriften, Briefe, 113.

i) Auch in den drei anderen erhaltenen Leichenpredigten bedient sich Gerhardt kaum außerbiblischer Anspielungen und Zitate. Ein Seitenblick auf Leichenpredigten weiterer zeitgenössischer Autoren zeigt hier ein ganz anderes Bild – so verwendet bspw. sein späterer Schwager Joachim Fromm 1648 in einer einzigen Predigt ca. 20 Zitate aus diversen weltlichen antiken Autoren wie Plutarch, Menander und Sueton sowie Kirchenvätern wie Tertullian, Augustinus und Gregor dem Großen, die im Druck extra in einer eigenen Spalte angegeben werden.[62] Gerhardt ging also durchaus sparsam mit diesem Stilmittel um, sei es aus uneitlem Gespür für das rhetorisch angemessene Maß und/oder als theologische Entscheidung, eine lutherische Predigt nicht weltlich oder altkirchlich zu überfrachten, jedoch nicht etwa aus Gründen mangelnder Bildung.

j) Im Exordium generale (L 2) findet sich eine deutliche Anspielung auf einen Liedtext Luthers, der die Reimform von Str. 3 des Liedes von 1524 *Komm, Heilger Geist, Herre Gott* (»[...] ritterlich ringen, / durch Tod und Leben zu dir dringen«) im Prosatext durchhält (»ritterlich gerungen / [...] gedrungen«). Die Verwendung von direkten oder indirekten Kirchenlied-Zitaten war beliebtes Stilmittel in Leichenpredigten; im vorliegenden Fall gibt es eine formal wie auch inhaltlich kunstvolle Verknüpfung mit einem weiteren Liedzitat im *Ehrengedächtnis* (E 44, s. u.).

k) An mancher Stelle leuchtet – mitten in einer Predigt zu einem Trauerfall – auch ein gewisser Humor auf: »Hat nun jemand seiner Sterbligkeit vergessen bey seiner Jugend / so erinnere er sich derselben bey seinem Alter: Hat jemand des Todes vergessen / da ihm derselbe heimlicher und listiger Weise nachgeschlichen / so erinnere er sich doch seiner / da er ihm nun in der Thür stehet

---

[62] Fromm 1648, 1082–1111.

und sich frey öffentlich sehen lesset: Und bereite sich demnach zu einem seligen Abscheide:« (L 17). Der dem Menschen jahrzehntelang groteskerweise klammheimlich nachschleichende Tod – ein offensichtlicher Scherz. Allerdings findet sich dieses Motiv auch schon bei Cicero,[63] wird aber von Gerhardt zugespitzt. Ein anderes Beispiel für »geradezu humorvolle Ausgestaltung« sieht Axmacher in der unter 3. erwähnten Cicero-Anspielung des vergeblichen Sammelns bis ins Grab.[64]

l) Die beiden sog. »beweglichen Schlußreden« im 3. Gesätz der Argumentatio (textliche Kurzfassung s. Tabelle 1) beruhen auf zwei beweisführenden logischen Schlüssen in Form von Syllogismen, d. h. formalen und bis in abstrakte Formeln formalisierbaren Gedankenfiguren der aristotelischen Logik;[65] sie bedienen den Denkanspruch akademisch gebildeter Hörer. Jeder Syllogismus, den Gerhardt dem biblischen Wortlaut unterlegt, besteht aus Ober- und Untersatz und einem Mittelglied sowie dem daraus gezogenen Schlusssatz. Bei beiden Syllogismen liegt die Struktur »dictum de omni« vor – der

---

[63] Cicero, De senectute Abschnitt 2(4): »Sie sagen, es (das Alter, S. Wei.) nähere sich schneller, als sie angenommen hätten«, 22f.
[64] Axmacher 2006, 26.
[65] Zur Ausbildung Gerhardts in Logik an der Universität Wittenberg vgl. Stegmann 2008, 35–39, und Stegmann 2008, Quellen, 284–295. Die dort vorgestellte Thesenreihe des Magisters Johannes Brunnemann (1608–1672), in deren öffentlicher Verteidigung Paul Gerhardt respondiert und damit sein gründliches Logikstudium unter Beweis gestellt hatte, enthält diverses Handwerkszeug der Lehre von den Syllogismen, das Gerhardt viel später hier selbständig einsetzt. Brunnemann wurde später für einige Jahre Logik-Professor an der Universität Frankfurt/O. und veröffentlichte als solcher ein Logik-Lehrbuch, das auch das Thema der damaligen Disputation, De conversione (Von der Vertauschung des Subjekts und des Prädikats), aufnahm (Brunnemann 1639, 196–200).

Teil eines Teils ist Teil des Ganzen.⁶⁶ Hier sei nun der Versuch gemacht, aus den 24 denkbaren gültigen Schlussweisen (modi figurarum) der formalen Logik, die Gerhardt aus seinem Studium vertraut waren,⁶⁷ die von ihm hier unmittelbar angewendeten Modi zu rekonstruieren. Seit dem Spätmittelalter gibt es für die Modi Merkworte, die mit ihren stets genau drei Vokalen die vier Aussagetypen über die Art der Verknüpfung von logischem Subjekt (S) und logischem (nicht grammatischem!) Prädikat (P) enthalten (der Einfachheit halber in heute üblicher Formelsprache dargestellt: **A** – alle S sind P, d. h. allgemeine Bejahung; **E** – keine S sind P, d. h. allgemeine Negation; **I** – einige S sind P, d. h. partielle Bejahung; **O** – einige S sind nicht P, d. h. partielle Negation)⁶⁸. Nun ist Ober- und Untersatz mit ihrem gemeinsamen Mittelbegriff (M) und der den beabsichtigten Beweis erbringende Schlusssatz zu rekonstruieren, in dem der Mittelbegriff dann nicht mehr vorkommt. Es sei dafür die sog. die 2. Figur (Merkwörter: **BAROCO, CESARE, CAMESTRES, FESTINO, CAMESTROP, CESARO**) zugrunde gelegt, ebenfalls kurz in heute üblicher Formelsprache dargestellt: Obersatz: PM / Untersatz: SM // Schlusssatz: SP.

Zu I (L 25 f):
»Schlußrede«: »Du / mein GOTT kanst und wirst mich nicht verwerffen / denn mein Alter ist da.«

---

66 Vgl. Zimmermann 1991, 425–427; Brunnemann 1639, 250: »Prima fundamentum est Dictum de omni & Nullo«.
67 vgl. Ursin (unpaginiert) 1688, Lectio 7: De Syllogismo Categorico, Abschnitt 70: Modi figurarum.
68 Übersicht vgl. Zimmermann 1991, 424 f. Die für die Bildung der Merkwörter konstitutiven Vokale A, E, I, O werden bei Brunnemann 1639, 254 f., in genau diesem Sinne erläutert. Im gesamten Liber III, De syllogismo simplici (226–267) werden die Modi als bekannt vorausgesetzt und einige der 24 Merkwörter verwendet, z. B. Baroco, Bocardo (253), Camestres (259 f), Celarent (260), Ferio (261), Darii (262).

Obersatz PM: »Auf dich hab ich mich verlassen von Mutterleibe an. Du hast mich aus meiner Mutter Leibe gezogen [...] Wer mich nun aus meiner Mutter Leibe gezogen hat / will David sagen / Und auff wen ich von Jugend auff und von meiner Mutter Leibe an alle meine Hoffnung und Zuversicht gesetzet habe / der kann und wird mich ja in meinem Alter nicht verwerffen«, d. h. zusammengefasst: <u>Gott verwirft nicht Menschen, die er aus dem Mutterleib gezogen hat.</u> Struktur: kein S ist P, d. h. allgemeine Negation: **E**; Mittelglied M: Menschen, die Gott aus dem Mutterleib gezogen hat.

<u>Untersatz SM</u> (»Nun hastu / Mein GOtt und Herr / mich aus meiner Mutter Leibe gezogen [...]«): <u>Ich bin ein Mensch, von Gott aus dem Mutterleib gezogen.</u> Struktur: einige S – wenn auch in diesem Fall nur ein S betrachtet wird – sind P, d. h. partielle Bejahung: **I**.

<u>Schlusssatz SP</u> (»Darumb so wirst auch Du/mein Gott und HERR/mich in meinem Alter nicht verwerffen«): <u>Vom Ich gilt also: Gott verwirft es nicht.</u> Struktur: einige S sind nicht P, d. h. partielle Negation: **O**.

Damit lautet das Merkwort des rekonstruierten Schlussmodus **FESTINO**. Zu prüfen wäre auch die Reduktionsmöglichkeit auf die 1. Figur, Merkwort **FERIO**.

Parallel kann rekonstruiert werden:

<u>Obersatz PM</u>: Gott verwirft nicht Menschen, die ihm von Jugend auf vertraut haben. Struktur: kein S ist P, d. h. allgemeine Negation: **E**; Mittelglied M: Menschen, die ihm von Jugend auf vertraut haben.

<u>Untersatz SM</u>: Ich bin ein Mensch, der von Jugend auf Gott vertraut hat. Struktur: einige S – wenn auch in diesem Fall nur ein S betrachtet wird – sind P, d. h. partielle Bejahung: **I**.

<u>Schlusssatz SP</u>: Vom Ich gilt also: Gott verwirft es nicht. Struktur: einige S sind nicht P, d. h. partielle Negation: **O**.

Es ist auch möglich, beide Mittelglieder zu verbinden: »Menschen, die von Gott aus dem Mutterleibe gezogen sind und die Gott von Jugend auf vertraut haben«, so dass eine Bedingtheit der Nichtverwerfung mitgedacht wird (Bedingung: das vorhandene Gottvertrauen).

Analog zu II (L 26 f):
»Schlußrede«: »Du mein GOtt kanst und wirst mich nicht verlassen / Denn ich bin schwach / und meine Kraft verlässet mich.«

<u>Obersatz PM</u> (»Diesen Schluß gründet David auf die trostreiche Verheißung Gottes / da Er zugesaget / Er wolle unser Nothelffer seyn [...] Wenn nun die allergrößte Noth verhanden [...] / so wirstu mein GOtt / mich nicht verlassen«), d. h. zusammengefasst: <u>Gott verlässt nicht Menschen in allergrößter Not</u>. Struktur: kein S ist P, d. h. allgemeine Negation: **E**;
Mittelglied: Menschen in allergrößter Not.

<u>Untersatz SM</u> (»Nun ist aber itzo / da mich die eigene Krafft verlässet / die allergrößte Noth verhanden«): <u>Ich bin ein Mensch in allergrößter Not</u>. Struktur: einige S – wenn auch in diesem Fall nur ein S betrachtet wird – sind P, d. h. partielle Bejahung: **I**.

<u>Schlusssatz SP</u> (»Darumb so wirst auch du / mein GOtt / itzo / da mich meine eigene Krafft verlässet / mich nicht verlassen.«) <u>Vom Ich gilt also: Gott verlässt es nicht.</u> Struktur: einige S – wenn auch in diesem Fall nur ein S betrachtet wird – sind nicht P, d. h. partielle Verneinung: **O**.

Damit lautet das Merkwort der Schlussformel auch beim zweiten Schluss FESTINO.[69]

---

[69] Mit dieser Rekonstruktion lässt sich erweisen, wie gründlich sich Gerhardt das Instrumentarium der formalen Logik angeeignet hatte, so dass er es auch im fortgeschrittenen Alter routiniert handhabt. So ist Stegmann zuzustimmen, der dank der Gerhardtschen Logikausbildung von seinen Texten er-

Eine solche abstrakte und formal strenge Argumentationsweise wird hier im Sermon aufgeboten, um die Antwort auf die bereits am Ende der Narratio aufgeworfene theologische Frage nach der möglichen Gottesferne im Leiden – d. h. letztlich die Theodizeefrage! – beweisfest zu machen: Gott ist nicht fern, sondern da und nahe auch in schwerster Not.

m) Schon in der Narratio wird mit rein sprachlichen Mitteln starke Aufmerksamkeit hervorgerufen durch die Verwendung von drei lateinischen Superlativen (pientissimus, constantissimus, intensissiumus). Da ein Superlativ naturgemäß nicht mehr gesteigert werden kann, wird die Intensivierung der Spannung für die Hörer zum Ende der Rede hin eben durch die Eleganz der Beweisführung – z. B. die genannten Syllogismen! – sowie durch Rührung mit verbal emotionalem Appellieren erreicht, womit das genus humile verlassen wird bis hin zum genus grande.

n) Der Prediger wendet als Ornatus (Redeschmuck) gern das Stilmittel metaphorischer Rede an, so bspw. sehr anschaulich im »Löwen-Hertz« des Christen (L 2), oder bei der Warnung davor, in der Jugend »sich in aller Epicurischen Wollust und Üppigkeit herümb zu wältzen / dencken und sprechen in ihrem Hertzen / was soll ich eben meinen jungen Leib so zähmen und zwingen? [...] Denn das steht gewaltig übel [...] / wenn man die Blüte seines Lebens

---

wartet, »daß sie nicht nur sprachlich und inhaltlich, sondern auch in ihrer gedanklichen Binnenstruktur sorgfältig durchgearbeitet sind« (Stegmann 2008, 38). Allerdings muss seine allgemeine Feststellung, dass »sich die gekonnte Anwendung des logischen Wissens und Könnens gerade darin zeigt, daß nicht schematisch auf es zurückgegriffen wird« (ebd.), modifiziert werden. Eine saubere schematische Anwendung durch Gerhardt ist hier festgestellt. Im Falle der syllogistischen »Schlußreden« führt allein die schematische Anwendung zu dem beabsichtigten Gedankenfortschritt, einen Beweis zu führen. Weiteres s. Abschnitt 4.1.

dem Satan / die Hefen aber GOtt dem Herrn auffopffert« (L 15). – Die Hefe im vergorenen, schäumenden Wein gebührt nach Psalm 75,9 den Gottlosen. –
Auf die insbesondere im Zusammenhang mit der Eingangsfrage nach dem Glanz interessierenden Metaphern des Feuers (4), der Glut (8), der Sonne (9) und des Lichtes (27) wird im Abschnitt zum Ehrengedächtnis zurückzukommen sein.

o) Der Sermon folgt in seinen vier Hauptteilen einerseits einer Kreisform, in dem das in den Exordien und der Narratio formulierte Redeziel, die auch in Anfechtungen unerschütterte Glaubensgewissheit der Geborgenheit im Dreieinigen Gott sowohl beim Verstorbenen nachzuweisen als auch bei den Hörern zu festigen, in der Argumentatio und der Peroratio so entfaltet wird, dass diese gewissermaßen auf die Einholung des Anfangs zuläuft. Zugleich arbeitet Gerhardt inhaltlich und sprachlich mit einer deutlichen Klimax (Steigerung), um das Movere (innerlich Bewegen) und Flectere (Rühren) – in der Kategorie der lutherischen Dogmatik: die Affectio cordis (innere Bewegung des Herzens der Hörer) – zu erreichen: So sind die drei jeweils breit angelegten Abschnitte der Partitio in ihren »Summen« inhaltlich aufeinander aufbauend, vom Schwerpunkt (möglichst) gottesfürchtiger Jugend (1. Gesätz) über das (möglichst) gelassene Altwerden (2. Gesätz) bis hin zur Versicherung, dass Gott als Schöpfer gar nicht anders könne, als sein Geschöpf im Alter (3. Gesätz) zu bewahren, und ihm nahe zu sein auch gegen allen Augenschein, gegen alles Leid. Das Ganze gipfelt in der Peroratio mit ihrer leidenschaftlichen Sprache im genus grande, insbesondere mit der geradezu freudigen Versicherung der nunmehrigen Seligkeit des Verstorbenen.

So kann man den Gedankengang in Kombination von Kreis und Aufwärtsbewegung mit einer schneckenhausförmig nach oben enger werdenden Spirale vergleichen, die sich in unterschiedlichen Steigungswinkeln (durch die unterschiedliche Ausführlichkeit der

Redeteile), aber stetig nach oben windet und auf die nicht mehr steigerbare Gewissheit, in Gott angekommen zu sein, zuläuft – worauf als Antwort nur noch das dankbare Gotteslob stehen kann.

Auf weitere theologische Implikationen der Predigt wird in Abschnitt 4 eingegangen.

3.3 Das Ehrengedächtnis

Dass Gerhardt sich für die ausführliche Lebensbeschreibung auf Angaben des Verstorbenen selbst hatte stützen können, kann als sicher gelten, zumal der Verstorbene zu Lebzeiten auch für die Auswahl der zu verwendenden Bibelstellen selbst Sorge getragen hatte, was mehrfach betont wird. Die Redegattung wechselt hier wie im Sermon zwischen dem meist vorherrschenden genus humile stellenweise zum genus medium und ganz gegen Ende zum genus grande. Biblische und andere Metaphern werden häufig verwendet.

Der nüchternen Aufzählung der Verwandschaftsverhältnisse bis zu den Großeltern väter- und mütterlicherseits und der Lebensstationen des verstorbenen Joachim Schröder sind 13 Quartseiten gewidmet.[70] Der Text folgt dem üblichen strengen Aufbauschema des biographischen Teils der Leichenpredigt, »in dem nacheinander Herkunft, Ausbildung, berufliche Tätigkeiten und Ämter, Familienverhältnisse, das christliche Leben und [...] das Sterben beschrieben werden«,[71] wobei letzteres als ausführlicher Sterbebericht über zwei Quartseiten entfaltet wird. Auch der eigentliche Sterbebericht folgt gewissen Gattungsregeln;[72] charakteristisch ist der Ablauf: (Bekenntnis-)Fragen an den Sterbenden (*admonitio*, hier nicht berichtet), »Bekändtnis und Berewung seiner Sünde (E 43), Absolution (hier nicht berichtet), Abendmahl (E 43), Gebete und/oder Lieder am

---

[70] Zum Inhalt vgl. Abschnitt 2.
[71] Lorbeer 2012, 569.
[72] Vgl. Lorbeer, ebd. 569–596.

Sterbebett (E 44), Segenswünsche (»seinen leiblichen Kindern gute Nacht gegeben«, E 44), sanftes Ende (E 44f). »Stets ist es in den Schilderungen der Leichenpredigt der Sterbende, der den Lebenden Trost zuspricht, nie umgekehrt (sofern er selbst des Trostes Bedarf, ist dafür in erster Linie der Seelsorger zuständig).«[73] Im vorliegenden Fall hat sich Seelsorger Propst Koch »gantze Nacht und Tage« um den Sterbenden gekümmert (E 44), und »auch an heiliger Erinnerung und Fürstellung seines Seligmachers von den Umbstehenden [hat] es nicht gefehlet«, während von einer Trostbotschaft des Siechenden an die Angehörigen nicht die Rede ist. Dies weist womöglich auf eine besondere Schwere des Sterbens hin.

Nur an einigen, für das Andenken des Verstorbenen vorteilhaften Stellen – de mortuis nil nisi bene – werden Wertungen vorgenommen, so wird Schröder z. B. beschrieben als jemand, der in Biesenthal »sein Ampt mit aller Treue und Vorsicht verwaltet« (E 37, irrtümliche Paginierung: 35!), in Zossen »als eine Person / die auf Pflichtsrechnung und grosser Verantwortung gesessen« (E 37); erwähnt werden seine Verdienste in der Ausbildung von Jugendlichen (E 38), die Friedlichkeit seiner Ehe (E 39), »Sorgfältigkeit / Fleiß / Mühe und vernünfftige Anordnung« beim Wiederaufbau der Zossener und der Wünsdorfer Kirche (E 42), große Geduld in schwerer Krankheit (E 41) und seiner vorbildlichen Glaubenskraft (E 43 f). Lediglich in einem Satz klingen summarisch auch Schwierigkeiten an: »In währender langwierig außgestandener Kranckheit / gleich wie auch in seinem gantzen Leben / hat der selige Herr Ambtschreiber sich zwar auch als einen unvollkommenen Menschen und gebrechlichen Sünder zu erkennen und zu bekennen gehabt.« (E 41)

Das Ehrengedächtnis enthält anfangs vereinzelt, dann immer häufiger werdende Verweise auf Gottes Handeln im Leben des Verstorbenen, bspw. der Kinderreichtum als göttlicher Segen über dem Hause

---

[73] Ebd., 574f.

Schröder, aber auch, dass Gott seinen ältesten Sohn Gottfried zeitig abgefordert habe (E 39) oder dass es der allwissenden Vorsehung Gottes anheimgestellt sei, woher die unheilbare Krankheit rühre (E 41). Dem Sermon analog läuft das Ehrengedächtnis dann in einer deutlichen Klimax auf das Rühmen von Gottes Barmherzigkeit und Güte gegenüber dem Verstorbenen hinaus, hier etwa, dass Schröder trotz Krankheit ohne »Verunruhigung seiner Gedanken« weiter tätig sein konnte und ein frisches, fröhliches Herz behielt, sogar weiter »für obliegende Geschäffte« Sorge tragen konnte (E 42 ff). Der Lebensbericht geht zunehmend in erbauliche Rede über und gipfelt schließlich im Sterbebericht, dieser wiederum in dem vom Sterbenden wiederholt geseufzten Stoßgebet »Hilff daß ich frölich singe Das Consumatum est!« (E 44, in der Druckfassung optisch stark hervorgehoben, s. Abb. 2), ein Liedtextanklang mit originaler lateinischer Wendung, demnach Allgemeingut.

Das Beten von Gesangbuchversen durch den Sterbenden gehörte zur Ars moriendi. Insbesondere bei schwerem Verlauf konnte das Festhalten an formelhaften Worten für den Sterbenden wie für die Angehörigen zum wichtigen Halt werden. Das offensichtliche Zitat setzt eines der Worte Jesu am Kreuz – Johannes 19,30 nach Luther 1534: [...] und sprach / Es ist volnbracht / und neiget das heubt / und verschied; Vulgata: [...] dixit: Consummatum est. Et inclinato capite tradidit spiritum – in Reimform und stammt sinngemäß aus dem auch in Crügers Gesangbuch *Praxis pietatis melica* enthaltenen Sterbelied *Hertzlich thut mich verlangen nach einem selgen End* von Christoph Knoll (1563–1621)[74] mit der Schlussstrophe:

---

[74] Für diesen Hinweis dankt Vfn. KMD Christian Finke, Berlin; vgl. auch Lorbeer, 227 und 363. Textwiedergabe hier nach Crüger 1653, 843. (In jüngeren Gesangbüchern wird meist übersetzt: ... *Hilf mir ritterlich ringen / dein Hand mich halt in Acht / daß ich mag fröhlich singen: Gottlob, es ist vollbracht.*).

(Str. 11) *Hilf / daß ich ja nicht wancke*
Von dir / HErr Jesu Christ /
Den schwachen glauben stärcke
In mir zu aller frist /
Hilf mir ritterlich ringen /
Dein hand mich halte vest /
Daß ich mag frölich singen
Das consummatum est.

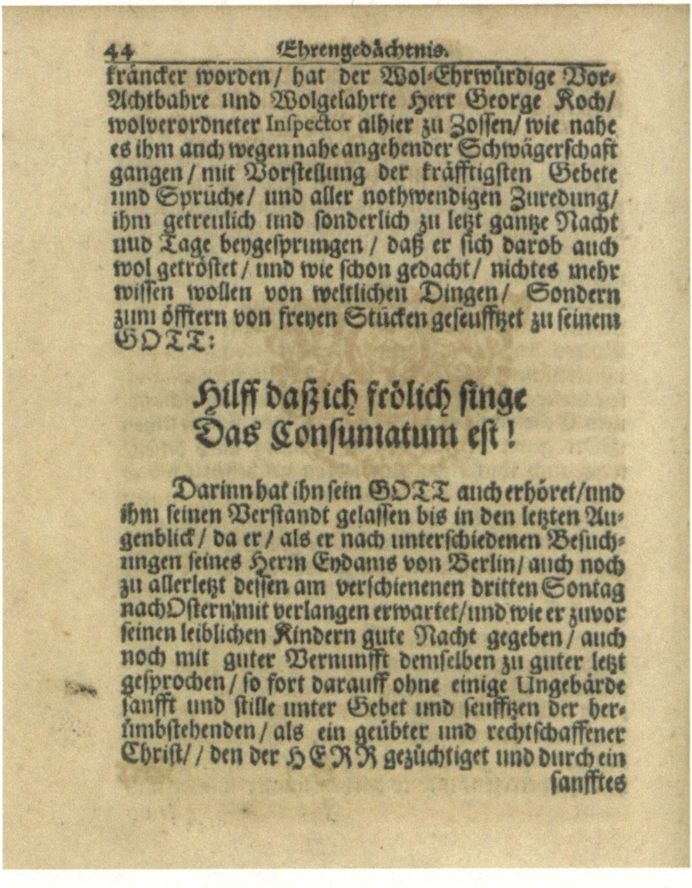
44 Ehrengedächtnis.

kräncker worden / hat der Wol-Ehrwürdige Vor-
Achtbahre und Wolgelahrte Herr George Koch /
wolverordneter Inspector alhier zu Zossen / wie nahe
es ihm auch wegen nahe angehender Schwägerschaft
gangen / mit Vorstellung der kräfftigsten Gebete
und Sprüche / und aller nothwendigen Zuredung /
ihm getreulich und sonderlich zu letzt gantze Nacht
und Tage beygesprungen / daß er sich darob auch
wol getröstet / und wie schon gedacht / nichtes mehr
wissen wollen von weltlichen Dingen / Sondern
zum öfftern von freyen Stücken geseufftzet zu seinem
GOTT:

Hilff daß ich frölich singe
Das Consummatum est!

Darinn hat ihn sein GOTT auch erhöret / und
ihm seinen Verstandt gelassen bis in den letzten Augenblick / da er / als er nach unterschiedenen Besuch-
ungen seines Herrn Eydams von Berlin / auch noch
zu allerletzt dessen am verschienenen dritten Sontag
nach Ostern mit verlangen erwartet / und wie er zuvor
seinen leiblichen Kindern gute Nacht gegeben / auch
noch mit guter Vernunfft demselben zu guter letzt
gesprochen / so fort darauff ohne einige Ungebärde
sanfft und stille unter Gebet und seufftzen der herumbstehenden / als ein geübter und rechtschaffener
Christ / / den der HERR gezüchtiget und durch ein
sanfftes

Abb. 2: Ehrengedächtnis, S.44.

Hiermit wird, wie bereits angedeutet, der Bogen zum Beginn des Sermons geschlossen, indem im Exordium generale ein Luther-Lied mit dem Motiv des ritterlichen Kampfes verwendet wird, während im Ehrengedächtnis eine Liedzeile aus dem Munde des Sterbenden zitiert wird, die ebenfalls dieses Motiv enthält. Hält man es für möglich, dass der Sterbende tatsächlich solche Worte auf den Lippen gehabt haben kann – und das Zitat sich nicht allein überhöhender Stilisierung verdankt –, wäre es der rhetorische Kunstgriff des Predigers, diesen Bogen sozusagen rückwärts geschlagen und den Anfang der Predigt so akzentuiert zu haben, dass sich der den Kreis schließende Bezug ergibt.

3.4 Das Lied *Herr / dir trau ich all mein Tage*

Es handelt sich um die Nachdichtung aller 24 Verse des 71. Psalms, aus dem der vom Verstorbenen gewünschte Predigttext stammte.

Der Textbestand von 1655 variiert geringfügig zum Abdruck bei Ebeling (vgl. Tabelle 2.)[75]

---

[75] Gerhardt/Ebeling 1667, 54.

Originaldruck 1655	Cranach-Sichart 1957	Psalm 71 (Luther 1545)
Der 71. Psalm / Gesangsweise übersetzet / Auff die Melodey: *Du o schönes Welt Gebäude/etc.* (kursiv: inhaltliche Abweichungen bei Gerhardt/Ebeling 1667)	*Herr, dir trau ich all mein Tage* **Auf den Tod des Amtsschreibers Joachim Schröder zu Mittenwalde** (sic!)	
1. Herr / dir trau ich all mein Tage: Laß mich nicht mit schimpff bestehn. Wie ich von dir gläub und sage / Also laß mirs auch ergehn. Rette mich: Laß deine Güte Mir erfrischen mein Gemüthe / Neige deiner Ohren Treu Und vernimm mein Angst=Geschrey.	1. Herr, dir trau ich all mein Tage, Laß mich nicht mit Schimpf bestehn. Wie ich von dir glaub und sage, Also laß mirs auch ergehn. Rette mich, laß deine Güte Mir erfrischen mein Gemüte, Neige deiner Ohren Treu Und vernimm mein Angstgeschrei!	1 HERR ich trawe auff dich / Las mich nimer mehr zu schanden werden. 2 Errette mich durch deine Gerechtigkeit / vnd hilff mir aus / Neige deine Ohren zu mir / vnd hilff mir.
2. Sey mein Auffhalt: Laß mich sitzen Bey*(In)* dir / o mein starcker Hort. Laß mich Deinen Schutz beschützen / Und erfülle mir dein Wort / Da du selbsten meinem Leben Dich zum Felß und Burg gegeben. Hilff mir aus des Heuchlers Band Und des ungerechten Hand.	2. Sei mein Aufhalt, laß mich sitzen Bei dir, o mein starker Hort! Laß mich deinen Schutz beschützen Und erfülle mir dein Wort, Da du selbsten meinem Leben Dich zum Fels und Burg gegeben. Hilf mir aus des Heuchlers Band Und des Ungerechten Hand!	3 Sey mir ein starcker Hort / da hin ich jmer fliehen müge / Der du zugesagt hast mir zu helffen / Denn du bist mein Fels vnd meine Burg. 4 MEin Gott hilff mir aus der hand des Gottlosen / Aus der hand des Vnrechten vnd Tyrannen.

Originaldruck 1655	Cranach-Sichart 1957	Psalm 71 (Luther 1545)
3. Denn*(Dann)* dich hab ich außerlesen Von der zarten Jugend an. Dein Arm ist mein Trost gewesen / HErr/so lang ich dencken kan. Auf dich hab ich mich erwogen / Alsbald du mich der entzogen / Der ich / ehe Nacht und Tag Mich erblickt/im Leibe lag.	3. Denn dich hab ich auserlesen Von der zarten Jugend an; Dein Arm ist mein Trost gewesen, Herr, so lang ich denken kann; Auf dich hab ich mich erwogen, Alsbald du mich der entzogen, Der ich, ehe Nacht und Tag Mich erblickt, im Leibe lag.	5 Denn du bist meine Zuuersicht / HErr HERR / meine Hoffnung von meiner Jugent an. 6 Auff dich hab ich mich verlassen von Mutter leibe an / Du hast mich aus meiner Mutter leibe gezogen /
4. Von dir ist mein Ruhm/mein sagen/ Dein erwehn ich immer zu. Viel die spotten meiner Plagen / Höhnen was ich red und thu: Aber du bist meine Stärcke. Wenn ich Angst und Trübsal mercke/ Lauff ich dich an : Gönne mir Frölich stets zu seyn in dir.	4. Von dir ist mein Ruhm, mein Sagen, Dein erwähn ich immerzu; Viel, die spotten meiner Plagen, Höhnen, was ich red und tu. Aber du bist meine Stärke: Wenn ich Angst und Trübsal merke, Lauf ich dich an. Gönne mir, Fröhlich stets zu sein in dir!	Mein rhum ist jmer von dir. 7 JCh bin fur vielen wie ein Wunder / Aber du bist meine starcke Zuuersicht. 8 Las meinen mund deines rhumes / Vnd deines preises vol sein teglich.
5. Stoß mich nicht von deiner Seiten/ Wenn mein hohes Alter kömmt/ Da die schwachen Tritte gleiten/ Und man Trost vom Stecken nimmt/ Da greiff du mir an die Arme. Fall ich nieder so erbarme Du dich: Hilff mir in die Höh/ Und halt bis ich wieder steh.	5. Stoß mich nicht von deiner Seiten, Wenn mein hohes Alter kommt, Da die schwachen Tritte gleiten Und man Trost vom Stecken nimmt; Da greif du mir an die Arme, Fall ich nieder, so erbarme Du dich, hilf mir in die Höh Und halt, bis ich wieder steh.	9 Verwirff mich nicht in meinem Alter / Verlas mich nicht wenn ich schwach werde.
6. Mach es nicht / wie mirs die gönnen/ Die mein abgesagte Feind / Auch mir/wo sie immer können/	6.Mach es nicht wie mirs die gönnen, Die mein abgesagte Feind, Auch mir, wo sie immer können,	10 Denn meine Feinde reden wider mich / Vnd die auff meine Seele halten / beraten sich mit einander. 11 Vnd spre-

Mit Gewalt zu wieder seind. Sprechen: Auff! laßt uns ihn fassen/ Sein GOtt hat ihn gantz verlassen. Jagt und schlagt ihn immer hin/ Niemand schützt und rettet ihn.	Mit Gewalt zuwider seind; Sprechen: auf, laßt uns ihn fassen, Sein Gott hat ihn ganz verlassen, Jagt und schlagt ihn immerhin, Niemand schützt und rettet ihn!	chen / Gott hat jn verlassen / Jaget nach vnd ergreifft jn / Denn da ist kein Erretter.
7. Ach mein Helffer sey nicht ferne/ Komm und eile doch zu mir. Hilff mir / mein Gott / bald und gerne/ Zeuch mich aus der Noth herfür/ Daß sich meine Feinde schämen/ Und vor *(für)* Hohn und Schande grämen: Ich hingegen lustig sey Über mir erwiesne Treu.	7. Ach, mein Helfer, sei nicht ferne, Komm und eile doch zu mir, Hilf mir, mein Gott, bald und gerne, Zeuch mich aus der Not herfür, Daß sich meine Feinde schämen Und vor Hohn und Schande grämen, Ich hingegen lustig sei Über mir erwiesne Treu.	12 GOtt sey nicht ferne von mir / Mein Gott eile mir zu helffen. 13 Schemen müssen sich vnd vmbkomen / die meiner Seele wider sind / Mit schand vnd hohn müssen sie vberschüttet werden / die mein Vnglück suchen. 14 JCh aber wil jmer harren /
8. Mein Hertz soll dir allzeit bringen Deines Lobs *(Ruhms)* gebürlich Theil/ Auch soll meine Zunge singen Täglich dein unzehlich Heyl. Ich bin starck herein zu gehen; Unerschrocken dar zu stehen/ Durch des grossen Herrschers Krafft/ Der die Erd *(Welt)* und alles schafft.	8. Mein Herz soll dir allzeit bringen Deines Lobs gebührlich Teil, Auch soll meine Zunge singen Täglich dein unzählig Heil. Ich bin stark, hereinzugehen, Unerschrocken dazustehen Durch des großen Herrschers Kraft, Der die Erd und alles schafft.	Vnd wil jmer deines Rhumes mehr machen. 15 Mein mund sol verkündigen deine Gerechtigkeit / Teglich dein Heil / die ich nicht alle zelen kan. 16 JCh gehe ein her in der Krafft des HErrn HERRN /
9. Herr / ich preise deine Tugend/ Warheit und Gerechtigkeit/ Die mich noch in meiner Jugend Hoch ergötzet und erfreut.	9. Herr, ich preise deine Tugend, Wahrheit und Gerechtigkeit, Die mich noch in meiner Jugend Hoch ergetzet und erfreut;	Jch preise deine Gerechtigkeit allein. 17 Gott du hast mich von Jugent auff geleret / Darumb verkündige ich deine Wunder.

Originaldruck 1655	Cranach-Sichart 1957	Psalm 71 (Luther 1545)
Hast mich als ein Kind ernehret/ Deine Furcht darbey gelehret/ Offtmals wunderlich bedeckt/ Daß mein Feind mich nicht erschreckt.	Hast mich als ein Kind ernährt, Deine Furcht dabei gelehrt, Oftmals wunderlich bedeckt, Daß mein Feind mich nicht erschreckt.	
10. Fahre fort / o mein Erhalter / Fahre fort / und laß mich nicht In dem hohen grauen Alter/ Wenn*(Wann)* mir Lebens=Krafft gebricht. Laß mein Leben in dir leben/ Bis ich Unterricht kan geben Kindes=Kindern / daß dein Hand Ihnen gleichfals sey bekand.	10. Fahre fort, o mein Erhalter, Fahre fort und laß mich nicht In dem hohen grauen Alter, Wenn mir Lebenskraft gebricht; Laß mein Leben in dir leben, Bis ich Unterricht kann geben Kindeskindern, daß dein Hand Ihnen gleichfalls sei bekannt.	18 AVch verlas mich nicht Gott im Alter / wenn ich graw werde / Bis ich deinen Arm verkündige Kinds kindern / vnd deine Krafft allen die noch komen sollen.
11. GOtt du bist sehr hoch zu loben/ Dir ist nirgend etwas gleich/ Weder hier bey uns / noch droben[*(oben)* In dem Stern= und Engel Reich. Dein Thun ist nicht außzusprechen/ Deinen Raht kan niemand brechen/ Alles ligt dir in dem *(in deinem)* Schooß, Und dein Werck ist alles groß.	11. Gott, du bist sehr hoch zu loben, Dir ist nirgend etwas gleich, Weder hier bei uns noch droben In dem Stern= und Engelreich. Dein Tun ist nicht auszusprechen, Deinen Rat kann niemand brechen, Alles liegt dir in dem Schoß, Und dein Werk ist alles groß.	19 Gott deine Gerechtigkeit ist hoch / der du grosse ding thust / Gott wer ist dir gleich?
12. Du ergiebst mich grossen Nöthen/ Giebst auch wieder grosse Freud: Heute läßt du mich ertödten/ Morgen ist die Lebens=Zeit/ Da ermunterst du mich wieder/	12. Du ergibst mich großen Nöten, Gibst auch wieder große Freud, Heute läßt du mich ertöten, Morgen ist die Lebens Zeit, Da ermunterst du mich wieder Und erneuerst meine Glieder,	20 DEnn du lessest mich erfaren viel vnd grosse Angst / Vnd machst mich wider lebendig / Vnd holest mich wider aus der tieffe der Erden erauff.

Und erneurest meine Glieder / Hohlst sie aus der Erden Klufft / Giebst dem Hertzen wieder Lufft.	Holst sie aus der Erdenkluft, Gibst dem Herzen wieder Luft.	
(13.) Such ich Trost und finde keinen? Balde werd ich wieder groß. / Dein Trost trocknet mir mein weinen Daß mir aus den Augen floß. Ich selbst werde wie gantz neue / Sing und klinge deine Treue / Meines Lebens einges Ziel / Auf der Harff und Psalter=Spiel.	13. Such ich Trost und finde keinen? Balde werd ich wieder groß. Dein Trost trocknet mir mein Weinen, Das mir aus den Augen floß. Ich selbst werde wie ganz neue, Sing und klinge deine Treue, Meines Lebens einzges Ziel, Auf der Harf und Psalterspiel.	21 Du machest mich seer gros / Vnd tröstest mich wider. 22 SO dancke ich auch dir mit Psalterspiel fur deine Trewe / mein Gott / Jch lobsinge dir auff der Harffen du Heiliger in Jsrael.
14. Ich bin durch und durch entzündet: Frölich ist was in mir ist: Alle mein Geblüt empfindet Dein Heyl / daß *(das)* du selber bist. Ich steh im *(in)* gewündschtem Stande / Mein Feind ist voll scham und schande / Der mein Unglück hat gesucht / Leidet / was er mir geflucht.	14. Ich bin durch und durch entzündet, Fröhlich ist, was in mir ist, Alle mein Geblüt empfindet Dein Heil, das du selber bist. Ich steh im gewünschten Stande, Mein Feind ist voll Scham und Schande; Der mein Unglück hat gesucht, Leidet, was er mir geflucht.	23 MEine Lippen vnd meine Seele / die du erlöset hast / Sind frölich / vnd lobsingen dir. 24 Auch tichet meine Zunge teglich von deiner Gerechtigkeit / Denn schemen müssen sich vnd zu schanden werden / die mein Vnglück suchen.
ENDE.		

Das vierzehnstrophige Gedicht ist durchweg in achtzeilige Strophen des Reimschemas a b a b c c d d gefasst und in vierhebigen Trochäen gehalten, wobei jeweils die Zeilen a und c auf unbetonte Silben enden (weibliche Kadenz), b und d auf eine betonte Silbe (männliche Kadenz). Dies ist bei Gerhardt das am zweithäufigsten verwendete Reimschema unter über

50 verschiedenen Schemata, die sich in seinen Gedichten finden – z. B. *Warum willst du draußen stehen*; *Warum machet solche Schmerzen*, dort allerdings jeweils mit abweichender Kadenz: männlich in den Zeilen b und c, weiblich in den Zeilen a und d. Die Betonung auf der jeweils letzten Silbe einer Strophe gibt den Wörtern im Zusammenhang ein besonderes Achtergewicht. Dies trifft auch auf den Paarreim im Abgesang zu.

Rhetorischer Schmuck wird neben zahlreichen Metaphern durch die Verwendung verschiedener Wort- bzw. Sinnfiguren[76] aufgebaut, wie beispielsweise der Metonymie (Ersetzung des eigentlichen Wortes durch ein zu ihm in Beziehung stehendes anderes, so Str. 13,3.4: *Dein Trost trocknet mir mein Weinen / Das mir aus den Augen floß*), Antonomasie (Umschreibung eines Eigennamens bzw. Titels durch einen anderen, so Str. 8, 7.8: *Durch des grossen Herrschers Krafft / Der die Erd und alles schafft*), Alliteration (gleicher Anlaut bei Stammsilbenbetonung, so Str. 5,7: *... Hilff mir in die Höh*), Hyperbel (übertreibender Ausdruck für eine Eigenschaft, die ins Unmögliche gesteigert wird, so Str. 8,3.4: *Auch soll meine Zunge singen / Täglich dein unzehlich Heyl*), Anapher (Wiederkehr derselben Wortgruppe zu Anfang mehrerer aufeinanderfolgender Verse, so Str. 10,1.2: *Fahre fort / o mein Erhalter / Fahre fort / und laß mich nicht*).

Die Vorlage Psalm 71 gehört zur »Formgruppe der Gebetslieder«[77] und hat einen dreigliedrigen Aufbau: »Vers 1–8 Bitten und Vertrauensäußerungen, die in 8 mit einem Jubellied abschließen; 9–16 Notschilderungen und Bitten, die in 14–16 in einen Lobgesang übergehen; 18–24 Lobgelübde, das von Bitten durchwirkt ist«.[78] Auch das Gedicht ist der Gattung nach ein Gebetslied mit unmittelbar bittenden Passagen, rückblickender und nach vorn schauender Zwiesprache mit Gott und verbindlicher Ant-

---

[76] Vgl. zum Folgenden die entsprechenden Erklärungen bei v. Wilpert 1969.
[77] Kraus 1980, 651.
[78] Ebd., 651 f. Der bei Kraus nicht erwähnte Vers 17 wäre wohl dem 3. Teil zuzuordnen.

wort. Der dreigliedrige Aufbau des Psalms kann zwanglos auch im Gedicht gefunden werden: Str. 1–4 Bitten und Vertrauensäußerungen, die in Str. 4 in Rühmen übergehen; Str. 4–7 Notschilderungen und Bitten; Str. 8–14 Lobgelübde, das von Bitten durchwirkt ist.

Einzelne Motive oder Motivgruppen sind im Psalm in ähnlicher Häufung wie im Gedicht verwendet:

- Gott als Quelle von Hilfe, Treue, Kraft, Ermunterung, Trost, Hoffnung, Vertrauen, Stärke, Schutz (Fels und Burg)
- Lob Gottes, Verkündigung seiner Taten und Gesang als Antwort auf Bewahrung und Trost
- Not durch Feinde, Spötter, Ungerechte, Tyrannen, das Unglück des Beters Suchende - bzw. deren Zurückdrängung
- gewisse Offenheit der Aussagen sowohl für ein Leben diesseits als auch jenseits des Todes
- Wiederholung des Wortes *groß*: Ps 71,19–21 in jedem der drei Verse vorkommend; in den entsprechenden Str. 11 und 12 ebenfalls dreimal; in 12,1 und 12,2 sogar in zwei aufeinanderfolgenden Versen in der Entgegensetzung von Not und Freude, die gleiches Maß haben.

Unterschiedliche Häufigkeiten fallen besonders bei zwei Motiven auf:

- Gerechtigkeit Gottes: in vier Psalmversen erwähnt und damit ein Leitmotiv, demgegenüber nur in den beiden Liedstrophen 2 und 9; *Gerechtigkeit* wird in den entsprechenden anderen Strophen durch *Güte* (Str. 1) oder *Lob* (Str. 8 und 11) ersetzt.
- Der Affekt der Freude, des Lustigseins, der Fröhlichkeit des Beters taucht nur einmal im Psalm auf (V. 23), im Gedicht jedoch fünfmal – in Str. 4: *Lauff ich dich an: Gönne mir / Frölich stets zu seyn in dir,* Str. 7: *Ich hingegen lustig sey / Über mir erwiesne Treu,* Str. 9: *HErr / Ich preise deine Tugend/ Warheit und Gerechtigkeit / Die mich noch in meiner Jugend / Hoch ergötzet und erfreut,* Str. 12: *Du ergiebst mich grossen Nöthen / Giebst auch wieder grosse Freud,* Str. 14: *Frö-*

lich ist was in mir ist. Dies mag beim Gedicht aus Anlass eines Krankheits- oder Trauerfalles überraschen. Hierin liegt die stärkste schöpferische Absetzung Gerhardts gegenüber der Vorlage!

Folgende weitere sprachliche und inhaltliche Akzentuierungen Gerhardts gegenüber dem Psalm sind zu beobachten:

- Deutlich größere Häufigkeit imperativischer Gebetsbitten: Gedicht – 26mal, Psalm – 13mal
- Erweiterung auf die kosmische Dimension: Str. 8 Gott als Schöpfer der Erde – bzw. in der Ebelingschen Version der *Welt*; Str. 11 *Stern- und Engel=Reich*
- Verstärkung und Vertiefung der Psalmaussagen durch besonders anschauliche, kraftvolle Sprache:
  a) konkrete aktive Unterstützung von Gott erbeten: Str. 5 *Da greiff du mir an die Arme. / Fall ich nieder so erbarme / Du dich: Hilff mir in die Höh;* Ps 71,18 bittet lediglich allgemein, dass Gott den Beter nicht verlassen möge
  b) Wirkung des Alters: Str. 10 *wenn mir Lebenskrafft gebricht*; Ps 71,18 spricht lediglich vom Grauwerden
  c) Ausmaß der Gefährdung: Str. 12 *Heute läßt du mich ertödten*; Ps 71,20 spricht lediglich von großer Angst, die Gott den Beter erfahren lässt
  d) Anschaulichkeit des rettenden Handelns Gottes: Str. 12 *Giebst dem Hertzen wieder Lufft*; in Ps 71,21 heißt es lediglich »machst mich wieder lebendig«
  e) Beschleunigung: Str.. 13: *Balde werd ich wieder groß*; Ps 71,21 lediglich »Du machst mich sehr groß«
  f) Ungewöhnliche Häufigkeit der Verwendung desselben Wortes *groß* in Str. 8,1
  g) Veranschaulichung der Niederlage der Feinde: In Str. 14 fällt der Fluch auf die Verflucher zurück; Ps 71,24 spricht lediglich allgemein von Schande der Feinde.

Das Gedicht benennt das Ziel der Erlösung (vgl. Ps 71,23: »meine Seele, die du erlöst hast«) nur indirekt: Str. 13 *Ich steh im gewündschtem Stande* – d. h. im Stand der Erlösung, in statu gloriae, womit die Verknüpfung auch zum Exordium generale (Christus als Erlöser, 1) hergestellt wird. Es steigert sich jedoch über den Psalm hinaus zu ganz grundsätzlichen Aussagen über Grund und Ziel des Lebens, das nur als ein Leben in und mit dem Schöpfergott gedacht werden kann und wie selbstverständlich in das Gotteslob mündet (Lobgelübde):

– Str. 10 *Laß mein Leben in dir leben*
– Str. 12 *Ich selbst werde wie gantz neue / Sing und klinge deine Treue / Meines Lebens einges Ziel.*

In der Schlussstrophe 14 taucht dann ein Motiv aus dem Exordium speciale wieder auf. Dort war von »Fervor fidei intensissimus«, d. h. stärkster Glut des Glaubens, die Rede – Glut bzw. Feuer bedarf des Entzündens, folgerichtig schließt sich der Bogen zur hoch gestimmten Zeile *Ich bin ganz und gar entzündet*. Genau dazu hatte Gerhardts Nachdichtung führen wollen mit der Verwendung all dieser Stilmittel, die den Hörer bzw. Beter durch die im Vergleich zum Psalm stärkeren Metaphern, durch die zahlreichen flehenden Imperative, durch die Weite der kosmischen Dimension, die Evozierung der Freude mitten in der Trauer und die Fokussierung auf das Ziel eines Lebens unmittelbar vor, bei und in Gott mitreißen möchte. Später in der Ebelingschen Textversion ist das In-Gott-Sein noch stärker hervorgehoben (Str. 2,2).

Der bisherige Textvergleich zwischen Psalm und Gedicht befasste sich unabhängig vom konkreten Casus ausschließlich mit den Akzenten, die Gerhardt auf der Textebene setzte. Im Blick auf den Verstorbenen brachte nun der Dichter, wie erwähnt, eine verschlüsselte Buchstabensymbolik ein:[79] Das Monogramm Joachim Schröders J(=I)S findet sich in

---

[79] vgl. Balders 2009, 69f.

Str. 5,8: *bis Ich wieder Steh,* sowie in Str. 13 und 14, jeweils zu Beginn von Vers 5: *Ich Selbst* bzw. *Ich Steh*. Außerdem wird durch einzelne Formulierungen »auf Schröder und sein Geschick mehrfach deutlich Bezug genommen«;[80] so klingt möglicherweise auch eine lautliche Alliteration an (»Angst=Geschrey« – Amtsschreiber). Vor allem aber ist folgende Klimax von Verben der Körperhaltung bzw. der Bewegung, für die es im Psalm keinen Anhaltspunkt gibt, kunstvoll eingeflochten: Das Sitzen des Gelähmten (Str. 2: *Sey mein Auffhalt/ lass mich sitzen*) wandelt sich – in Erinnerung an das Liegen im Mutterleib Str. 3 – ins Laufen (Str. 4), beim (Aus-)Gleiten (Str. 5) in die Hoffnung auf das erneute Aufstehenkönnen (Str. 5: *Da greiff du mir an die Arme. / Fall ich nieder so erbarme/ Du dich: Hilff mir in die Höh/ Und halt/ bis ich wieder steh*). Gehen und Stehen kann sowohl die Hoffnung auf physische Heilung der Lähmung meinen als auch diesseitiges inneres Standhaftsein, welches auch ein des Stehens physisch Unfähiger braucht. Im Hinblick auf den Verstorbenen kann dies jedoch zugleich auch den Weg ins Jenseits meinen (Str. 8: *Ich bin starck herein zu gehen/ Unerschrocken da zu stehen*), und schließlich wartet das jenseitige Neuwerden (Str. 12: *Und erneuerst meine Glieder/ Holst mich aus der Erdenklufft*), so dass der Erlöste schlussendlich tatsächlich stehen (!) kann (Str. 14: *Ich steh im gewündschtem Stande*).

Ganz augenfällig wird die Offenheit der Blickrichtung in Str. 12, wo am Ende sozusagen eine irdische und eine himmlische Zeile aufeinandertreffen: *Und erneurest meine Glieder/ Hohlst sie aus der Erden Klufft/ Giebst dem Hertzen wieder Lufft*. Treffend wird hier ganz irdisch ein krankes Herz beschrieben, das sich erst schmerzhaft eingeschnürt, dann aber durch Gottes Eingreifen wie befreit fühlt, so dass sich der Brustkorb wieder dehnen kann und freies Atmen möglich ist. Die Zeile unmittelbar davor lässt mit dem Hervorgehen aus der Erde jedoch eher an das Grab denken, aus dem erst die Auferstehung den Weg bahnt. Wegen solcher Offenheit der Formulierungen, die sowohl prä- als auch postmortal ge-

---

[80] Ebd.

meint sein können, erscheint es durchaus möglich und mir wahrscheinlich, dass Gerhardt dieses Lied nicht erst als Casualcarmen bzw. Epicedium verfasst hat, sondern dass er als Seelsorger dem Kranken bereits zu Lebzeiten einen solchen Text mit auf den Lebens- und Leidensweg gab. Wie erwähnt, dürfte er solches auch schon vorher zweimal getan haben. Zu jenem bereits 1653 veröffentlichten Gedicht *Wie lang, o Herr, wie lange* – ebenfalls eine Psalmennachdichtung zu Psalm 13, dem Hilferuf eines Angefochtenen –, finden sich nun manche Ähnlichkeiten. Der drängende Ton in jenem Lied lässt das Ausmaß der Not des Gelähmten ahnen:

> (Str. 3) *Ach schaue doch von deinem saal /*
> *Vnd siehe / wie ich leide:*
> *Mein hertzenweh und grosse quaal*
> *Ist meiner feinde freude.*
> *HErr / mein getreuer hort /*
> *Hör an meine wort /*
> *Die ich / durch trübsal hier*
> *Laß dein gemüt erweichen.*
>
> (Str. 5) *Ich **steh** und hoffe steif und vest*
> (Fettierung hier durch Vfn., lies: **JS**)
> *Darauf/daß du die deinen*
> *Nicht endlich untergehen läßst /*
> *Kansts auch nicht böse meynen.[...]*[81]

Auch hier ist die Wendung *Ich steh* auffällig, für die es im zugrunde gelegten Psalm keinen Anhaltspunkt gibt. Sie ist als Anagramm mit den Initialen des Kranken evident. Er wie sein Seelsorger (und vielleicht Freund) Gerhardt mussten jedoch in den folgenden Monaten und Jahren über

---

[81] Crüger 1653, 685 f.

1653 hinaus erleben, dass all das inständige Flehen mitnichten zu einer Linderung der Lähmung führte. So liegt der Ton in dem späteren Lied viel stärker auf die Öffnung des Horizontes zur Ewigkeit, womöglich als Trost für den Siechenden gegeben, der spürt, dass sich sein Leben neigt. In diesem Falle wären Sermon und Ehrengedächtnis auch vom Liedtext inspiriert, und nicht umgekehrt das Lied von Sermon und Ehrengedächtnis.

Das Gedicht trägt im gedruckten Titel die Melodieangabe *Du o schönes Weltgebäude*[82]. Es ist in Crügers Gesangbuch der Rubrik »Vom christlichen Leben und Wandel«[83] zugeordnet. Jenes Lied spricht von der Sehnsucht, das hiesige mühselige Leben im *leibeskercker* beenden zu können und schließlich den *güldnen Himmelssaal* zu erreichen. Insofern passen der Duktus des zugrunde gelegten Liedes und der Gedankengang der Gerhardtschen Dichtung auch in der musikalischen Umsetzung unmittelbar zusammen.

Zusammenfassend zu diesem Abschnitt lässt sich feststellen, dass sich Gerhardt mit souveränem rhetorischen und stilistischen Können in den beiden Gattungen Leichsermon und Ehrengedächtnis bewegt, dazu mit außerordentlicher Kunstfertigkeit im beigegebenen Lied – ein wahrhaft glanzvolles Aufgebot gegen Beschränkung, Schmerz, Alter, Verfall und Tod. Es bleibt nun in den Blick zu nehmen, was dies alles für die innere Haltung der trauernden Angehörigen bzw. der Gemeinde bewirken kann und soll.

---

[82] Diese Crüger-Melodie ist heute bekannt, dank Bachs sogenannter Kreuzstabkantate und des darauf bezogenen Romans *Schlafes Bruder* (inkl. Verfilmung) von Robert Schneider geradezu berühmt mit dem Incipit der Schlussstrophe *Komm, o Tod, des Schlafes Bruder*.

[83] Crüger 1653, 565–567; Text: Johann Franck (1618–1677).

4. »Das liebe hohe Alter« versus »die bösen Tage« – die Sublimierung des Leids

4.1 Was der Glaube im Leben wagt

In der partitio waren alle nur denkbaren Zustände des Älterwerdens beschrieben worden in der Spannung zwischen dem Alter als eines der Verehrung werten Reifegrades, als »eines von den edelsten und köstlichsten Geschencken des allerhöchsten Gottes« (L 18), das Weisheit und Erfahrung mit sich bringt und als durchaus erstrebenswerter Zustand beschrieben wird: »das liebe hohe Alter« (L 14). Demgegenüber stehen die »grossen Mängel und Gebrechen« (L 19) und das Erleben des Alters als bloßen elenden Verfalls.[84] Für die Geschenke des Alters Gott dankbar zu sein ist nicht schwer – beim zweiten braucht es ein starkes inneres Rüstzeug, um den Beschwerden nicht wehrlos ausgesetzt zu sein. Während bei Cicero, der das Nachlassen der körperlichen Kräfte im Alter ebenfalls nüchtern konstatiert, die bewusste geistige Arbeit den Greis bei Kräften hält: »Der Körper wird zwar durch anstrengende Übungen erschöpft, der Geist aber dadurch, daß man ihn übt, gestärkt«,[85] führt Gerhardt, wie erwähnt, ausschließlich eine Reihe theologischer Überlegungen und geistlicher Ratschläge ins Feld.

Die Beschwerden des Alters werden in Rekurs auf Prediger 12 und die dort geschilderten »bösen Tage« (Pred 12,1) erst einmal drastisch entfaltet: »Das innerliche Hertzens=Licht / aller Verstand / Witz und

---

[84] In dem späten Gedicht *Weint, und weint gleichwohl nicht zu sehr* von 1667, einem Epicedium für die Eltern des Kindes Margaretha Zarlang, findet Düchting 2011, 15 f., ein »Gedicht im Gedicht«, nämlich vier Strophen (2 bis 5), in denen Paul Gerhardt vier der sechs (spät-)antiken Altersstufen (gradus) schildert: Kleinkind (infans), Kind (puer), Heranwachsender (adolescens), Erwachsener (iuvenis), ohne auf die beiden letzten Stufen Greis (senex) und Altersblöder (decrepitus) einzugehen. Diese beiden letzten Stufen stehen in der Leichenpredigt in Rede.

[85] Cicero, 55.

Anschläge verlieren sich«, »es kömmet bey alten Leuten immer ein Graam nach dem andern / ein Kummer / Sorg und Betrübnis nach dem andern / Wann ein Unglück weg ist, so ist schon wieder ein neues da«, »Händ und Füsse sind nicht mehr also hurtig als in der Jugend«, »die Zähne, welche die Speise zumalmen und zu mahlen müssen, werden stumpff und fallen aus«, »Die Augen vertunckeln / und müssen sich mit Brillen behelfen«, »Die Ohren / die von der Musik und Gesang urtheilen / hören nicht mehr wol / sie werden taub und müssen sich wol bücken und mehr hin zu neigen / Wenn sie was einnehmen und recht verstehen wollen. Und das gewähret so lange / bis der Staub wieder zur Erde komme / wie er gewesen ist / und der Geist wieder zu GOtt kehre / Der ihn gegäben hat« (L 20f.). Zu diesen altersbedingten Abnutzungserscheinungen können »schmertzliche Kranckheit«, Fieber, Gicht, »Colike« (L 21) hinzukommen – schließlich: »Wenn er (der Mensch, S. Wei.) alt wird / da wird ihm das Alter selbst zur Kranckheit« (L 23).

Alle Schwachheit des Alters wird nun theologisch gedeutet als »Frucht der Sünde« (L 19)[86]. Wenn dies gilt, so kann und muss den physischen Beschwerden durch den Glauben an den von der Sünde erlösenden, gnädigen Gott etwas Überwindendes entgegengesetzt werden. Im dritten Teil der partitio wird folgerichtig detailliert ausgeführt, dass für alles Nachlassen der Sinne jeweils Gott als Helfer eintreten kann: »Weil die Krafft meiner Augen mich verlässet / so mustu mein Gott mein Liecht seyn: Weil die Krafft meiner Ohren mich verlässet / so must du mein GOtt mein Trost seyn: Weil die Krafft meiner Arme mich verlässet / so must du mein GOtt meine Stärcke seyn: Weill die Krafft meiner Füsse mich verlässet, so must du mein GOtt mein Stecken und Stab seyn: Und weill die Krafft meines Herzens mich verlässet / so must du mein Gott mein Leben seyn« (L 27). Solche extremen Gegensatzpaare finden sich bei Gerhardt bspw. auch schon in *Du meine Seele singe* (Str. 6–9), z. B.: *Er ist*

---

[86] Vgl. dazu z.B. Lehmann 2019, 97–107.

das liecht der blinden / Erleuchtet ihr gesicht / Vnd die sich schwach befinden / Die stellt er aufgericht.[87]

Der Glaubensmut zu einer solchen kühnen Annahme ist das eine, die geduldige Bewahrheitung solchen Glaubens im tatsächlichen, physisch womöglich äußerst beschwerlichen Leben ein anderes, ein drittes dann wieder das Bilanzieren des tatsächlich im Glauben Gelebten unmittelbar vor dem Sterben. Dabei kommt das Problem der Stilisierung von Aussagen in der barocken Leichenpredigt in den Blick. Ein ausdrücklich christlicher Lebenswandel und ein Sterben nach den Regeln der Ars moriendi tauchen als relativ gleichförmige Topoi in barocken Leichenpredigten auf, so dass die Möglichkeit besteht, dass eine solche Predigt durch Schönfärberei, Verschleierung oder Verschweigen aus unterschiedlichsten Gründen geradezu »wenig aussagt über den verstorbenen Menschen«.[88] Allerdings ist durch die mögliche Schematisierung der Aussagen ein solcher Lebenswandel auch nicht ausgeschlossen oder besonders unwahrscheinlich. So bleibt die Aufgabe, »hinter Stereotypen in Leichenpredigten verborgene Realitäten zu erkennen«.[89]

Im vorliegenden Fall gibt es trotz des Fehlens von unabhängigen Zeitdokumenten durch die (wahrscheinlich) drei bereits vor dem Ableben Schröders ihm gewidmeten Gedichte Gerhardts mit ihrem Flehen und ihren seelsorgerlichen Trostversuchen Hinweise, wie Schröders gesundheitliches und seelisches Befinden war. Viele höchstwahrscheinlich faktische Einzelheiten seines Curriculum vitae fügen sich mit den Gedichten zu einem durchaus stimmigen Gesamtbild zusammen (wer sich in schweren Nachkriegszeiten aufwendig für den Wiederaufbau zweier zerstörter Kirchen müht, wird Geistlichem zugewandt sein; wer als querschnittsgelähmter Schwerkranker jahrelang bis kurz vor dem Tod Amtsgeschäfte ausführt, muss große Willensstärke bzw. innere Kraftquellen besitzen,

---

[87] Crüger 1653, 444, hier Str. 8.
[88] Schmitz 2002, 17f.
[89] Schattkowski 2004, 69.

desgleichen, wer in dieser Lage selbst die in der Narratio genannten Bibelstellen auswählt; der Große Kurfürst dürfte Anlass gehabt haben für seine persönliche Anteilnahme, welche nicht einfach behauptbar wäre ohne Sachgrund u. ä.). Dass schwierige Züge des Verstorbenen oder Situationen des Versagens meist nur angedeutet oder gar nicht angesprochen werden, bedeutet keine Falschaussage, sondern kann eine aus Pietät bewusst gewählte Unvollständigkeit sein.

Beim Überhöhen sind dem Prediger in doppelter Weise Grenzen gesetzt – einerseits spricht er vor Augenzeugen des Lebens- und Sterbeprozesses, die um Geschehenes wissen, und andererseits ist er selbst vor seinem Gott zur Wahrhaftigkeit verpflichtet – 1Sam 16,7: »Ein Mensch sieht, was vor Augen ist, Gott aber sieht das Herz an« – und zwar das Herz des Verstorbenen, der Angehörigen wie das des Predigers. Gerhardt war, soweit wir wissen, ein außerordentlich gewissenhafter, ja skrupulöser Mensch; so ist hier die Wahrscheinlichkeit nicht hoch, dass das Leben des Verstorbenen etwa in starker Differenz zum Behaupteten bzw. aus dem Ehrengedächtnis Entnommenen stände. Letzte Beweise wären jedoch nur durch weitere Quellenfunde zu erbringen.

Gerhardt war nun als Prediger sehr wahrscheinlich einerseits in der glücklichen Lage, dass von dem Verstorbenen ein Glaubensmut ausgesagt werden konnte, der sich bei dem Gelähmten trotz vierjährigen täglichen, schweren Leidens vor der Familie wie Freunden und Bekannten immer wieder bewährt hatte; andererseits war die Aufgabe zu trösten besonders diffizil, da aller Augenschein und die Erfahrung vieler nicht erhörter flehentlicher Gebete um Heilung die Anerkenntnis der Güte Gottes erschwerte. Es war hier zu entwickeln, wie Gottes Wirken als der Aufrichtende, Stützende (»Stecken und Stab«) erlebt werden könnte, obwohl die Lähmung anhielt.

Hier kommt das erwähnte Motiv des »ritterlichen Kampfes« ins Spiel, der militia Christi bzw. der militia christiana. Das christliche Leben wird in Anlehnung an Eph 6,11–17 als ein Kampf im Widerstreit von Mächten verstanden, in dem »der Mensch die Position eines miles christianus oder christlichen Ritters ein[nimmt]«. Dabei kann er auch selbst zum Schauplatz des Kampfes werden, etwa zwischen Fleisch und Geist (vgl. Gal 5,17), und muss täglich gegen sein Fleisch ankämpfen [...] Vorbild für den Kampf des christlichen Ritters ist der Kampf Christi, der über die Mächte der Anfechtung und insbesondere über den Tod seinen triumphalen österlichen Sieg errungen hat.«[90] Der Kampf gegen die Versuchung, an Gott irre zu werden, bzw. gegen den Versucher, den Teufel,[91] geschieht also im eigenen Innern, in einem selbst, und wird an dem Ort entschieden, wo Christus seinen Platz hat, nämlich im Herzen, dem Ort der unio mystica. Dieser innere Ort spielt in der Predigt eine große Rolle als das »Löwen=Hertz« des Christen (2), das man beim Verstorbenen konkret als ein »rechtschaffenes treues beständiges und unverrucktes Christen=Hertz an ihm mercken und finden« konnte (L 3); er hielt die wiedererrichtete Zossener Kirche, deren Betreten ihm krankheitsbedingt nicht mehr möglich war, »in seinem Hertzen [...] lieb und wehrt«, auch wenn ihn dieser Verzicht »häfftig [...] kränckete und betrübete« (L 5). Schließlich fasst Gerhardt in der Peroratio zusammen: »Denn nach dem derselbe eine Zeither vermercket / wie die Krafft der Jugend ihn verlassen / und die Schwachheit des Alters ihn überfallen wolte / (Wiewol er gleichwol den Jahren nach der älteste nicht gewesen) hat er so gar keine Zaghafftigkeit oder Kleinmühtigkeit an ihm spüren lassen / daß man auch über sein freudiges getrostes und unerschrockenes Hertz sich nicht gnugsam verwundern können« (L 30). Bis zum Lebensende bei geistigen Kräften, blieb Schröder also sein »innerliches Hertzens=Licht« erhalten. So kann sein Leben als exemplum fidei gepredigt werden, als eine »geistlich entzifferte Wirklichkeit«,[92] in der Gottes Kraft gegen allen Augenschein in den Schwachen mächtig ist (L 29; 2Kor 12,9). Dies wiederum soll die Herzen der Hörer zur pietas stärken.

Untersetzt wird dieses Getrostsein hier nicht durch eine entfaltete theologia crucis – diese hatte Gerhardt für Schröder in dem früheren si-

---

[90] Lorbeer 2012, 223.
[91] Vgl. dazu Lehmann 2019, 85–87.
[92] Steiger 2007, 47.

cherlich ihm gewidmeten Lied *Also hat Gott die Welt geliebt* entwickelt (z. B. Str. 3 *Ja in die höll und ewge pein / Zu unerhörtem leide / Stößt GOTT sein einge freude.* Str. 4 *Warumb doch das? dass du o welt / Frey wieder möchtest stehen / Vnd durch ein theures lösegeld / Aus deinem kercker gehen*). Auch arbeitet Gerhardt hier nicht mit einer Androhung von Gericht bzw. Verdammnis, einem sonst bei ihm häufigeren theologischen Topos, der auch im eben zitierten Lied eine Rolle spielt (Str. 6 *Gott hat uns seinen Sohn verehrt / Das aller menschen wesen / So mit dem ewgen fluch beschwert / Durch diesen sol genesen*),[93] sondern wählt eine oft wiederholte Betonung der Güte des Schöpfers.

Dass echte Syllogismen herangezogen werden, um zu beweisen, dass Gott nicht grausam sein könne gegenüber seinem eigenen Geschöpf, entsprach der Überzeugung Gerhardts, dass die Mittel formaler Logik im theologischen Diskurs unbedingt hilfreich seien; so erklärte er noch 1664 im Zusammenhang der kurfürstlich verordneten Religionsgespräche: »Denn [...] sind die Consequentia iuris [...] alß eineß der für nehmbsten Stück der Logica, eine herrliche und schöne Gabe Gottes«,[94] und vor diesem Hintergrund konnte er formales Schließen auch im seelsorgerlichen Zusammenhang einer Trauerpredigt anwenden. Dies entbehrt aus heutiger Sicht sowohl des Trostes als auch der strikten Beweiskraft, da die Gefahr besteht, dass die Formulierung der Obersätze das erst zu Erweisende schon implizit als Voraussetzung mitdenkt; so darf aus der formalen Richtigkeit eines Schlusses auch nicht auf die Wahrheit der verwendeten Voraussetzungen rückgeschlossen werden. Eine bahnbrechende Antwort auf die Theodizeefrage ist durch dieses Verfahren also nicht zu geben.

Gewichtiger bleibt das Verständnis von Leid unter dem Gesichtswinkel der Vorsehung, in der lutherischen Orthodoxie als Lehre von der Providentia Dei[95] entfaltet, d. h. dem vorausschauenden Handeln Gottes,

---

[93] Textfassung PPM Stettin 1660, 639.
[94] Ruschke 2012, 548.
[95] Ausführlich dazu Axmacher 2001, bes. 103–142.

was auch Beschwerliches dem Geschöpf aufs Ganze gesehen zum Wohle gereichen lässt. Joachim Schröder selbst war dieser Gedanke vertraut gewesen u. a. aus dem erwähnten Lied *Wie lang, ach Herr, wie lange*, wo es nach drängenden Hilferufen wie *Ach, schaue doch von deinem Saal und siehe, wie ich leide!* (Str. 3) heißt: *Ich steh und hoffe steif und vest / Darauf / dass du die deinen / nicht endlich untergehen läßst / Kansts auch nicht böse meynen / Obs gleich bisweilen scheint / Als wär[e]st du uns feind / Vnd gänzlich abgewendt / So find sich doch behend / Dein vaterhertze wieder* (Str. 5).[96] In der Argumentatio spielt Gerhardt auf die Providentia beispielsweise allgemein an mit dem Gedanken, dass ein früher Tod Ersparung größerer Leiden bedeute: »Ach nein / es geschicht ihm nichtes zu Leide / sondern er wird vor manchem großen Jammer und Hertzleid hinweg geraffet / welchen er bey der Verlängerung seines Lebens nicht hätte würden entfliehen und entrinnen können« (L 24). Zugespitzt heißt es dann: »[...] daß Er ihm (Gott dem Verstorbenen, S. Wei.) nicht allein in dem schwachen krancken Leibe wunderbare Krafft und Stärcke verliehen / sondern auch nach gnugsam geübter und geprüffeter Gedult seines wolgetragenen Creutzes erlediget« (L 30f). Gott wird als der Gütige, zu Lobende geglaubt, auch im physisch widrigsten Leben erkennt der Glaubende Gründe und Anlässe, dieses Lob zu sagen. Mit anderen Worten: »Das Urteil darüber, ob das Alter Wohltat oder Last ist, hängt letztlich nicht an Kraft oder Schwachheit, sondern am Einssein oder Uneinssein mit Gottes Willen.«[97]

4.2 Was der Glaube im Sterben wagt
Im Ehrengedächtnis wird berichtet, dass der Schwerkranke

> »der Eitelkeit und Vergänglichkeit dieser Welt ganz abgedancket / und mit rechtschaffenem Gebet und hertzlichem Seuffzen sich zu seinem Gott gewandt und bey Vergebung alles dessen/was auch ihm etwa zu wiedern ge-

---
[96] Quelle s. Anm. 81 (PPM 1653).
[97] Axmacher 2006, 27.

schehen (wie er denn betheuret, daß er nichtes mehr auff seinem Hertzen hätte) die Vergebung der Sünden gesuchet in seinem hochverdienten Erlöser JESU Christo [...] / wie denn auch an heiliger Erinnerung und Fürstellung seines Seligmachers von den Ümbstehenden nicht gefehlet« (E 43).

Der Sterbende selbst bereitet sich also bewusst auf seinen Tod vor durch ein ausführliches Abschiedsritual.[98] Nach der »Abdanckung«, also dem Loslassen aller Bindung an die bisherige Lebenswelt, richtet er seinen Blick nach vorn und ist bestrebt, nach seinem Tod möglichst ohne Schlacken vor seinem Schöpfer zu erscheinen. Dazu gehören das Sicheingestehen, wo noch unvergebene Zwistigkeiten schlummern, und das Bereinigen durch Vergebung ebenso wie das Bekennen sonstiger eigener Sünden und die Bitte um die vergebende Gnade in Christus, darin eingebunden schließlich der Empfang des Krankenabendmahls. Bei diesem Prozess der inneren Bereitung helfen die Umstehenden. Die Angehörigen sind am Sterbebett versammelt, suchen mit dem Sterbenden zusammen nach den rechten Worten der Vergebung, empfangen oder spenden diese gegebenenfalls auch, fassen ihren Glauben für den Sterbenden in geformte Gebete, eigene Worte oder in Lieder, um bei ihm die Zuversicht auf die jenseitige Welt zu stärken. Alle Anstrengung des Sterbenden und Fürsorge der Lebenden gipfelt, wie erwähnt, in dem letzten Satz Schröders: »Hilff daß ich fröhlich singe Das Consumatum est!« (E 44). So kann Schröder »ohne einige Ungebärde sanfft und stille unter Gebet und seuftzen der herumbstehenden / als ein geübter und rechtschaffener Christ / den der HERR gezüchtiget und durch ein sanfftes Ende loßgelassen / den Geist auffgeben« (E 45) – geübt in der Ars moriendi, die den Sterbenden mit den Angehörigen in der würdevollen Hinwendung zu Gott eint.

So also gehörte es sich zu sterben im 17. Jahrhundert, gefasst und geformt. Der Sterbende selbst wie auch die Angehörigen standen in dem Bemühen, das Sterben nicht als das bloße zunehmende Versagen von

---

[98] Vgl. Lorbeer 2012, 561–596, konkret zu Schröder hier Abschnitt 3.2.

Körperfunktionen zu erleben, sondern es, so weit in Kräften stehend, aktiv zu gestalten. Das Leben wurde verstanden als eines, das sich zum würdigen Sterben bis zum Tod hin zu steigern hat, nicht etwa eines, das einfach nur Schritt für Schritt regrediert und dann verlischt. Die gesamte Ars moriendi diente dazu, die Sterbestunde als »Simeonis Stündlein« erleben zu können, als Moment des tiefen inneren Friedens mit Gott und den Menschen, wie ihn der greise Simon erlebt, der das Kind Jesus im Tempel auf seine Arme nimmt und weiß: »Herr, nun lässest du deinen Diener in Frieden fahren, wie du gesagt hast; denn meine Augen haben deinen Heiland gesehen« (Lk 2,29).

In der Peroratio richtet Gerhardt dann den Blick auf das Jenseits und lässt den Verstorbenen – indikativisch in biblischen Metaphern – grünen wie einen Palmbaum und eine Zeder auf dem Libanon (Ps 92,13–16); »da singt und springt er mit den Engeln / und verkündiget / daß der HERR so fromm ist [...]« Auch einige Passagen aus der Psalmennachdichtung können verstanden werden als jenseitiges Gotteslob. Dies ist ebenfalls ein Topos barocker Trauerpredigt, die Consonatio (im Einklang sein) mit den himmlischen Wesen (Offb 15,2 f.), ein in irdischen Kategorien nicht mehr überbietbar zu denkender Zustand.

5. Schlussbetrachtung

Wir waren ausgegangen von der Frage, ob Glanz auf dem lag, was man im kriegsgeplagten 17. Jahrhundert dem Tod entgegenzusetzen hatte. »Wo alles wüst lag, glänzten allein die Wörter«[99], so Günter Grass, und solches Glänzen ist nicht wenig, denn Wörter können dort noch tragen und beflügeln, wo Wille, Geist und Seele am Verzweifeln sind. Der heutige Umgang mit den sterblichen Resten eines Menschen würde allerdings barocke Christenmenschen in Entsetzen stürzen: Eine Verbrennung von

---

[99] Zit. nach Haufe (Hrsg.) 1985, Bd. 2, 397.

Leichen wäre als Sakrileg empfunden worden, geschweige denn die Verwendung von sterbenden menschlichen Körpern als Organreservoir.

Aber es geht noch um eine grundsätzlichere Dimension. Auch im heutigen Sterben liegt alles wüst, wenn man nichts dagegensetzt. Das höchst glanzvolle rhetorische Aufgebot der barocken Leichenpredigt mit ihren drei jeweils reich bis zum genus grande entfalteten Gattungen Sermon, Ehrengedächtnis und Epicedium war das eine, und solcher Aufwand hat bald nach Gerhardt als zunehmend hypertroph gewordener Brauch seine Zeit gehabt. Ein anderes jedoch ist ein inneres »Glänzen«, etwas, das auch in Wieland Försters anfangs zitierter Umschreibung des Barock gar nicht in den Blick geraten war: die real gelebte Haltung getrosten Glaubens auch im schwersten Leiden. *Ich bin durch und durch entzündet* (Str. 14,1) – das mag ein Abglanz sein! Aus der unio mystica mit dem Erlöser kann dem Glaubenden eine Sicherheit geschenkt werden, die durch den Tod hindurchträgt und durch den Tod hindurch trägt. Solches ist dem Sterbenden vielleicht nicht immer anzusehen, aber abzuspüren, es ist ahnbar und lebbar. Es kann sich manifestieren in Worten, Blicken, Gesten dessen, der an die Schwelle gelangt ist. Und in der Veränderung des Angesichtes eines frisch Verstorbenen hin zu einem Ausdruck tiefen Friedens auch nach längerem Todeskampf. Solches wurde seinerzeit geahnt, gelebt, bezeugt. Auf jene bewusste, unscheinbar glanzvolle Weise sterben zu lernen, wäre heute neu zu buchstabieren. Ganz andere, bessere Worte als die, die damals trugen, stehen bisher wohl kaum zur Verfügung.

Literatur

Axmacher, Elke: Johann Arndt und Paul Gerhardt. Studien zur Theologie, Frömmigkeit und geistlichen Dichtung des 17. Jahrhunderts (Mainzer Hymnologische Studien Band 3), A. Francke Verlag Tübingen und Basel, 2001.

Axmacher, Elke: Die Kunst der Leichenpredigt. Annäherungen an Paul Gerhardt als Prediger. In: Arbeitsstelle Gottesdienst. Zeitschrift der gemeinsamen Arbeitsstelle für gottesdienstliche Fragen der Evangelischen Kirche in Deutschland. 20/02/2006, 21–29.

Bach, Joseph: Die Osterfestberechnung in alter und neuer Zeit, Straßburg 1907.

Bahl, Peter: Der Hof des Großen Kurfürsten. Studien zur höheren Amtsträgerschaft Brandenburg-Preußens. Böhlau, Köln, Weimar, Wien 2001.

Balders, Günter: Mein Herze soll dir grünen. Buchstabensymbolik und kleine Formelemente bei Paul Gerhardt. In: »Mach in mir deinem Geiste Raum« – Poesie und Spiritualität bei Paul Gerhardt (Beiträge der Paul-Gerhardt-Gesellschaft Band 5), Frank & Timme Berlin 2009, 55–123.

Brunnemann, Johannes: Enchiridion Logicum Ex Aristotele & Philippo potissimum ita concinnatum: Ut Praecepta Logica Accurate & succincte proponantur, & usus ostendatur. Francofurti: Closemannus, 1639 (Digitalisat der Herzog-August-Bibliothek Wolfenbüttel).

Cicero, Marcus Tullius: Cato maior de senectute / Cato der Ältere über das Alter. Lateinisch/Deutsch. Reclams Universalbibliothek Nr. 803, Stuttgart 1998.

v. Cranach-Sichart, Eberhard (Hrsg.): Paul Gerhardt – Dichtungen und Schriften, hrsg. und textkritisch durchgesehen von Eberhard von Cranach-Sichart, Verlag Paul Müller, München 1957.

v. Cranach-Sichart (Hrsg.): Paul Gerhardt – Wach auf, mein Herz, und singe. Gesamtausgabe seiner Lieder und Gedichte. Oncken Wuppertal und Kassel, 1982.

Crüger, Johann: Praxis pietatis melica, V. Edition, Runge Berlin 1653 (Digitalisat der Bayerischen Staatsbibliothek München).

Crüger, Johann: Praxis pietatis melica, Starcke, IX. Edition, Alten Stettin 1660 (Digitalisat der Universitäts- und Landesbibliothek Sachsen-Anhalt).

Crüger, Johann: PRAXIS PIETATIS MELICA. EDITIO X. (Berlin 1661). Edition und Dokumentation der Werkgeschichte. Im Auftrag der Franckeschen Stiftungen zu Halle hrsg. von Hans-Otto Korth und Wolfgang Miersemann unter Mitarbeit von Maik Richter, Band I / Teil 2: Apparat, Halle 2015.

Düchting, Reinhard: Trost-Gedichte für Paul Gerhardt und seine Frau Anna Maria 1665, Mattes Verlag Heidelberg 2011.

Emich, Birgit: Geschichte der frühen Neuzeit studieren, Konstanz 2006.

Evangelisches Pfarrerbuch für die Mark Brandenburg, Band I: Verzeichnis der Pfarrstellen und der Pfarrer, bearbeitet von Otto Fischer, Berlin 1941.

Förster, Wieland: Sieben Tage in Kuks, Union Verlag Berlin 1985.

Fromm, Joachim: Leichenpredigt für Eva Maria Fritzin:
Dulce amarum, Deo eharum, Solatio plenum, Das ist / Aller betrübten Ehe- und Christlicher (von Gott geliebten) Hertzen / in dem süßbittern Ehestande / und Christenthumb dieses zeitlichen Thränenthales / gewisser unnd beständiger Trost : Todesfall der ... Fr. Evae Mariae / Geborner Fritzin/ des ... Hr. Samuel Hoffmanni ... gewesener ... HaußEhren ..., Runge Berlin 1648 (Digitalisat der Staatsbibliothek Berlin).

Gerhardt, Paul: Leich-Sermon / dem weyland Wolehrenvesten/ VorAchtbarn und Wolvornehmen Herrn Joachim Schrödern./ des Churfürstl. Brandenb. Ampts Zossen gewesenen wolbestalten auch wolverdienten Amptschreibern /... / Berlin / Bedruckt bey Christoff Runge/ im Jahr 1655 (Digitalisat der Staatsbibliothek Berlin).

Gerhardt, Paul: Geistliche Andachten ..., hrsg. von Johann Georg Ebeling 1667, Reprint hrsg. von Friedhelm Kemp, Francke Verlag Bern 1975.

Gryphius, Andreas: Werke, Dritter Band: Lyrische Gedichte, hrsg. von Hermann Palm, Wissenschaftliche Buchgesellschaft Darmstadt 1961.

Haufe, Eberhard (Hrsg.): Wir vergehn wie Rauch von starken Winden. Deutsche Gedichte des 17. Jahrhunderts (2 Bände), Rütten & Loening Berlin 1985.

Huber, Werner T.: Ostern – bewegliche Tage. Berechnungsschema unter www.nvf.ch/ostern.asp?Jahr=1655.

Kraus, Hans-Joachim: Psalmen, Band II, EVA Berlin ²1980.

Lenz, Rudolf: Leichenpredigt, in: Theologische Realenzyklopädie Bd. 20, 665–669, de Gruyter, Berlin New York 1990.

Lehmann, Sarah: Jrdische Pilgrimschafft und Himmlische Bürgerschafft. Leid und Trost in frühneuzeitlichen Leichenpredigten. V & R unipress, Göttingen 2019.

Lorbeer, Lukas: Die Sterbe- und Ewigkeitslieder in deutschen lutherischen Gesangbüchern des 17. Jahrhunderts. Vandenhoeck & Ruprecht, Göttingen 2012.

Niemann, Arnold: Paul Gerhardt ohne Legende. Untersuchungen zum gesellschaftlichen Umfeld Paul Gerhardts, V&R unipress, Göttingen 2009.

Noack, Lothar und Jürgen Splett: Bio-Bibliographien. Brandenburgische Gelehrte der Frühen Neuzeit. Berlin-Cölln 1640–1688 (Veröffentlichungen zur brandenburgischen Kulturgeschichte der Frühen Neuzeit), Akademieverlag Berlin 1997.

Noack, Lothar und Jürgen Splett: Bio-Bibliographien. Brandenburgische Gelehrte der Frühen Neuzeit. Mark Brandenburg mit Berlin-Cölln 1506–1640 (Veröffentlichungen zur brandenburgischen Kulturgeschichte der Frühen Neuzeit), Akademie Verlag Berlin 2009.

Ruschke, Johannes M.: Paul Gerhardt und der Berliner Kirchenstreit, Mohr Siebeck, Tübingen 2012.

Schattkowsky, Martina: Anspruch und Wirklichkeit. Eine adelige Leichenpredigt im Spiegel der Quellenkritik, in: Leichenpredigt als Quelle historischer Wissenschaften, Band 4, hrsg. von Rudolf Lenz. Stuttgart, Steiner 2004, 51–69.

Schmitz, Christian: Ratsbürgerschaft und Residenz: Untersuchungen zu Berliner Ratsfamilien, Heiratskreisen und sozialen Wandlungen im 17. Jahrhundert (Veröffentlichungen der Historischen Kommission zu Berlin, 101), Walter de Gruyter, Berlin, New York 2002.

Seneca, Lucius Annaeus: Epistularum moralium ad Lucilium liber quartus, in: The Latin Library digital, http://www.thelatinlibrary.com/sen/seneca.ep4.shtml.

Seneca, Lucius Annaeus: Philosophische Schriften. 3: Briefe an Lucilius; 1. Teil, Brief 1–81. Übers., mit Einl. und Anm. vers. von Otto Apelt, Leipzig 1924. Hier Brief 30, 110–115.

Seneca, Proverbien, in: The Latin Library digital, http://www.thelatinlibrary.com/sen/sen.proverbs.shtml.

Stegmann, Andreas: Paul Gerhardt und die Universität Wittenberg, in: Dorothea Wendebourg (Hrsg.): Paul Gerhardt – Dichtung, Theologie, Musik. Wissenschaftliche Beiträge zum 400. Geburtstag, Tübingen 2008, 16–65.

Stegmann, Andreas: Quellen zu Paul Gerhardts Wittenberger Studienzeit, in: ebd., 285–331.

Steiger, Johann Anselm: »Geh' aus, mein Herz, und suche Freud'«. Paul Gerhardts Sommerlied und die Gelehrsamkeit der Barockzeit (Naturkunde, Emblematik, Theologie), Walter de Gruyter Berlin New York 2007.

Ueding, Gert: Klassische Rhetorik, C. H. Beck München (4) 2005.

Ursin, Johann Heinrich: Compendium Logicae Aristotelicae: Pro faciliori memoriâ & Repetitione Hofmann, (ohne Ortsangabe) 1688, Digitalisat (e-book).

Warlich, Bernd: Artikel »Burkard von Goltacker« und »Joachim von Waldow«, in: Der dreißigjährige Krieg in Selbstzeugnissen, Chroniken, Berichten. Digitale Datenbank www.30jaehrigerkrieg.de, Zugriff August 2018.

Weichenhan, Susanne: Ein Gesangbuch zwischen den Fronten – die »PRAXIS PIETATIS MELICA« 1660 in Stettin, in: »Wach auf, mein Herz, und singe«, Paul Gerhardts Lieder im Ostseeraum. Beiträge der Paul-Gerhardt-Gesellschaft Nr. 11, hrsg. von Winfried Böttler, Berlin 2020, 39–44.

v. Wilpert, Gero: Sachwörterbuch der Literatur, Kröner Stuttgart 1969.

Zimmermann, Albrecht: Logik I, TRE Band 21, Walter de Gruyter, Berlin New York 1991, 423–427.

Kirchenbücher im Evangelischen Landeskirchlichen Archiv in Berlin (ELAB):
Taufbuch St. Nicolai-Kirche Berlin Jahrgänge 1626–1639 und 1640–1649.
Tauf- und Bestattungsbuch Zossen Dreifaltigkeit, 1641–1711.

Paul Gerhardt in Berliner reformierten Gesangbüchern

Konrad Klek

Inwieweit Paul Gerhardts Lieder in den reformierten Berliner Gesangbüchern seiner Zeit Berücksichtigung fanden, ist interessant im Blick auf die kirchenpolitische Gemengelage in der preußischen Hauptstadt, der zu Folge Gerhardt als nicht kompromissbereiter Lutheraner 1667 auf sein Pfarramt an der Nikolaikirche verzichtete und Berlin im Jahr 1668 schließlich verließ.[1] Sind seine Lieder mit ihrer geistlichen Botschaft über die Niederungen der Kirchenpolitik erhaben?

Eigene Forschungen zu den fraglichen Gesangbüchern liegen den folgenden Ausführungen nur wenige zu Grunde. Überwiegend wird die greifbare Forschungsliteratur vergangener Zeiten konsultiert mit der konkreten Fragestellung nach der Aufnahme von Paul Gerhardt-Liedern.

1. Forschungslage

Im 19. Jahrhundert erlebte die Hymnologie eine Hochblüte. Der Kahlschlag der Aufklärungszeit am alten Liedgut motivierte als Gegenreaktion eine sehr gründliche hymnologische Quellenforschung mit bis heute gültigen Enzyklopädien. Zu den einschlägigen, wegen ihrer umfänglichen

---

[1] Siehe zum gesamten Komplex des »Berliner Kirchenkampfs« infolge der von Kurfürst Friedrich Wilhelm (1620–1688) erlassenen Toleranzedikte die Arbeit von Arnold Niemann, Paul Gerhardt ohne Legende. Untersuchungen zum gesellschaftlichen Umfeld Paul Gerhardts, Göttingen 2009, hier ab 175.

Quellenpräsentationen »großen« Namen Philipp Wackernagel (1800–1877)[2] und Johannes Zahn (1817–1895)[3] wäre auch der Berliner Pfarrer und Konsistorialrat Johann Friedrich Bachmann (1799–1876) zu zählen. Dienstlich mit einer Revision des sogenannten Porstschen Gesangbuchs (1709 ff.) befasst, hat er alle ihm verfügbaren älteren Berliner Gesangbücher durchgearbeitet und eine stattliche Publikation mit über 300 Seiten daraus gemacht, die 1856 in Berlin erschien. Der Titel lautet bescheiden: *Zur Geschichte der Berliner Gesangbücher. Ein hymnologischer Beitrag.*[4]

Wie bei den »Größen« Wackernagel und Zahn kann es keine Bedenken geben, sich auf Bachmanns Quellenpräsentation zu verlassen. Jedoch ist seine Quellenlage defizitär, da er von der *Praxis pietatis melica* (PPM) zur Zeit der Abfassung seines »Beitrags« erst die Ausgabe von 1656 kennt. Von den Johann Crüger-Editionen zuvor stehen ihm zwar das *Newe vollkömliche Gesangbuch* von 1640 und die *Kirchen=Melodien* von 1649 zur Verfügung, aber eben keine der PPM-Editionen, auf welche sich die Tonsätze der *Kirchenmelodien* beziehen. So zieht Bachmann aus seiner Quellenkenntnis in verschiedener Hinsicht Schlüsse, die heute aufgrund der verbesserten Quellenlage nicht übernommen werden können. Der Wert des Buches bis heute liegt aber in der hinsichtlich der Liedtitel vollständigen Erschließung zahlreicher Gesangbuchquellen, namentlich eben Berliner reformierter Gesangbücher, die teilweise heute nicht mehr greifbar sind. Einige Jahre später hatte Bachmann für einen Paul Gerhardt-Vortrag dann Zugriff auf ein Exemplar der PPM von 1647 – er meint 1648.

---

[2] Philipp Wackernagel, Das deutsche Kirchenlied von der ältesten Zeit bis zu Anfang des XVII. Jahrhunderts. 5 Bände, Leipzig 1864–1877.

[3] Die Melodien der deutschen evangelischen Kirchenlieder, aus den Quellen geschöpft und mitgeteilt von Johannes Zahn (6 Bände), Gütersloh 1889–1893.

[4] Das Werk ist in einem Nachdruck aus dem Jahr 1970 bei Olms, Hildesheim, sowie als Scan verfügbar: https://www.digitale-sammlungen.de/de/view/bsb10589573?page=5. Der Hinweis auf Bachmanns Revisionsarbeit am Porst hier im Vorwort V./ Scan 9.

In der Druckfassung des Vortrags 1863 präsentierte er die 18 Gerhardt-Lieder dort im Originaltext.[5] Da diese erste PPM-Edition seit 1945 nicht mehr verfügbar ist, kommt dieser Bachmann-Publikation Quellenstatus zu. Im Jahr 1866 brachte Bachmann schließlich sogar die erste historisch-kritische Gesamtausgabe der Paul Gerhardt-Lieder heraus.[6] Dieser respektable Paul Gerhardt-Forscher aus dem 19. Jahrhundert sollte nicht vergessen werden!

Zur Geschichte der reformierten Gesangbücher des Berliner Kantors Johann Crüger ist einer der Beiträge zur Crüger-Forschung tituliert, welche Elisabeth Fischer-Krückeberg um 1930 in verschiedenen Zeitschriften publizierte. Hier steht die Fragestellung im Vordergrund, inwieweit der lutherische Nikolaikirchenkantor Crüger in die Belange des reformierten Hofgottesdienstes, seiner Musik und seines Liedgutes involviert war. Im Fokus steht so primär Crügers sogenanntes Doppelgesangbuch für den Hof 1657/58 (s. u.).[7]

Der Beitrag *Zur Geschichte des Berliner Gesangbuchs* von Walter Delius im *Jahrbuch der Kirchlichen Hochschule Berlin* 1963[8] referiert bezüglich der voraufklärerischen Zeit in lediglich groben Zügen, was bereits bei Bachmann festgehalten ist.

---

[5] Johann Friedrich Bachmann, Paul Gerhardt. Ein Vortrag im Evangelischen Verein für kirchliche Zwecke gehalten. Nebst einem Anhange über die ersten Ausgaben der Praxis Pietatis Melica von Johann Crüger sammt 18 darin enthaltenen Liedern P. Gerhardts, Berlin 1863. S. den Scan: https://www.digitale-sammlungen.de/de/view/bsb10592988?page=3. Hier 39/ Scan 43 die Hypothese, dass das ohne Titelblatt überlieferte Buch die Edition von 1648 sein müsse.

[6] Johann Friedrich Bachmann, Paulus Gerhardts geistliche Lieder. Historisch-kritische Ausgabe, Berlin 1866.

[7] Elisabeth Fischer-Krückeberg, Zur Geschichte der reformierten Gesangbücher des Berliner Kantors Johann Crüger, in: Jahrbuch für Brandenburgische Kirchengeschichte 25, 1930, 156–180.

[8] Walter Delius, Zur Geschichte des Berliner Gesangbuchs, in: THEOLOGIA VIATORUM IX, 1963, 5–47.

Einen kurzen, aber präzisen Überblick über die Geschichte namentlich der reformierten Berliner Gesangbücher steuerte Ilsabe Seibt 2001 zum Züricher Band *Der Genfer Psalter – eine Entdeckungsreise* bei.[9] Zum Liedbestand der einzelnen Buchtitel gibt es hier aber keine näheren Angaben.

Jüngst hat nun auch Bernhard Schmidt in seinem Beitrag zum Jubiläumsband *Crüger 1622* das Doppelgesangbuch PSALMODIA SACRA 1657/58 vorgestellt und neu bewertet.[10]

2. Das »Louisen-Gesangbuch« 1653

Das erste von Bachmann präsentierte »reformierte« Gesangbuch führt als Titel[11]:

D. M. Luthers / Und anderer vornehmen geistreichen und / gelehrten Männer / Geistliche Lieder / und Psalmen. / Auff sonderbarem / Ihrer Churfrüstl. Durchlaucht. / zu Brandenburg, / Meiner gnädigsten Churfürstin und Frauen / Gnädigstem Befehl, / Zur Erweckung mehrer Andacht / bey frommen Herzten / zusammen getragen. / Darin die fremde und zum Theil annoch / unbekandte Lieder, mit ihren nothwendigen / Melodien versehen. // Zu Berlin, / Gedruckt und verleget von Christoff Runge, / Im 1653 Jahre.

---

[9] Ilsabe Seibt, Reformierte Gesangbücher in Berlin, in: Peter Ernst Bernoulli / Frieder Furler (Hg.), Der Genfer Psalter – eine Entdeckungsreise, Zürich 2001, ²2005, 99–110. Im Internet ist die 2. Auflage zugänglich: https://books.google.de/books?printsec=frontcover&id=KvgVbxetWxkC#v=onepage&q&f=false.

[10] Johann Crügers PSALMODIA SACRA (1657/58): ein Doppelgesangbuch für den reformierten Berliner Hof, in: Albrecht Henkys / Hans-Otto Korth / Wolfgang Miersemann (Hg.), Crüger 1622. Ein Berliner Kantor schreibt Musikgeschichte, Beeskow 2022, 207–224.

[11] Nach Bachmann, Geschichte (wie Anm. 4), 31. Vgl. zu diesem Gesangbuch Seibt, Reformierte Gesangbücher (wie Anm. 9), 100 f. Auch dieses Gesangbuch ist heute laut Verzeichnis VD17 nicht mehr verfügbar.

Dies ist eine bemerkenswerte Gesangbuchedition darin, dass den Auftrag dazu die »durch tiefe Frömmigkeit ausgezeichnete«[12] Kurfürstin Louise Henriette (1627–1667) persönlich erteilte. Als Oranierin gehörte sie von Kindheit an dem reformierten Bekenntnis an. Aus der bei Bachmann abgedruckten Widmung[13] geht hervor, dass der Verleger Christoph Runge (1619–1681), dessen Druckerei bekanntlich auch die Berliner Ausgaben der PPM besorgte, bereits im Jahr 1651 den Auftrag erhielt und dann wohl nochmals ermahnt werden musste, um 1653 endlich zu Potte zu kommen. Der Name Johann Crügers fällt in der Titulatur nicht, weshalb man seit der Arbeit von Bachmann dieses Gesangbuch »der Runge« nennt. Heute würde man eher »Louisen-Gesangbuch« sagen. Runge, gut 20 Jahre jünger als Crüger, brachte nach dessen Tod 1662 bis zu seinem eigenen Ableben 1681 nicht weniger als 11 weitere PPM-Editionen heraus.[14] Bachmann betont das Crüger ebenbürtige Engagement Runges für die Sache des Kirchenliedes, wozu auch 50 selbst gedichtete Lieder gehören.[15]

In diesem Gesangbuch sollen vier Gesänge aus der Feder der Kurfürstin Louise stammen, die sie nachgereicht hat, als das Projekt bereits im Gange war[16]. Es handelt sich wohl eher um Lieblingslieder aus ihrer eigenen häuslichen Praxis, für die als Autor ihr Hofmeister Otto von Schwerin (1616–1679) in Frage kommt, wie bei *Jesus, meine Zuversicht* im EG 526 vermerkt ist.[17] Die ausführliche Widmungsvorrede, bei Bach-

---

[12] Bachmann, ebd.
[13] Ebd., 32–34.
[14] Hans-Otto Korth / Wolfgang Miersemann, Johann Crüger. PRAXIS PIETATIS MELICA. Edition und Dokumentation der Werkgeschichte, Band I/2 Apparat, Halle 2015, 62.
[15] Bachmann, ebd., 30, Fußnote 3.
[16] Laut Widmungsvorrede, ebd., 33
[17] Vgl. Seibt (wie Anm. 9), 109, Fußnote 9 und die Kommentierung von EG 526 durch Lukas Lorbeer in der Liederkunde zum EG, Heft 26, Göttingen 2020, 90–94.

mann vollständig wiedergegeben,[18] überschlägt sich im Herrscherinnenlob, was als genus- wie zeittypisch gelten kann. Zur Frömmigkeit der Fürstin betont Runge, dass sie sich selbst und namentlich auch ihren Gatten darauf verpflichte, dem Fürstenspiegel von Psalm 101 gemäß das Land zu führen und so »den Frommen eine veste Burg und getreue Fürsteherin« sei.

> »Fürnemlich aber, daß E. Churfl. Durchl. ein so andachtreiches Gottfürchtiges Leben führen, daß sie die Welt in der Welt schon verlassen zu haben scheinen, indem Sie die Christliche Vbung wahrer Gottseligkeit, so wol mit unnachlässiger Besuchung der öffentlichen Predigten, als auch fleissiger Nachlesung andächtiger Bücher und täglichem singen geistlicher Psalmen und Lieder weit höher schätzen, als alle andere irrdische Herrlichkeit, und also allen andern ein schönes Exempel zu guter Nachfolge geben.«[19]

Die tägliche Praxis pietatis der Fürstin wird so präsentiert als Vorbild christlichen Lebens für ihre Untertanen. Inwieweit hier ein spezifisches Plus gegenüber sonstigen zeitgenössischen Texten zum Fürstenlob auszumachen ist, würde eine eigene Expertise erfordern. War Louise Henriette tatsächlich besonders fromm? Es spricht einiges dafür, jedenfalls auch die Tatsache, dass sie selbst an Runge den Auftrag erteilte, wie er schreibt,

> »daß ich die schönen Lutherischen Gesänge zusammen suchen, und dieselbe nebst des Ambrosii Lobwassers Psalmen, Catechismo und täglichen Gebätlein in ein Buch zusammen drucken und herfür geben sollte.«[20]

---

[18] Bachmann, ebd., 32–34.
[19] Ebd., 33.
[20] Ebd.

Wahrscheinlich kam die intendierte Sammelausgabe von Liederbuch, Liedpsalter, Heidelberger Katechismus und Gebeten nicht zustande. Seit 1945 ist kein Exemplar des Gesangbuchs mehr verfügbar, so dass Bachmanns Angaben tatsächlich die einzigen greifbaren Spuren davon sind, auch dies ein Beispiel für den hohen Quellenwert von Bachmanns Publikationen.[21] Jedenfalls führte neben dem Lobwasser-Psalter die Liedsammlung – wie auch später bei *PSALMODIA SACRA* – einen eigenen Titel. Der Terminus »Lutherische Gesänge« im Bericht von der Beauftragung meint zeittypisch die Lieder Luthers und seiner Nachfolger. Im Titel steht denn auch analog und sogar pronociert am Beginn *D. M. Luthers und anderer vornehmen geistreichen und gelehrten Männer…*

Inwiefern ist das demnach überhaupt ein reformiertes Gesangbuch? Diese Frage stellt auch Bachmann. Er verweist auf die Übernahme genuin reformierten Liedguts aus der Reformationszeit mit süddeutschen und Straßburger Autoren, auch auf die signifikante Änderung von Luthers *Vater uns im Himmelreich* in *Unser Vater im Himmelreich*,[22] auf das Fehlen aller lateinischen Gesänge (außer dem deutsch-lateinischen *In dulci jubilo*).[23] Allerdings erklärt er dieses schließlich zum ersten Unionsgesangbuch der Geschichte: »So erhielt denn unsere Stadt hiermit ihr erstes *reformirtes*, oder wohl richtiger *unirtes* Gesangbuch.«[24] In der Widmungsrede hatte Runge ausdrücklich formuliert, dass dieses Gesangbuch alle fälschlichen Vorwürfe zunichtemache,

> »als ob E. Churfl. Durchl. die Evangelische Religion der Lutherischen so sehr hasseten, daß Sie auch weder deren Bekenner, noch ichtwas, so zur selbigen Lehr gehörig, sehen noch weniger gebrauchen möchten.«[25]

---

[21] Vgl. PPM I,2 (wie Anm.14), 451.
[22] Bachmann, ebd., 45. Da im reformierten Bereich das »Vaterunser« stets mit »unser Vater« beginnt, wurde das Lied-Incipit angeglichen.
[23] Ebd., 38.
[24] Ebd., 45, Hervorhebungen original.
[25] Zitiert nach Bachmann, ebd., 33.

Demnach hat wahrhafte reformierte Frömmigkeit keine Berührungsängste gegenüber lutherischer Praxis pietatis, wie sie sich gerade im Liedgut zeigt.

Zu den »Lutherischen Gesängen« gehört also auch Paul Gerhardt. Im Gesamtbestand von 375 Liedern sind 37 Paul Gerhardt-Gesänge zu verzeichnen, also knapp 10 %. Die Zahlen bei anderen zeitgenössischen (lutherischen) Liederdichtern zum Vergleich: Johann Franck 23, Johann Heermann 15, Johann Rist 11.[26] Gerhardt hat also deutlich die meisten Liedtitel, wenngleich proportional nicht so viele wie in der PPM-Edition desselben Jahres, wo 82 von 500, also gut 16 % Paul Gerhardt-Lieder sind. Aber die spezielle Paul-Gerhardt-Push-Edition Johann Crügers kann wohl für kein sonstiges Gesangbuch eine Referenzgröße darstellen. Von 37 Liedern des »Louisen-Gesangbuchs« sind 17 aus der früheren PPM-Edition (1647), 20 sind neu wie in PPM-*Editio V*. Weggelassen ist *O Gott mein Schöpfer, edler Fürst*. Dies ist eine Übertragung des Gebets Sirachs. Die apokryphe Textvorlage könnte ein reformiertes Ausschlusskriterium gewesen sein.

Welche Abhängigkeit zwischen diesem Runge-Gesangbuch und der PPM-Edition im selben Jahr besteht, lässt sich nicht klären. Natürlich stand Runge in engstem Austausch mit Crüger und hatte als Verleger der PPM auch Zugriff auf dessen Paul Gerhardt-Quellen, bevor sie gedruckt vorlagen. Man könnte nun genauer hinschauen, welche von den 64 neuen Paul Gerhardt-Liedern in der PPM 1653 bei Runge nicht auftauchen. Es müssen 64 minus 20, also 44 sein. Daraus Schlüsse zu ziehen wäre allerdings spekulativ, denn wir wissen auch bei Crüger und der PPM nicht genau, was zwischen den Editionen von 1647 und *Editio V*. 1653 beim Paul Gerhardt-Liedbestand vor sich ging. Bei Runge fehlen etwa all die schönen Weihnachtslieder, aber nicht die beiden Adventslieder *Wie soll ich dich empfangen* und *Warum willst du draußen stehen*. Vielleicht hatte er seine

---

[26] Die Liedtitel aus neuerer Zeit sind, nach Autoren sortiert, aufgelistet bei Bachmann, ebd., 40–45.

Weihnachtsrubrik schon fertig, als die neue Lieferung mit den vier bedeutenden Weihnachtsliedern[27] ankam? Oder zeigt sich da doch spezifisch reformierte Reserviertheit gegenüber barocker Jesusmystik? Fungierte der in der Widmung genannte Hofmeister der Kurfürstin, Otto von Schwerin, als Zensor gegenüber dem Lutheraner Runge? Was sollen wir davon halten, dass die Bibelwort-orientierten Klassiker *Befiehl du deine Wege* und *Ist Gott für mich, so trete* fehlen, auch *Sollt ich meinem Gott nicht singen*? Dass *Geh aus mein Herz* trotz – oder gerade wegen der Leidenschaft der Tulipanzüchtung am Berliner Hof[28] nicht drin ist, sei auch noch festgehalten.

Bemerkenswert ist zudem, dass die Rubrizierung des Runge-Gesangbuchs mit der PPM konform geht, zuerst kommen also Morgen- und Abendlieder, tägliche Bußgesänge, dann erst die »Festlieder«, also das Kirchenjahr. Demnach ist es wie PPM seit 1647 intentional ein Gesangbuch für die alltägliche Praxis pietatis. Unterschied zur PPM ist, dass nur die Melodien abgedruckt sind, nicht die Basso continuo-Stimme dazu. Stand demnach Crüger als musikalischer Bearbeiter hier nicht zur Verfügung? Vielleicht waren es auch finanzielle Erwägungen, denn der Notendruck war das Teuerste. Korth und Miersemann haben darauf hingewiesen, dass Runge mit der PPM als Verleger offensichtlich nicht den großen Reibach gemacht hat, im Gegenteil. Er musste für das Überleben seines Betriebs 1654 eine dreijährige Stundung der Schulden erwirken.[29]

---

[27] *Fröhlich soll mein Herze springen / Ich steh an deiner Krippen hier / O Jesu Christ, dein Kripplein ist / Wir singen dir, Immanuel.*

[28] Siehe zum Konnex des Liedes mit den Berliner höfischen Vorlieben Susanne Weihenhan, »... viel schöner ... als Salomonis seyde« – Paul Gerhardt und »die Tulipan«, in: Günter Balders / Winfried Böttler/ Susanne Weichenhan (Hg.), »Doch der ist am besten dran / Der mit Andacht singen kann.« Festschrift der Paul-Gerhardt-Gesellschaft für Christian Bunners (Beiträge der Paul-Gerhardt-Gesellschaft, Band 10), Berlin 2016, 145–196.

[29] PPM I,2 (wie Anm. 14), 64.

Folgeauflagen dieses »Louisen-Gesangbuchs« sind nicht belegt. Die fürstliche Mentorin starb 39-jährig im Juni 1667, also 14 Jahre nach Erscheinen des Gesangbuchs. Wahrscheinlich gab es einfach keinen Markt für dieses spezielle Gesangbuch. Die alltägliche Frömmigkeitspraxis wurde von der kontinuierlich revidierten PPM bedient, für Lutheraner wie Reformierte wohl gleichermaßen. Für die öffentliche Religionsausübung der Reformierten gab es bald das offizielle Hofgesangbuch.

3. Das offizielle Hofgesangbuch 1657/1658 und seine Folgeauflagen

Für dieses mit ungeheuerlichem Arbeitsaufwand vonseiten Johann Crügers wie enormem Geldaufwand seitens des Verlegers Runge 1657 und 1658 realisierte Großprojekt war nun der Kurfürst selbst Auftraggeber als Potentat. Er wird das auch finanziert haben. Bekanntlich handelt es sich einerseits um eine Ausgabe des bei deutschen Reformierten sozusagen kanonischen Lobwasser-Psalters[30], und zwar in der opulenten musikalischen Crüger-Einkleidung mit vierstimmigem Vokalsatz, zwei instrumentalen Oberstimmen und Basso Continuo (weshalb im Titel drei Instrumentalstimmen genannt werden).

---

[30] Das erste eigene reformierte Berliner Gesangbuch war im Jahr 1623, also zehn Jahre nach Übertritt des Kurfürsten Sigismund zur reformierten Konfession, eine Edition des Lobwasser-Psalters mit einem Anhang von 15 »Geistlichen Kirchengesängen«. S. dazu Seibt (wie Anm. 9), 99f. und Bachmann, ebd. 3–5.

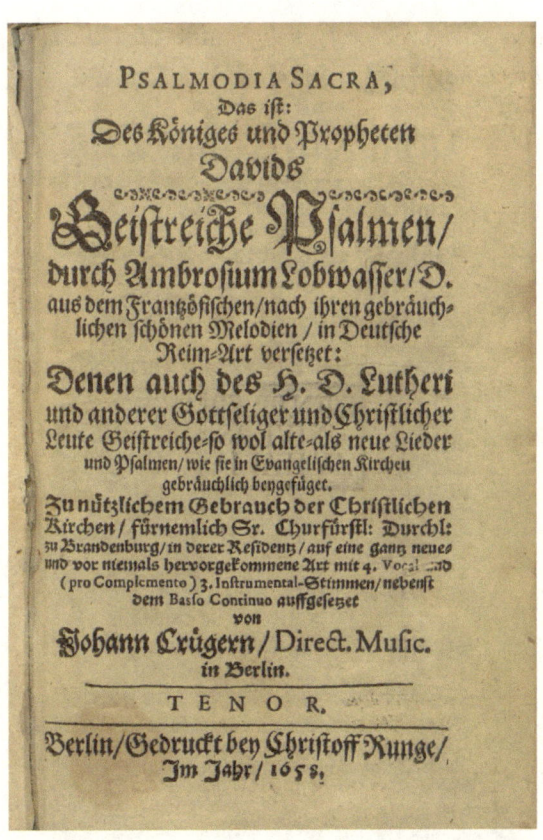

Abb. 1: Titelblatt PSALMODIA SACRA – Ausgabe für Tenor. Für den Gebrauch im Ensemblemusizieren erschien das Gesangbuch in separaten Stimmbüchern.[31]

Andererseits gibt es »beygefüget« dazu ein bereits ein Jahr eher fertig gestelltes Gesangbuch[32] mit eigener Titulatur, die dem »Louisen-Gesangbuch« ähnlich ist:

---

[31] Download über: https://digitale.bibliothek.uni-halle.de/vd17/content/pageview/14306986.
[32] Fischer-Krückeberg, Geschichte (wie Anm. 7) 172f., vermutet, dass die Anweisung des Potentaten, ein eigenes musikalisch opulentes Hofgesangbuch zu erstellen, Crüger dazu brachte, musikalisches Material, das er für eine

D. M. Luthers wie auch anderer gottseligen und Christlichen Leute Geistliche Lieder und Psalmen.

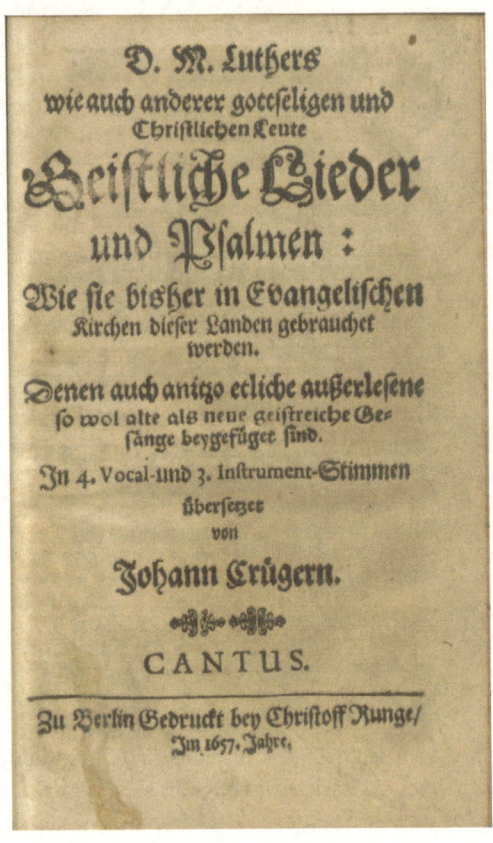

Abb. 2: Titelblatt Geistliche Lieder und Psalmen – Stimmheft für Sopran.[33]

Neuauflage der *Evangelischen Kirchen=Melodien* (1649) als »Choralbuch« zur PPM bereits vorliegen hatte, umzupolen für den kurfürstlichen Auftrag, während er die Psalmlied-Vertonungen erst noch komponieren musste. Dies wäre eine Erklärung für das frühere Erscheinen der PPM-ähnlichen Gesangbuch-Publikation. Seibt (wie Anm. 9), 91 stellt dies in Frage.

[33] Download über: https://digital.staatsbibliothek-berlin.de/werkansicht?PPN=PPN770766684&view=picture-download.

Die musikalische Aufmachung ist hier dieselbe wie beim Lobwasser-Psalter, allerdings haben nur 185[34] von 319 Liedern eine eigene Bearbeitung und beileibe nicht alle sind sechsstimmig. Ansonsten gibt es Melodie-Verweise, wie das auch bei den PPM-Editionen in eher noch höherem Ausmaß üblich ist. Spezialität sind hier ein Dutzend – im Titel nicht eigens aufgeführte – solenne Liedsätze mit vier- oder gar fünfstimmigem Posaunensatz zum Vokalsatz hinzu, sechs davon zu Lutherliedern, einer immerhin zum Osterlied Paul Gerhardts *Sei fröhlich alles weit und breit*.[35] Schließlich folgt in diesem Gesangbuchkomplex noch ein reiner Textteil, wie man das heute nennt, mit dem Heidelberger Katechismus und der Ordnung der Abendmahlsfeier im Berliner Dom.

In Fachkreisen ist heute die Rede vom »Doppelgesangbuch« üblich. Bachmann nennt einen Haupttitel über beiden »Nebentiteln«:

Psalmen Davids / Ambrosii Lobwassers / Nebst des H. Lütheri und / anderer Gottseliger Männer / Geistreichen Liedern und / Psalmen mit beygefügten / derer beyderseits schönen / Melodeyen / Berlin / 1658 / bei Christoff Rüngen[36]

An den über das Verzeichnis VD17 heute zugänglichen Exemplaren lässt sich dieser Haupttitel nicht verifizieren. Elisabeth Fischer-Krückeberg benutzte *PSALMODIA SACRA* als Haupttitel dezidiert für beide Gesangbuch-

---

[34] Die Zahl 185 nennt Bachmann (ebd. 67), Fischer-Krückeberg schreibt davon abweichend von 184 Melodien (ebd. 177). Der Befund in der Neuedition von Holger Eichhorn und Martin Lubenow, Crüger Concert Choräle, Band II, Germersheim 2014, bestätigt Bachmann.

[35] Die Lutherlieder im Posaunensatz: *Ach Gott vom Himmel sieh darein / Ein feste Burg ist unser Gott / Es spricht der Unweisen Mund wohl / Gott der Vater wohn uns bei / Komm Heilger Geist, Herre Gott / Wo Gott der Herr nicht bei uns hält*; dazuhin als Gesänge anderer Herkunft: *Allein Gott in der Höh sei Ehr / Erbarm dich mein, o Herre Gott / Heut triumphieret Gottes Sohn / In dich hab ich gehoffet, Herr / Nun lob, mein Seel, den Herren*.

[36] Bachmann, ebd., 63.

teile, ebenso in jüngerer Zeit Ilsabe Seibt und Bernhard Schmidt sowie Irmgard Scheitler in ihrem Beitrag zu diesem Band. Holger Eichhorn hat in der Vorrede zu seiner Edition der *Geistlichen Lieder und Psalmen* die Rede vom Doppelgesangbuch entschieden in Frage gestellt.[37] Er meint sogar, vieles spreche dafür, dass nur die Lobwasser-Vertonungen für den reformierten Dom, die *Geistlichen Lieder* aber für die Nikolaikirche bestimmt gewesen seien. Das ist sicher ein Irrtum. Auch wenn der von Bachmann genannte Haupttitel von 1658 nicht mehr überprüfbar ist, taucht ein solcher in einer Folgeauflage von 1700 wieder auf[38]:

... *Des Königs und Propheten / Davids / Psalmen / Nach Französischen Melodien / in Deutsche reime gebracht / durch D. Ambrosium Lobwasser, /nebest/ Einem vollständigen / Gesangbuch* ...

Mit »nebst« ebenso wie vormals mit »beygefüget« wird das konstitutive Miteinander von Lobwasserpsalter und »vollständigem Gesangbuch« angezeigt. In dieser Doppelung muss es sich um das Kirchengesangbuch des Domes gehandelt haben. Und das ist nicht in unionistischem Sinne reformiert-lutherisch, sondern repräsentiert den seit Ende des 16. Jahrhunderts an verschiedenen Orten in Deutschland nachweisbaren, reformierten Gesangbuchtyp »Lobwasser plus X«.[39] Weniger auffallend als die auch bei den Reformierten übliche, prominente Nennung Luthers ist die Formulierung »wie sie in Evangelischen Kirchen gebräuchlich«. Das meint durchaus die lutherischen Kirchen in brandenburgischen Landen. Offensichtlich ging es hier nicht um reformierte Abgrenzung des Domes gegenüber dem lutherischen Land, sondern gerade ums Gegenteil: Indem die Hofkirche auch die Lieder des Landes singt, wird sie ihrem Anspruch als Kirche des Landesherrn gerecht.

---

[37] Eichhorn/ Lubenow (wie Anm. 34), 15 f.
[38] Bachmann, ebd., 79, über die heute zugänglichen Bestände ebenfalls nicht mehr verifizierbar.
[39] Vgl. dazu den Beitrag von I. Scheitler in diesem Band.

Erwähnt sei noch, dass die Anordnung der Lieder die Konzeption von PPM und Louisen-Gb verlässt und nun mit den Festliedern beginnt. Darauf folgen Katechismus, Lehre/ Buße/ Trost- und Betlieder, dann erst die zuvor erstplatzierten Morgen- und Abendlieder vor den Sterbeliedern am Ende. Dies ist die strukturelle Logik eines Kirchengesangbuches für den öffentlichen Gottesdienst, wie es dann auch im 20. Jahrhundert beim *Evangelischen Kirchengesangbuch* (EKG 1950 ff.) wieder umgesetzt wurde.

Die erste Neuauflage von 1676 ist laut Bachmann im Lied- und Textbestand fast identisch,[40] drei Lieder sind in einem Anhang ergänzt, darunter Gerhardts »Christliches Freudenlied« *Warum sollt ich mich den grämen*. Sehr bemerkenswert ist, dass ab 1700 der Liedbestand sukzessive und reformiert signifikant reduziert wird, von 319/322 über 260 Titel im Jahre 1700 auf nur noch 133 vier Jahre später, 1704. Während alle anderen Gesangbücher um diese Zeit explodieren – der pietistische Dichter-Eifer macht sich bemerkbar –, wird hier entschieden zurückgefahren auf einen Lied-Kernbestand. Das kann nur die Strategie eines hoch offiziellen Kirchengesangbuchs sein, das zur Identitätssicherung das Wesentliche profilieren will.

In Sachen Paul Gerhardt-Liedbestand ist zu den verschiedenen Editionen dieses Hofgesangbuches folgendes festzuhalten:

1657 – Mit 31 Paul Gerhardt-Titeln in *Geistliche Lieder und Psalmen* bei einem Liedbestand von 319 ist die Quote mit knapp 10 % analog der im »Louisen-Gesangbuch«. Diesem gegenüber fehlen 13 Gerhardt-Titel, darunter einige »so treffliche Trostlieder«, wie Bachmann sich wun-

---

[40] Die folgenden Ausgaben von 1676, 1700 und 1704 referiert Bachmann in § 9, ebd., 77–86. Bei der Ausgabe von 1676 ist in der VD-Dokumentation nur noch der Lobwasser-Psalter greifbar. Zur Edition von 1700 gibt es keine Einträge, die Edition von 1704 (nur *Geistliche Psalmen und Lieder*) ist in der Württembergischen Landesbibliothek nachgewiesen und als Scan einsehbar: https://digital.wlb-stuttgart.de/index.php?id=6&tx_dlf%5Bid%5D=102729 &tx_dlf%5Bpage%5D=1

dert.[41] Sieben Gerhardt-Lieder kommen allerdings neu dazu, darunter die Weihnachtslieder *Fröhlich soll mein Herze springen* und *O Jesu Christ, dein Kripplein ist*. Neben dem Bußlied zu Hosea 11 *Was soll ich doch, o Ephraim*, sind es drei Festlieder und drei Danklieder. Ob dies eine spezifisch reformierte Rezeptionstendenz anzeigt oder eher der Funktion Kirchengesangbuch im Unterschied zum häuslichen Andachtsbuch geschuldet ist, wäre zu diskutieren. Bei den sonstigen Lied-Neuaufnahmen zeigt sich eine starke Berücksichtigung der Böhmischen Brüder und auch süddeutscher, also reformierter Liedautoren. Übrigens hat Crüger zu diesen (sonstigen) »neuen Liedern« durchweg nur vierstimmige Sätze ohne Instrumentalstimmen geliefert, wenn es nicht einen Melodieverweis zu einem anderen Titel gibt. Man kann darüber räsonieren, ob das eine Wertung impliziert oder schlicht der Tatsache geschuldet ist, dass ein vierstimmiger Satz schneller komponiert ist als ein sechsstimmiger. Das Michael Weiße zugeschriebene Pfingstlied *Als Jesus Christus Gottes Sohn* ist jedenfalls sechsstimmig vertreten, da es bereits seit 1640 bei Crüger im Gesangbuchgeschäft präsent und schon 1649 mit einem Satz à 6 bedacht war. Dasselbe ist bei *Weltlich Ehr und zeitlich Gut* von M. Weiße zu konstatieren.

Interessant wird es mit der Reduzierung des Liedbestandes im Jahr 1700 um 62 Nummern. Allerdings wird nicht nur gestrichen, sondern auch ausgetauscht. Das Gesangbuch erhält also ein neues Gesamtprofil. Paul Gerhardt gehört dabei zu den Gewinnern, denn 11 Streichungen stehen 14 Neuaufnahmen gegenüber. Offensichtlich opferte man unter dem Platzdiktat (nur noch 260 Lieder insgesamt) namentlich Gerhardts Psalmlieder, denn dafür gab es ja den Lobwasser-Psalter.[42] Allerdings verschwanden auch die beiden oben genannten Weihnachtslieder wieder.

---

[41] Bachmann, ebd., 71.
[42] Der weitgehende Verzicht auf Gerhardts Psalmlieder bleibt bestehen auch in den Folgeausgaben. Vgl. die Auflistung im Anhang zu diesem Beitrag: Von acht Liedtiteln, die 1736 gegenüber 1657 fehlen, sind fünf Psalmlieder.

Unter den Neuaufnahmen sind heutige Klassiker wie *Befiehl du deine Wege* und *Sollt ich meinem Gott nicht singen*, aber auch zwei Gesänge aus dem in reformierter Sichtweise doch wohl eher problematischen Passions-Salve, außerdem das Lied zu den Sieben Worten Jesu am Kreuz und die große Jesaja 53-Paraphrase. Man müsste detaillierter und genauer auf sämtliche Änderungen im Liedbestand schauen, wenn man hier eine theologische Tendenz namhaft machen wollte. Im Vorwort von Daniel Ernst Jablonski, seit 1693 Berliner Hofprediger, heißt es dazu lapidar: »Über diesem sind auch im Gesangbuch die unbekandte und nicht gebräuchliche Gesänge ausgelassen, hergegen die bekandte und gewöhnliche hinein gerücket und alles zur Bequemlichkeit und Förderung Christlicher Andacht mit Fleiß eingerichtet worden.«[43]

Als Verlegerin(!) ist hier »David Salfelds wittwe« angegeben. Das ist derselbe Betrieb wie zuvor, denn sie ist die dritte Frau von Christoph Runge. Nach dessen Tod heiratete sie einen Herrn Saalfeld und nach dessen baldigem Ableben führte sie selber die Druckerei weiter.

Die schon vier Jahre später bei einem anderen Verleger, Johann Christian Reischel, bewerkstelligte Neuedition wird von Bachmann ziemlich knapp behandelt. Wahrscheinlich konnte er sich keinen Reim darauf machen. Die Titulatur suggeriert Fortsetzung des bisherigen inklusive des Hinweises im zweiten Nebentitel »und mit vielen schönen neuen Gesängen vermehret.«[44] Dabei trifft gerade dies nicht zu. Der Liedbestand wird vielmehr von 260 auf 133 geradezu halbiert. Defizitär gegenüber Hymnologen-Ansprüchen ist das Fehlen jeglicher Noten, der Verzicht auf Nummerierung und auf die (zudem nur teilweise) Angabe der Liedautoren lediglich mit ihren Initialen.[45] Das Bachmann vorliegende Exemplar enthält als Vorrede eine große Lehr-Abhandlung, verfasst wiederum von

---

[43] Zitiert bei Bachmann, ebd., 80.
[44] Wiedergegeben bei Bachmann, ebd., 85.
[45] »D.M.L.« – »Doktor Martin Luther« ist allerdings ziemlich konsequent angegeben!

Domprediger Jablonski, über das Singen in der Kirche von Anfang an, worauf sich die reformierte Praxis beziehe.[46] Den Schluss-Paragraphen (11.) zitiert Bachmann vollständig. Jablonski begründet da mit Berufung auf Paulus (Kol 3,16) das Singen von Psalmen im Medium Psalmlied, von neutestamentlichen Lobgesängen und von Geistlichen Liedern »in welchen sie [die Reformierte Kirche] die Geheimnisse unsers Christenthums deutlicher, als es im Alten Testament geschehen, besinget und dafür Gott preiset, auch sonst in ihrem christlichen Lauf sich ermuntert, erbauet und tröstet.«[47] Er verweist dann ausführlich auf die Abendmahls-Agende, die sozusagen als Gesetzestext das Singen ganz bestimmter geistlicher Lieder und eben nicht nur der Psalmlieder vorschreibe. Am Ende benennt er explizit das reformierte Spezifikum:

»Wiewol dabei auch die Reformirte Kirche in dem Liedersingen gewisse Ordnung und Maaß zu halten begehret: nemlich, daß die Psalmen nicht hintan gesetzet werden, daß die Lieder aus der H. Schrift genommen und mit derselben Worten möglichst ausgedrücket werden, daß alle affectirte, allzukünstliche oder weltliche, auch verlegene und unverständliche Red= Arten vermieden werden, daß also die Kirche nicht mit allzuviel Liedern obscurer Autoren beladen werde und darinnen öffentlich nichts gesungen werde, als was von der ganzen Kirchen und der höchsten Obrigkeit des Landes approbiret worden, weshalb noch ein und anderes zu gemeiner Erbauung einzurichten wäre.«[48]

»Ordnung und Maaß halten« – dieses 133-Lieder-Gesangbuch ist evident als Regulierungsmaßnahme der kirchlichen Obrigkeit gegenüber der zeitgenössischen Liederflut, sei sie herkömmlicher barocker Erbauungskultur oder jüngerer pietistischer Frömmigkeit verpflichtet. Entscheidend ist so-

---

[46] Das als Scan verfügbare Exemplar (s. Anm. 40) enthält diese Vorrede nicht.
[47] Bachmann, ebd., 85.
[48] Bachmann, ebd., 86.

zusagen die Unberührtheit von dem allem im »öffentlichen« Singen des Gottesdienstes, das der strengen »Approbation« durch die kirchenleitenden Organe bedarf. In solcher Logik hat Altes und dadurch Bewährtes stets Vorrang.

Zieht man die hier nach den Festliedern in einer eigenen Rubrik versammelten 18 überwiegend älteren Psalmlieder[49] noch ab, verbleiben nur 115 Nummern für »Geistliche Lieder«. Dass bei dem großen Übergewicht älterer Lieder, namentlich fast alle Liedtitel von Luther(!), immerhin noch sechs Paul Gerhardt-Lieder darunter sind, kann schon fast erstaunen: zum Kirchenjahr *O Welt, sieh hier dein Leben* (Passion) und *Auf, auf mein Herz, mit Freuden* (Ostern); zum Grundbestand der Morgen- und Abendgesänge (die fünfte Rubrik) gehören bereits *Wach auf, mein Herz und singe* und *Nun ruhen alle Wälder*. In die gestrenge Rubriken-»Ordnung« des Buches passen 11 Titel nicht, die im »Anhang etlicher Trost=Lieder« Unterschlupf finden, weil man auf sie wohl doch nicht verzichten will. Darunter sind von Gerhardt *Ich weiß, mein Gott, dass all mein Tun* und *Sollt ich meinem Gott nicht singen* (letzteres eingerahmt von *Nun danket alle Gott* und *Liebster Jesu, wir sind hier*). Wenn es eines Beweises bedarf, dass Paul Gerhardt im Jahre 1704 in den Augen der Berliner reformierten Hofgeistlichkeit bereits kanonisch geworden ist, dann kann dieser wenn auch quantitativ bescheidene Befund durchaus dafür herhalten.

4. »Neu-vermehrtes«

Erstaunlich ist, dass nur wenige Jahre später ein »Neu=vermehrtes Gesang=Büchlein« erscheint, eindeutig das Nachfolgegesangbuch mit Lobwasserpsalter vorneweg und Heidelberger Katechismus angehängt. Jetzt

---

[49] Dass Gerhardt bei den Psalmliedern auch vertreten sei, wie Bachmann behauptet (86), trifft nicht zu.

wieder im Nachfolgeverlag von Runge, bzw. seiner Witwe, Johann Lorentz. Bachmann[50] hat ein Exemplar von 1711 zur Verfügung. Das Vorwort darin ist aber schon auf 1. März 1707 datiert.[51] Tatsächlich »neu=vermehrt« führt es im Stammteil 204 Lieder. Bei dem 1711er-Exemplar gibt es noch zwei Anhänge mit insgesamt 41 weiteren Liedern, zunächst »Anhang Etlicher Hußischen und Neandrischen, auch anderer Gottesgelehrter Männer Lieder«, dann »Neandrische und anderer Gottesgelehrter Männer Lieder«. Der aktuelle Shootingstar bei den Reformierten heißt also »Neander«. Seit dem Erscheinen von Joachim Neanders *Bundes=Lieder und Danck=Psalmen* 1680 sind etwa 30 Jahre vergangen. Das reformierte Berlin kann sich diesem Sog aus dem reformiert-pietistischen Rheinland und Bremen nicht verschließen. Im Stammteil sind von Paul Gerhardt nun 19 Lieder,[52] also immerhin wieder knapp 10% und damit deutlich mehr als in der Edition von 1704. Übrigens gibt es hier noch einen neuen Paul Gerhardt-Titel aus der Ebeling-Edition von 1666/67: *Ich weiß, dass mein Erlöser lebt*, bereits im Wortlaut des Inzipit als Bibelwort-bezogen kenntlich (Hiob 19,25).

Zur nächsten, »neu=vermehrten« Gesangbuchedition mit nun schon 350 Liednummern kommt es 25 Jahre später, 1736. Bachmann[53] hat die Akten aus den Verhandlungen im Vorfeld einsehen können und zitiert die gemachten Vorgaben: Anschluss an den Bestand des vorhandenen Gesangbuches, »unnöthige Gesänge« weglassen, »dagegen andere erbauliche aus dem Lemgoischen, Bremischen und hiesigen Berlinischen, so in den evangelisch-lutherischen Kirchen gebräuchlich, doch nicht in zu großer Menge, hinzugethan«. Das aktuelle lutherische Liedgut ist also

---

[50] S. die Ausführungen bei Bachmann, ebd., 191–195.
[51] Im VD18-Verzeichnis gibt es heute keine Spur mehr zu diesem Gesangbuch.
[52] Aus Bachmanns »Vergleichende Tabelle über die älteren Berliner Gesangbücher« am Buchende, ebd., 261–351, lässt sich der Bestand an Paul Gerhardt-Liedtiteln eruieren.
[53] S. die Ausführungen bei Bachmann, ebd., 195–200. Auch hierzu gibt es im VD18-Verzeichnis keinen Eintrag.

wiederum alles andere als tabu, doch »nicht in zu großer Menge« – und darin durchaus gegenläufig zu aktuellen Vermehrungstendenzen in den lutherischen Kirchen. Der Paul Gerhardt-Liedbestand verzeichnet dabei aber ein deutliches Wachstum. Es entfallen zwar (wieder) *Ich weiß, dass mein Erlöser lebt / Schwing dich auf zu deinem Gott / Wie ist so groß und schwer die Last*, es gibt aber enorme Zuwächse, etwa bei den Weihnachtsliedern, so dass nun 42 Gerhardt-Titel zu verzeichnen sind, also exakt 12 % des Liedbestandes.[54] Von insgesamt 90 neuen Liedtiteln, die bisher noch nicht in Berliner reformierten Gesangbüchern waren, sind sechs Paul Gerhardt-Neuerwerbungen, jetzt im Jahre 1736, also 60 Jahre nach der Werkausgabe Ebelings: *Barmherzger Vater, höchster Gott / Gott Vater, sende deinen Geist / Ich hab oft bei mir selbst bedacht / Ist Gott für mich, so trete* und die beiden Weihnachtslieder *Schaut, schaut, was ist für Wunder dar* und *Wir singen dir, Immanuel*. In diesem Gesangbuch kommt es erstmalig zu Textänderungen bei einzelnen Wendungen, die als nicht akzeptabel betrachtet werden wie Dreifaltigkeit, da in der Bibel nur Dreieinigkeit stehe. Die von Bachmann genannten, wenigen Beispiele betreffen aber kein Gerhardt-Lied.

Damit sei die hymnologische Paul-Gerhardt-Sondierung bei den Berliner Reformierten beendet. Für die Berliner Gesangbuchszene allgemein bestimmend wird nun zunächst »der Porst« (seit 1709), ein dem Pietismus näherstehendes Gesangbuch, das ähnlich der PPM ein Eigenleben unabhängig von kirchenamtlichen Verordnungen gewinnt und bis weit ins 19. Jahrhundert Neuauflagen erfährt.[55] Der aufklärerische Widerpart des »Mylius« (ab 1780)[56], intendiert als für alle lutherischen Gemeinden verbindliches Liederbuch, wird dann 1829 ersetzt durch das *Berliner Gesangbuch*, erarbeitet über einen Zeitraum von neun Jahren von einer

---

[54] S. die Auflistung der Liedtitel im Anhang zu diesem Beitrag.
[55] S. dazu bei Bachmann die § 19, 20, 21, 27. In Vorbereitung ist eine monographische Untersuchung von Jonas Milde zu diesem Gesangbuch.
[56] S. dazu bei Bachmann § 25, 208–217.

hochrangigen Kommission unter Mitwirkung D. Fr. Schleiermachers.[57] Einerseits wird hier versucht, die aufklärerischen Anliegen des *Mylius* mit dem Traditionsbewusstsein des *Porst* hinsichtlich der Liedfassungen zu verbinden, andererseits soll dies das Gesangbuch für die in Preußen jetzt tatsächlich konstituierte Kirchen-Union von Lutheranern und Reformierten sein.[58]

Will man hinsichtlich des Paul Gerhardt-Befundes in reformierten Berliner Gesangbüchern ein Resümee ziehen, ist zunächst festzustellen, dass allgemeine Vorbehalte gegenüber dem sozusagen renitenten Berliner Lutheraner Gerhardt nicht ersichtlich sind. Im Gegenteil, im reformierten Berlin wird Paul Gerhardt deutlich stärker rezipiert als in sonstigen reformierten Landen.[59] Gerhardts Lieder gehören selbstverständlich zum Pool der »Geistlichen Lieder und Psalmen«, aus denen die Berliner Reformierten sich bedienen, selbst im engen Liedkanon von 1704 finden sich sechs Gerhardt-Titel. Danach geht es gerade mit Gerhardt wieder deutlich aufwärts. An seinen Liedern kommen Berliner Reformierte einfach nicht vorbei. Wahrscheinlich war hier die Sogwirkung der *PRAXIS PIETATIS MELICA* einfach zu stark.

> Hinweis: Nach Fertigstellung dieses Beitrags erschien im Jahrbuch für Liturgik und Hymnologie 2023, 119–150, von B.Schmidt das ausführliche Referat über seine Entdeckung eines Nachdrucks des hier »Louisen-Gesangbuch« genannten Werks aus dem Jahr 1880: Bernhard Schmidt, Der neue alte Runge. Zum Nachdruck des verschollenen Runge-Gesangbuchs von 1653. Eine Anzeige.

---

[57] S. dazu bei Bachmann § 26, 218–231.
[58] S. die Monographie zu diesem Gesangbuch von Ilsabe Seibt, Friedrich Schleiermacher und das Berliner Gesangbuch von 1829, Göttingen 1998. B. Schmidt nimmt jüngst am Ende seines Beitrags zu Crügers PSALMODIA SACRA (wie Anm. 10, hier 220–223) dieses Gesangbuch auch noch in den Blick und setzt es als »Unionsgesangbuch« in Relation.
[59] S. dazu den Befund in I. Scheitlers Beitrag zu diesem Band.

Anhang

Paul Gerhardt-Lieder im (letzten) reformierten Berliner Gesangbuch von 1736

Die bereits in den *Geistlichen Liedern und Psalmen* 1657 enthaltenen Titel sind kursiv markiert.

Ach treuer Gott, barmherzigs Herz
Auf, auf, mein Herz, mit Freuden
Auf den Nebel folgt die Sonn
Barmherzger Vater, höchster Gott
Befiehl du deine Wege
Der Herr, der aller Enden (Psalm 23)
Die Zeit ist nunmehr nah
Du bist ein Mensch, das weißt du wohl
Ein Lämmlein geht und trägt die Schuld
Fröhlich soll mein Herze springen
Gott Vater, sende deinen Geist
Ich hab oft bei mir selbst bedacht
Ich hab`s verdient, was will ich doch
Ich singe dir mit Herz und Mund
Ich weiß, mein Gott, dass all mein Tun
Ist Gott für mich, so trete
Lobet den Herren, alle die ihn ehren (fürchten)
Mein Gott, ich habe mir
Nach dir, o Herr, verlanget mich
Nicht so traurig, nicht so sehr
Nun danket all und bringet Ehr
Nun lasst uns gehn und treten
Nun ruhen alle Wälder
O du allersüßte Freude
O Gott, mein Schöpfer, edler Fürst
O Haupt voll Blut und Wunden

O Jesu Christ, dein Kripplein ist
O Welt, sieh hier dein Leben
Schaut, schaut, was ist für Wunder dar
Sei fröhlich, alles, weit und breit
Sei mir tausendmal gegrüßet
Siehe, mein getreuer Knecht
Sollt ich meinem Gott nicht singen
Wach auf, mein Herz, und singe
Warum sollt ich mich denn grämen
Warum willst du draußen stehen
Was Gott gefällt, mein frommes Kind
Wer wohlauf ist und gesund
Wie soll ich dich empfangen
Wir singen dir, Immanuel
Zeuch ein zu deinen Toren
Zweierlei bitt ich von dir

Paul Gerhardt-Lieder in den Geistlichen Liedern und Psalmen (1657), die 1736 nicht mehr aufgenommen sind:

Du, o schönes Weltgebäude
Du, meine Seele, singe (Psalm 146)
Herr, wie lange willst du mich (Psalm 13)
Herr, der du vormals hast dein Land (Psalm 85)
Ich will mit Danken kommen (Psalm 111)
Ist Ephraim nicht mein geliebter Sohn
Was soll ich doch, o Ephraim
Wie der Hirsch in großen Dürsten (Psalm 42)

Paul Gerhardt in reformierten Gesangbüchern zwischen 1660 und 1788

Irmgard Scheitler

Sich mit der Paul Gerhardt-Rezeption im reformierten Gesangbuch zu beschäftigen, heißt, sich auf ein sehr verzweigtes Gebiet zu begeben, und dies trotz der im Folgenden beachteten Beschränkung auf Bücher, deren Kern Ambrosius Lobwassers Version der französischen Psalmen mit den Genfer Melodien (1573) darstellt. Im deutschsprachigen Raum bildeten die reformierten Gesangbücher verschiedene regionale Traditionslinien aus: Heidelberg; Amberg; Neustadt an der Hardt; Nassau-Dillenburg (Herborn); Hanau; Frankfurt a. M.; Marburg; Kassel; Bremen; Duisburg und Niederrhein; Berlin; Bern; Zürich; Basel; St. Gallen, um einige wichtige zu nennen. Hinzu kommen die Drucke von Germantown/ Pennsylvanien und die Amsterdamer Drucke. Seit der völligen Etablierung des »Lobwasser« stellte die Aufnahme weiterer geistlicher Gesänge eine gewisse Nähe zu anderen Ausprägungen der Reformation her. Historisch gesehen sind diese Zusätze aber insofern ganz natürlich, als die reformierte Kirche schon vor 1573 Gesangbücher gebrauchte, diese Lieder also wenigstens teilweise schon vor dem »Lobwasser« da waren.[1] Bezeichnenderweise nennt der Titel des ersten St. Galler Buches, das schon einige Psalmen von Lobwasser enthielt, Martin Luther traditionell an erster Stelle:

Gsangbuch, Darinnen die Psalmen, Lobgesäng und Geistliche Lieder, so in den Christlichen Kirchen unnd Schulen, als zu Zürich, Bern, Basel [...] und anderswo am gebräuchlichsten gesungen werden, durch

---

[1] Vgl. Heinrich Weber, Geschichte des Kirchengesanges in der deutschen reformirten Schweiz seit der Reformation. Mit genauer Beschreibung der Kirchengesangbücher des 16. Jahrhunderts, Zürich: Schultheß 1876.

Dr. Martin Luther, Dr. Ambrosium Lobwasser, unnd andere Gottsgelehrte Männer in teutsche Reynem gestellt. Sampt etlichen angehengten nutzlichen unnd geistreichen Haußgesängen. Nach ihren gewoenlichen Melodeyen zu vir stimmen contrapuncts weiß außgesetzt [...] durch Jacob Altherrn. St. Gallen: Straub 1606.

Für Deutschland bemerkenswert ist etwa die in Frankfurt gedruckte Ausgabe für die reformierten Gebiete der Kurpfalz 1616, bei der zahlreiche evangelische Psalm- und andere Lieder angeschlossen sind und teils sogar Noten bei sich haben.[2] Meistens beschränkt sich, namentlich in Deutschland, die Beigabe von Noten auf Lobwassers Psalmlieder, wobei zumeist nur eine Stimme gedruckt wird, während in der Schweiz sehr oft alle vier Stimmen erscheinen.

1. Das untersuchte Korpus

Im Laufe des 17. Jahrhunderts ist es fast, d. h. nicht vollständig, die Regel, die 150 Psalmen mit anderen, freilich oft sehr wenigen Liedern zu ergänzen. Diese erhalten eine gesonderte Überschrift und beginnen somit eine Art Eigenleben. Es bürgert sich ein, im Separattitel von »gebräuchlichen« Liedern zu schreiben und auf Luther und andere »gottselige Männer« zu verweisen, sodass die Aufnahme zweifach legitimiert ist: durch den Gebrauch dieser Lieder durch rechtgläubige Gemeinden und durch den Verweis auf die heiligmäßigen Urheber. Wegen seines eigenen Titels beginnt der Liedteil eine Art Eigenleben zu führen; merkwürdig ist, dass der Dru-

---

[2] *Psalter und Psalmen Davids, Nach Frantzösischer Melodey in Teutsche Reymen verstendlich und deutlich gebracht, auch eines jeden Psalmens inhalt, und kurtz Gebettlin darauff. Durch Ambrosium Lobwasser, D. Sampt vielen Geistlichen Liedern, Churfürstlicher Pfaltz Catechismo, und besondern Haußgebettlin auff alle tag in der Wochen, Morgens und Abends zu sprechen*, Frankfurt a. M.: Unckel; Neustadt a. d. W.: Starck 1616, 596–817.

cker Widerholdt 1679 für den Psalmenteil Genf, für den Liedteil aber Frankfurt als Druckort angab. Im Unterschied zu den Psalmen, die fast immer Noten bei sich haben, ist die Notenbeigabe bei den Liedern selten.

Von der Schweiz wissen wir, dass die Psalmen durch eine Sonntagsordnung auf das Jahr verteilt wurden.[3] Solche Ordnungen gibt es aber für die »Lieder Luthers und anderer Gottseliger Männer« von reformierter Seite nicht. Ein gewisser Schritt in die Richtung einer Gebrauchsanweisung mag die Rubrizierung des Liedanhangs sein, der wir hin und wieder begegnen. Aber auch diese sagt noch nichts darüber aus, ob die Lieder tatsächlich zum Gottesdienst gesungen wurden, oder ob die Rubriken nur eine Hilfe für den persönlichen Gebrauch darstellten. Belegbar ist die Verwendung von Liedern aus den Liedanhängen durch das Gesangbuch Halle: Schütze 1718, denn es enthält eine Anweisung, wie man die Aufstecktafel zu lesen habe.[4] Dabei werden die Psalmen von den Liedern unterschieden. Die Handhabung scheint verbreitet gewesen zu sein. Bei vielen Büchern verweist auch der Titel auf den Gebrauch in der Kirche. Generell aber wird man annehmen dürfen, dass in Sonderheit neue Lieder in den Anhang zum Zwecke der Privatandacht gesetzt wurden. Nicht selten finden sie sich in einem Anhang zum Anhang. Sie haben keine Noten bei sich, aus denen man sie lernen könnte. Wenn auch eine Melodieangabe fehlt, so wurde entweder vorausgesetzt, dass die Gläubigen die Singweise kannten oder den Text nur lasen.

---

[3] Die reformierte Kirche sah vor, dass auf diese Weise alle Lieder das Jahr über gesungen werden sollten. Andreas Marti, Der Genfer Psalter in den deutschsprachigen Ländern im 16. und 17. Jahrhundert, in: Zwingliana 28 (2001), 45–72, hier 49 f.

[4] *Des Königs und Propheten Davids Psalmen [...] Denen auch beygefüget sind D. Lutheri und anderer Gottesgelehrten Psalmen u. geistl. Lieder, Nebst dem Chur-Pfältzischen Catechismo [...] Auch [...] Gebeten,* Halle: Schütze 1718. Die Anweisung steht auf der Titelrückseite. Sie bezeugt, dass vormittags und nachmittags Psalm und Lied gesungen werden konnten.

Die folgende Darstellung befragt 35 reformierte Gesangbücher zwischen 1660 und 1788 sowie ein Choralbuch hinsichtlich ihrer Aufnahme von Paul Gerhardt-Liedern. Alle diese Textzeugen haben den Vorteil, digital verfügbar zu sein. Berliner Bücher sind nicht berücksichtigt, weil sie im vorliegenden Band eine eigene Darstellung erfahren.[5] Vermutlich stellte die PSALMODIA SACRA (1657 bzw. 1658[6]) die Initialzündung für die Rezeption von Liedern Paul Gerhardts dar. Jedenfalls ergab die Durchsicht der Gesangbücher außerhalb Berlins bis zum Jahr 1660 keine Aufnahmen. Johann Crüger brachte die PSALMODIA SACRA »Zu nützlichem Gebrauch der Christlichen Kirchen, fürnemlich St. Churfürst. Durchl: zu Brandenburg, in deren Residentz« heraus. Das Buch, das den 150 Psalmen eine Kirchenliederauswahl anfügt, versieht auch diese mit Noten, was ungewöhnlich ist. Aufgrund seines reichhaltigen Fundus von 31 Liedern von Paul Gerhardt und der dazu gehörigen neuen Melodien muss es im Folgenden immer wieder als Referenz herangezogen werden.

Nun ist freilich die Zahl von 36 Prüflingen angesichts der 186 Lobwasser-Ausgaben, die Andreas Marti zwischen 1640 und 1700 verzeichnet,[7] nicht geeignet, auch nur annähernd Vollständigkeit zu beanspruchen. Gleichwohl kann vielleicht ein einigermaßen zutreffendes und aufschlussreiches Bild entstehen.

---

[5] S. den vorausgehenden Beitrag von Konrad Klek über die Berliner reformierten Gesangbücher.

[6] PSALMODIA SACRA, Das ist: Des Königes und Propheten Davids Geistreiche Psalmen, durch Ambrosium Lobwasser, D. aus dem Frantzösischen [...] in Deutsche Reim-Art versetzet: [...] Zum nützlichem Gebrauch [...] auffgesetzet [...] Denen auch des H. D. Lutheri und anderer Gottseliger und Christlicher Leute Geistreiche so wol alte als neue Lieder [...] beygefüget, Berlin: Runge 1658 [1657]. S. o. Abb. 1, 133.

[7] Andreas Marti, Der Genfer Psalter (wie Anm. 3), 69–72. Bei dieser Zahl sind freilich auch alle Berliner Drucke mit eingerechnet.

2. Gesangbücher ohne Paul Gerhardt-Lieder

Von den 35 von mir eingesehenen Gesangbüchern enthielt eines gar keinen Liedanhang: *D. Ambrosii Lobwassers Geistliche Psalm. Davids, Wie solche in den Hoch-Fürstl. Anhält. Landen, nach ihrer Ordnung in denen Evangelisch-Reformirten Kirchen gesungen werden, Nebst Der Vorbereitung, Abhandelung des H. Abendmahls, Morgen- und Abend-Gebehte, sammt der Litaney*, Jeßnitz an der Mulde: Klesser 1723.

Elf führten in ihrem Liederteil keine Paul Gerhardt-Lieder auf.

1. *Die Psalmen Davids: Frantzösischer melodey nach in Teutsche reimen gebracht: Durch D. Ambr. Lobwasser. Samt andern gebräuchlichen Psalmen, Fest- Kirchen- und Haußgesängen. Zu vier stimmen außgesetzt, und mit fleiß übersehen*, Zürich: Hamberger 1669 (mit einer Vorrede von Johann Jacob Breitinger).
2. *Transponiertes Psalmen-Buch, Das ist, D: Ambr: Lobwassers Psalmen Davids Samt den Jährlichen Fäst-Gesängen, welche in der Kirchen und Gemeind zu Bärn gebräuchlich zu singen, Also zu zweyen Stimmen aufgesetzt, mit etlich auserleßnen schönen Gebätten in den Druck verfertiget und verlegt, Von Johann-Ulrich Sultzbergern*, Bern: Sultzberger; Kneubüler 1676.
3. *Die Psalmen Davids, Zum Christlichen Gesang, Von Ambrosio Lobwassern, D. übergesetzet. Und Zu mehrer Erbauung in deren dunkelern Orten erkläret Durch Gerhard Meiern [...] Professorn in der obern Schuel zu Bremen. Samt denen gebräuchlichen Kirchen-Gesängen*, Bremen: Brauer 1683.
4. *Psalmen Davids, Nach Frantzösischer Melodeij in Deutschen Reimen gebracht durch D. Ambros. Lobwasser.* [Anhang:] *Neu vermehrtes, Volständiges Gesangbuch, D. Martini Lutheri, Und anderer Gottseliger Lehrer und Männer. Jetzt aufs neu wieder gedruckt, und mit vielen herrlichen Liedern vermehret*, Amsterdam: Nosche 1683.
5. *Die Psalmen Davids, Durch D. Ambrosius Lobwasser in Deutsche Reimen gebracht. Zu zweyen Stimmen außgesetzt, und mit fleiß*

übersehen. Samt andern außerlesnen Fest- und Kirchengesängen, Zürich: Schaufelberger; Bachmann 1683.
6. *Transponiertes Zweystimmiges Psalmen-Buch, das ist, Dr. Amb. Lobwassers Psalmen Davids, worinn die Hoch-Clavierten Psalmen transponiert, und samt den gewohnlichen Fäst-Gesängen in ein gleichen Schlüssel gesetzt, also, dass sie jetzunder ohn einige Veränderung leichtlich zu singen und auf Instrumenten zu spielen, samt einem kurtzen Gesang-Bericht, also für die Kirchen und Gemeind Bärn aufgesetzt* von Johann Ulrich Sultzbergern, Bern: Hügenet 1691.
7. *Die Psalmen Davids, durch Ambrosium Lobwasser in teutsche Reimen gestelt ; samt Fäst- und Kirchen-Gesängen, wie solche in den evangelischen Kirchen jährlich gesungen werden*, Bern: Hügenet 1699.
8. *Die Psalmen Davids, Durch Ambrosium Lobwasser, in teutsche Reimen gestelt, und transponiert durch Johann Ulrich Sultzberger, Direct. Mus. und Zinckenisten Loblicher Statt Bern*, Bern: Hoch-Oberkeitl. Truckerey 1723.
9. *Die CL. Psalmen Davids, Durch D. Ambros. Lobwasser in Deutsche Reimen gebracht. Samt anderen außerleßnen Psalmen, Fest- Kirchen- und Lob-Gesängen, der lieben Kirchen Gottes zu gutem, mit allem Ernst und Fleisse zu vier Stimmen heraußgefertiget*, Zürich: Heydegger 1735.
10. *Die CL. Psalmen Davids, Durch D. Ambros. Lobwasser in Deutsche Reimen gebracht. Samt anderen auserleßnen Psalmen, Fest- Kirchen- und Lob-Gesängen, der lieben Kirchen Gottes zu Gutem, mit allem Ernst und Fleisse zu vier Stimmen heraus gefertiget*, Zürich: Geßner 1762.
11. *Neu-verbessertes Kirchen-Gesang-Buch, Verfassend die 150 Psalmen Davids, In teutsche Reimen gebracht Von Ambrosio Lobwasser […]; Nebst 150 auserlesenen Geist-reichen Kirchen-Liedern, alle nach Ffrantzösischer Melodey; Samt Dem Heydelbergischen Catechismo, Kirchen-Formularien, uralten Glaubens-Bekänntnissen, auch einigen*

Kirchen- und Hauß-Gebätern. Zu Gottes Ehren, und Erbauung seiner Kirchen revidiret und approbiret Durch den christlichen Synodum Generalem der Reformirten Kirchen in den vereinigten Ländern, Cleve, Gülich, Berg und Marck, 2 Bde. Basel s. n. 1763.

Von diesen Werken kommen neun aus der Schweiz. Einige Anhänge führen nur alte Lieder auf, andere aber (Nr. 4, 7, 8, 12) enthalten durchaus Lieder aus dem 17. Jahrhundert. Es ist bemerkenswert, dass die Ausgabe Zürich: Geßner 1709 zwar vier neuere Lieder für den persönlichen Gebrauch sozusagen außer der Reihe ganz hinten anhängt, darunter Gerhardts *Wach auf, mein Herz, und singe*, die Ausgabe 1762 im gleichen Verlag diese aber wieder entfernt hat. Am meisten fällt das Fehlen von Paul Gerhardts Œuvre in dem von einer Synode approbierten Werk von 1763 auf. Bei den in Band 2 gesammelten 150 Liedern sind diejenigen von Neander mit eingegliedert. Die Namen der Autoren sind verzeichnet, ferner die Noten. Es finden sich sehr viele neue Texte in dieser Sammlung, sogar der Katholik Angelus Silesius ist vertreten, aber nicht Gerhardt.[8]

Insgesamt bewahrheitet sich bei Durchsicht der reformierten Psalmenbücher, was auch sonst in Gesangbüchern allgemein gilt: Paul Gerhardt ist keineswegs der beliebteste Dichter. Johann Rist steht in der Gunst viel weiter vorne.[9] Sein Abendlied *Werde munter, mein Gemüte*

---

[8] Beispielsweise finden sich: *O Ewigkeit, du Donnerwort*; *Werde munter, mein Gemüte*; *Hilf Herr Jesu, lass gelingen*; *Jesu, meine Freude*; *O Gott, du frommer Gott*; *O wundergroßer Siegesheld*; *Wer nur den lieben Gott lässt walten*.

[9] Vgl. Irmgard Scheitler, Schauspielmusik. Funktion und Ästhetik im deutschsprachigen Drama der Frühen Neuzeit. Bd. II: Darstellungsteil, Beeskow: ortus 2015 (ortusstudien 19), 287, wo das Ergebnis noch viel eindeutiger ist. Dies ist umso aussagekräftiger, als Schauspiele – anders als ein Gesangbuch – die tatsächliche Bekanntheit eines Liedes widerspiegeln, muss doch ein Incipit genügen, um Text und Melodie bei den Akteuren abzurufen, während ein Gesangbuch mehr oder weniger den Willen und religiösen Geschmack seines Kompilators oder seiner Traditionslinie wiedergibt.

dürfte das am weiteste verbreitete Lied sein,[10] aber auch Johann Francks *Jesu meine Freude* oder Michael Francks *Ach wie nichtig, ach wie flüchtig* findet man häufig.

3. Paul Gerhardt-Lieder nach dem Grad ihrer Verbreitung

Die zahlenmäßige Verteilung ist sehr unterschiedlich. Die meisten Lieder von Paul Gerhardt stehen in dem Choralbuch

Davids Harpffen-Spiel, In hundert und funffzig Psalmen, Auch dreyhundert zwey und vierzig Lieder-Melodien [...] Uber die Beyder Evangelischen eingeführte Kirchen-Gesänge In Chur-Pfalz, Und anderer Orthen [...] Aufgesetzt von Johann Martin Spieß. – Geistliche Liebes-Posaune In dreyhundert zwey und vierzig Lieder-Melodien [...] Zweyter Theil, Heidelberg: Häner 1745.

Hier sind zwar keine Texte abgedruckt, aber allein schon die Erwähnung der Liedeingänge mit Melodiehinweis zeigt, dass die betreffenden Lieder im Bewusstsein des Herausgebers waren. Hauptquelle des Choralbuchs war *Neu-aufgesetztes [...] Psalm- und Choralbuch* von Johann Michael Müller (Frankfurt: Stock 1718). Müllers Werk ist bereits sehr reichhaltig, weil es das Gesangbuch von Freylinghausen (1704/1714) auswertet.[11] Es

---

[10] Im Berner Gesangbuch von 1705 stehen nur 17 Lieder hinter dem Lobwasser-Psalter, 16 aus dem 16. Jahrhundert sowie *Werde munter, mein Gemüte*. S. Gerhard Chryno Hermann Stip, Beleuchtung der Gesangbuchbesserung, insbesondere aus dem Gesichtspunkte des Cultus, Hamburg: Perthes 1842, Teil 1, 65.

[11] S. Dorothea Schelkes, Johann Martin Spieß (1691–1772). Ein kurpfälzischer Komponist im Dienst der reformierten Kirche, Frankfurt u. a.: Lang 2009 (Mannheimer Hochschulschriften 7), 100. *Geist-reiches Gesang-Buch, Den Kern Alter und Neuer Lieder, Wie auch die Noten der unbekannten Melodeyen Und dazu gehörige nützliche Register in sich haltend; In gegenwärtiger be-*

ist äußerst auffallend, dass in diesem Buch die seltensten, unbekanntesten Lieder von Gerhardt angeführt sind, nicht aber heute so bekannte wie *O Haupt voll Blut und Wunden / Lobet den Herren, alle die ihn ehren* oder *Die güldne Sonne.* Überdies zeigt das Choralbuch, auf dessen 342 grundsätzlich anonyme Melodien 1895 Texte gesungen werden können, wie viele Dichtungen von Paul Gerhardt konventionelle Strophenformen aufweisen.

Unter den 23 Gesangbüchern ist die Reihenfolge der Gerhardt-Berücksichtigung folgendermaßen:

D. Ambrosii Lobwassers Psalmen Davids. Mit einem Vollständigen Gesang-Buch Und Beygefügten Gebehten, Auf gnädigste Verordnung Herrn Victoris Amadei Und Herrn Wilhelms, Fürsten zu Anhalt [...] In allen Gemeinden Dero Landen einzuführen und zu gebrauchen, Quedlinburg: Schwan 1708. Dieses für Anhalt-Bernburg bestimmte Werk enthält mit 32 Liedern noch ein Lied mehr, als Johann Crüger in *PSALMODIA SACRA* aufgenommen hatte.

Des Königs und Propheten Davids Psalmen [...] Denen auch beygefüget sind D. Lutheri und anderer Gottesgelehrten Psalmen u. Geistliche Lieder, Nebst dem Chur-Pfältzischen Catechismo [...] Auch [...] Gebeten, Halle: Schütze 1718: 22 Lieder. Davon steht *Wir singen dir, Immanuel* in einem Anhang zum Anhang.

Neu-vermehrt- und vollständiges Gesang-Buch, worinnen sowohl die Psalmen Davids, Nach D. Ambrosii Lobwassers, Uebersetzung hin und wieder verbessert, Als auch 730 auserlesener alter und neuer Geistreichen Liedern

---

quemer Ordnung und Form, sam[m]t einer Vorrede, Zur Erweckung heiliger Andacht und Erbauung im Glauben und gottseeligem Wesen herausgegeben von Johann Anastasio Freylinghausen, Halle: Waisenhaus 1704. Dieses oft aufgelegte und 1714 um einen zweiten Band erweiterte Buch hatte eine enorme Verbreitung.

begriffen sind, Welche anjetzo sämtlich in denen Reformirten Kirchen des Hessisch-Hanauisch-Pfältzisch-Pensilvanischen und mehreren andern angräntzenden Landen zu singen gebräuchlich [...], 2. Aufl. Germantown/Pensylvanien: Saur 1763: 21 Lieder.

Neu-vollständiges Nassau-Dillenburgisches Kirchen-Gesangbuch Worinnen befindlich die Psalmen Davids in Teutsche Reimen gebracht Durch Ambrosium Lobwasser D. Benebenst Den erbaulichsten und gebräuchlichsten Gesängen und Liedern durch D. Luther und viele andre Gottsgelehrte Männer gestellet; Welchen Neanders Bundes-Lieder Und sonst verschiedene noch niemals gedruckte behörigen Orts beygefüget, Herborn: Andreä 1711. [2. Teil:] *Neu-vollständiges Geistreiches Gesang-Buch, in sich haltend Die auserlesenste und erbaulichste Lieder, welche jemals von denen vortrefflichen Gottes-Gelehrten in der Protestantischen Kirchen aufgestellet sind; Wobey zugleich Joachim Neanders Kräfftige Bundes-Lieder [...] vor die Augen geleget werden* führt unter 350 Liedern 16 von Paul Gerhardt an. Erstaunlicherweise fehlt *Nun ruhen alle Wälder*.

Die Psalmen Davids nach D. Ambrosii Lobwassers Uebersetzung, die hin und wieder gebessert, mit Beyfügung neuer Summarien: Wie auch Alte und Neue auserlesene Geistreiche Lieder, Nach dem Jnhalt der Materien in richtige Ordnung zusammengetragen, Und zum Gebrauch so wohl bey öffentlichem Gottesdienst, als auch bey Privat-Andacht; Nebst dem Churpfältzischen Catechismo, der Communion-Formul und einigen Gebetern, Jn diese bequeme Form gebracht und mit Registern versehen, Halle: Schneider 1745 (für die reformierte Kirche in Halle als Ersatz für ein vergriffenes Buch von 1713): 13 Lieder.

Das Neu-vollständige Gesang-Buch, In welchem die Psalmen Davids, Nach Frantzösischer Melodey in teutsche Reimen gebracht, von D. Ambrosio Lobwasser, Wie auch verschiedener Gotts-gelehrter Männer Alte und Neue Geistreiche Gesänge, Zur Uebung der Gottseeligkeit, Gott-lobender

Seelen. [2. Teil:] *Neu-eingerichtetes Gesangbuch*, Kassel: Bertholdt 1764: 13 Lieder.[12]

Die Psalmen Davids [...] auch andere Psalmen und geistliche Lieder wie solche in den evangelischen Kirchen gebrauchet werden, Amsterdam: Wetstein 1698 [erschienen 1699]: 11 Lieder. Leider gibt der Druck die regionale Bestimmung des Buches nicht an.

Die Psalmen Davids Nach Frantzösischer Melodey in Teutsche Reymen gebracht Durch Ambrosium Lobwasser. Auch andere Psalmen und Geistliche Lieder, wie solche in den Evangelischen Kirchen gebraucht werden [...], Amsterdam: Wetstein 1696. [2. Teil:] *Psalmen Davids Samt den Kirchen-Gesängen und Geistlichen Liedern, Durch D. Martin Luther Und andere Geistliche Männer gestellet; Wie solche in den Evangelischen Kirchen gesungen werden*, Amsterdam: Wetstein 1696: 9 Lieder.

Die Psalmen Davids, nach Frantzösischer Melodey in teutsche Reimen gebracht durch D. Ambrosium Lobwasser: wie auch D. Martin Luthers und anderer Gottseliger Lehrer Alte und Neue Geistreiche Gesänge und Neanders Bundes-Liedern, Marburg: Stock 1737. [2. Teil:] *D. Martin Luthers [...] Geistreiche Psalmen und Gesänge*, Marburg: Stock 1736. Unter den 262 Liedern (Neanders Lieder nicht mitgerechnet) sind nur 8 Lieder von Gerhardt.

Die Psalmen Davids, Nach Französischer Melodey in Teutsche Reimen gebracht durch D. Ambrosium Lobwassern Samt denen gebräuchlichen Alten und Neuen Kirchen-Gesängen, Und Hn. Joachimi Neandri Geistreichen Bundes-Liedern und Danck-Psalmen, Büdingen: Stöhr 1738. Anhang: *Geistreiches Gesang-Buch, darinnen Die auserlesenste und erbaulichste*

---

[12] Die Ausgabe Kassel: Mencke; Hofgeismar: Schadewitz 1649 hatte noch gar keinen Liedanhang, sondern nur die Psalmen.

Lieder, welche theils bißhero in denen Reformirten Kirchen gesungen, theils aber aufs neue hinzugethan, und in eine bequeme Ordnung gebracht worden, enthalten sind. Obgleich dieser Teil sehr reichhaltig ist, finden sich nur 8 Lieder von Gerhardt.

Die Psalmen Davids, Zum Christlichen Gesang in Reimen gebracht, von D. Ambrosio Lobwassern; Sampt Denen gebräuchlichen alten und neuen Kirchen-Gesängen verschiedener Gottgelehrter Männer, Nach der Ordnung des Heydelbergischen Catechismi eingerichtet. Welchen Hn. Joachimi Neandri Geistreiche Bundes-Lieder und Danck-Psalmen beygefüget, Lemgo: Meyer 1714. 7 Lieder.

Neu-eingerichtetes Gesang-Buch, welches in sich hält die Psalmen Davids, Nach Frantzösischer Melodie durch D. Amb. Lobwasser in Teutsche Reimen gebracht, Wie auch Viele neue, auserlesene Geistreiche und Erweckliche Lieder, Lemgo: Meyer 1731. Dies enthält dieselben 7 Lieder wie die Ausgabe von 1714.

Die Psalmen Davids. Frantzösischer Melodey nach: Durch D. Ambr. Lobwasser, Genf: Widerholdt 1679. [2. Teil:] *D. Martin Luther und anderer Gottsgelehrter Manner. Geistreiche Lieder, Psalmen, und Lob-Gesänge, Welche in Evangelischen Kirchen Gesungen, Auch in allerley Nöthen und Anligen können gebraucht werden,* Frankfurt: Widerholdt 1679: 6 Lieder, davon *Schwing dich auf zu deinem Gott* in einem Anhang zum Anhang.

Der Hanauischen Reformirten Kirchen Gesang-Buch, Worinnen, nebst denen Psalmen Davids, Welche D. Ambrosius Lobwasser In Teutsche Reimen gebracht, Allerhand außerlesene Geist-reiche, so alte als neue Gesänge, Wie auch des seel. Neanders erbauliche Bundes-Lieder, zu finden, Und am Ende der Heydelbergische Catechismus, so dann einige nöthige Kirchen- und Hauß-Gebäter angehänget sind, Hanau: Stock 1719 (mit einem Privileg des Grafen von Hanau): 6 Lieder.

Neuvermehrt- verbessert- und hiebevor noch nie also eingerichtetes Gesang-Buch, in welchem sowol Die Psalmen Davids, Nach Französischer Melodey durch D. Ambrosium Lobwasser in Teutsche Reimen gebracht, Als auch viele schöne Mit einem mercklichen Zusatz abermal vermehrte Geistreche Lieder und Gesänge, auch Hrn. Joachim Neandri Bundes-Lieder und Danck-Psalmen enthalten. Zu nützlichem Gebrauch der Kirchen, weniger nicht als Erbau- und Auffmunterung Gott lobender Seelen, Kassel: Harmes 1716. [2. Teil:] *Viele, Gottesgelehrter Männer Geistliche Lieder, Psalmen und Gesänge, Wie dieselbe bisher Sowohl bey offentlichen als andern Christlichen Versammlungen an diesen Orten [...] gebraucht, Anjetzo aber, mit einem mercklichen Zusatz, sowol Alter als Neuer Gesänge (Unter welchen dann die gebräuchlichsten [...] mit Noten versehen sind,) Absonderlich aber mit [...] Neand. Bundes-Liedern Vermehret*: 6 Lieder.

Die Psalmen. Davids, Zum Christlichen Gesang in Reimen gebracht Von Ambrosio Lobwassern, D. Samt D. Martin Luthers und anderer Gottseeligen Lehrer Alten und Neuen Geistreichen Kirchen-Gesängen, Hn. Joachimi Neandri Bundes-Liedern und Danck-Psalmen, Heydelbergischen Catechismo, Wie auch Morgen- und Abend-Gebeten, Bremen: Amt der Buchbinder 1740: 5 Lieder.

Neu-vermehrt- und verbessertes Gesang-Buch, in welchem sowol Die Psalmen Davids, Nach Frantzösischer Melodey durch D. Ambrosium Lobwasser, in Teutsche Reimen gebracht. Als auch viele schöne Mit einem mercklichen Zusatz vermehrte Geistreiche Lieder und Gesänge; Auch Hrn. Joachimi Neandri Bundes-Lieder un[d] Danck-Psalmen enthalten [...]; Nebst beygefügten Morgen- Abend- Communion- und noch verschiedenen andern Gebäten, Wie auch etlichen Symbolis oder Glaubens-Bekäntnissen heraus gegeben, Kassel: Harmes 1725: im umfangreichen Liedteil 5 Lieder von Gerhardt.

Die Psalmen Davids, Nach Frantzösischer Melodey in teutsche Reimen gebracht, durch Ambrosium Lobwasser, D.; Wie auch D. Martin Luther's, und anderer Gottseliger Lehrer Alte und Neue Geistreiche Gesänge. Nebst beygefügten Morgen- und Abend-Gebät, Frankfurt: Grot 1702. Neuere Lieder finden sich nur in einem zweiten Anhang: *Allerhand außerlesene Geistliche Lieder Welche zur Hauß-Andacht sehr nützlich,* darunter 4 Lieder von Gerhardt.

Psalmen Davids, Nach Frantzosis. Melodey in teutsche Reimen gebracht durch Doct. Ambrosium Lobwasser, Nebst vielen anderen alten und neuen geistlichen, und zum wahren Christenthum auffmunternden Gesangen, Worunter Herrn Joachimi Neandri geistreiche Bundeslieder und Dank-Psalmen, Lemgo: Meyer 1699 (1698): 3 Lieder.

Kirchen- Haus- und Hertzens-Musica Oder Der Heiligen Gottes auff Erden Erlustigungs-Kunst, in Singen und Gott loben, bestehend: Alt und New In drey Theil getheilet. Als I Deß Königlichen Propheten Davidis, und der alten Israelitischen Kirchen, Psalmen. II M. Johannis Hussi, und seiner getrewen Nachfolger, der Böhmischen Brüder, Geistliche Gesänge. III D. Martini Lutheri, und seiner trewen Gehülffen, Geistreiche Lieder. Itzo frommen Hertzen zu Dienst und Erbawung zusammen gedruckt. Amsterdam: Paskowsky; Kopydlansky 1661. Dieses Werk aus der Brüdertradition hat neben den im Titel genannten beiden Anhängen an die Psalmen noch einen Teil mit Liedern »der newen artigen Componisten, Ristii, Harsdorferi, Hesenthaleri etc«, darunter 2 Lieder von Paul Gerhardt.

Nur ein einziges Gerhardt-Lied enthalten:
Die Psalmen Davids, In Teutsche Reymen gebracht Durch Ambrosium Lobwasser, D. Denen beygefügt seyn Anderer Psalmen, geistliche Lieder, und der Catechismus, etc., Duisburg: Sas 1684: – Nun ruhen alle Wälder.

Die CL. Psalmen Davids. Durch D. Ambr. Lobwasser in Teutsche Reinem gebracht. Zu vier Stimmen außgesezt, samt anderen außerlesnen Psalmen, Fest- und Kirchgesängen, der Kirchen Gottes zu gutem, mit allem Fleise heraußgefertiget, Zürich: Geßner 1709: – Wach auf, mein Herz, und singe.

Die Psalmen Davids, Durch D. Ambr. Lobwasser in Teutsche Reimen gebracht, Samt allen alten Psalmen, Fäst- und Kirchen- und Hauß-Gesängen, zu vier Stimmen außgesetzt, und nebst einem Unterricht zur Sing-Kunst, Mit einem Anhang außerlesener Gebätteren, Fäst- und Nachtmahls-Andachten versehen, und in allem für die Landschafft eingerichtet, Zürich: Bürcklj 1744: – *Wach auf, mein Herz, und singe*.

Wie aus der Aufstellung zu ersehen, ist die Zahl der Gerhardt-Lieder nicht unbedingt vom Erscheinungsjahr abhängig. Das früheste Buch in dieser kleinen Reihe, die Amsterdamer *Kirchen- Haus- und Hertzens-Musica* (1661), ergänzt seine Anhänge um neue Lieder, darunter *Nun ruhen alle Wälder* und *Wach auf mein Herz und singe*, jeweils mit allen Strophen. Hingegen belässt es das reformierte Gesangbuch Bremen: Brauer 1683 in seinem Anhang *Vollständiges Gesang-Buch geistlicher Lieder und Psalmen Herrn Martini Lutheri, D., und anderer gottseeliger Lehrer* bei Gesängen aus dem 16. Jahrhundert.

4. Die Relation zu heutigen Gesangbüchern

Heute stehen im *Evangelischen Gesangbuch* (EG) mit 532 Liedern im Stammteil 26 Paul Gerhardt-Lieder und im *Gesangbuch der Evangelischreformierten Kirchen der deutschsprachigen Schweiz* (RG) unter 862 Gesängen 25 Lieder. Davon spielten 13, exakt die Hälfte, in der Berichtszeit in reformierten Gesangbüchern außerhalb Berlins keine Rolle: sie kamen entweder gar nicht oder allenfalls einmal vor.

Keine Verwendung fanden:
EG 39/ RG 403 *Kommt und lasst uns Christum ehren*; EG 351/ RG 656 *Ist Gott für mich, so trete*; EG 371/ RG 683 *Gib dich zufrieden und sei stille*; EG 449/ RG 571 *Die güldne Sonne*; EG 503/ RG 537 *Geh aus mein Herz*; EG 529/ RG 753 *Ich bin ein Gast auf Erden*; RG 476 *Nun freut euch hier und überall*.

Nur je einmal berücksichtigt sind:
EG 37/ RG 402 *Ich steh an deiner Krippen hier*; EG 112 *Auf, auf, mein Herz, mit Freuden*; EG 322/ RG 235 *Nun danket all und bringet Ehr*; EG 324/ RG 723 *Ich singe dir mit Herz und Mund*; EG 447/ RG 570 *Lobet den Herren, alle die ihn fürchten (ehren)*; EG 497 *Ich weiß, mein Gott, dass all mein Tun*; RG 654 *O Jesu Christ, mein schönstes Licht*.

Zweimal vertreten sind:
EG 85/ RG 445 *O Haupt voll Blut und Wunden*; EG 302/ RG 98 *Du meine Seele, singe*; RG 677 *Du bist ein Mensch, das weißt du wohl*.

Dreimal findet sich: EG 36/ RG 400/401 *Fröhlich soll mein Herze springen*.

Viermal aufgeführt sind:
EG 361/ RG 680 *Befiehl du deine Wege*; EG 283 *Herr, der du vormals hast dein Land*.

Fünfmal kommen vor:
EG 11/ RG 367 *Wie soll ich dich empfangen*; EG 58/ RG 548 *Nun lasst uns gehn und treten*; EG 83 *Ein Lämmlein geht und trägt die Schuld*; EG 370/ RG 678 *Warum sollt ich mich denn grämen*.

Sechsmal präsent ist EG 325/ RG 724/725 *Sollt ich meinem Gott nicht singen*.

Siebenmal vertreten sind:
EG 84/ RG 441 *O Welt, sieh hier dein Leben*; EG 133/ RG 508 *Zeuch ein zu deinen Toren*.

Auf jeweils 19 Platzierungen kommen:
EG 446/ RG 568 *Wach auf, mein Herz und singe* und EG 477/ RG 594 *Nun ruhen alle Wälder*.

Die heute bekannten und höchst beliebten *Geh aus, mein Herz / Die güldne Sonne / Lobet den Herren, alle die ihn ehren / Ich steh an deiner Krippen hier* waren also im reformierten Bereich bedeutungslos. Es ist bemerkenswert, dass *Ich steh an deiner Krippen hier / O Haupt voll Blut und Wunden / Ist Gott für mich, so trete / Geh aus, mein Herz, und suche Freud / Die güldne Sonne / Kommt und lasst uns Christum ehren / Gib dich zufrieden und sei stille* auch in Crügers *PSALMODIA SACRA* nicht vorkommen.[13] Aus welchem Grund auch immer sie dort fehlen: die *PSALMODIA SACRA* fällt jedenfalls als Medium der Verbreitung für diese Texte aus. Auch in der oben nicht berücksichtigten, überaus reichhaltigen Sammlung des Choralbuches von Johann Martin Spieß fehlen *Kommt und lasst und Christum ehren / O Haupt voll Blut und Wunden / Geh aus mein Herz und suche Freud / Die güldne Sonne/ Gib dich zufrieden und sei stille.* Auch ein Konfessionsunterschied lässt sich festmachen: Das bei den Lutheranern sehr weit verbreitete *Ein Lämmlein geht und trägt die Schuld* war bei den Reformierten weit weniger beliebt.

Die reformierten Anhänge enthielten in größerer Zahl die folgenden Paul Gerhardt-Lieder, die heute nicht mehr im *Evangelischen Gesangbuch* stehen:

13x *Warum willst du draußen stehen*
 (Adventslied oder Lied der Jesusinnigkeit, anknüpfend an Gen 24,31)

---

[13] Die drei letztgenannten Titel sind erstmals in den *Geistlichen Andachten* von 1666/67, der Paul Gerhardt-Werkausgabe von Joh. Georg Ebeling, publiziert. *Die güldne Sonne* steht in der *Praxis Pietatis Melica* erst in der Ausgabe Berlin 1671. S. Johann Crüger. PRXIS PIETATIS MELICA. Edition und Dokumentation der Werkgeschichte. Im Auftrag der Franckeschen Stiftungen zu Halle hg. von Hans-Otto Korth und Wolfgang Miersemann unter Mitarbeit von Maik Richter, Halle: Verlag der Franckeschen Stiftungen, Wiesbaden: Harrassowitz Verlag in Kommission 2014ff. (Bd. I: Editio X., Berlin 1661). Bd. II.2: Tabellarische Übersicht über die Entwicklung des Liedbestands (2016), 62. Im Folgenden: PPM Krit. Ed.

11x *Wir singen dir, Immanuel* (Weihnachten)
8x *Sei fröhlich alles weit und breit* (Ostern)
7x *Zweierlei bitt ich von dir* (Spr 30, 7-9)
6x *O du allersüßte Freude*
5x *Ich hab in Gottes Herz und Sinn*
4x *Nicht so traurig, nicht so sehr* (1Tim 6,6ff.) / *Schwing dich auf zu deinem Gott*
3x *Was soll ich doch, o Ephraim* (Hos 11,8f.) / *Nach dir, o Herr, verlanget mich* / *Jesu, allerliebster Bruder* (aus Johann Arndts *Paradiesgärtlein*) / *Ist Ephraim nicht meine Kron* (Jer 31,40)

So breit einerseits die Streuung ist, so eindeutig stechen doch zwei Lieder als die meistgebrauchten heraus: *Wach auf, mein Herz, und singe* und *Nun ruhen alle Wälder*. Beides sind als Morgen- und Abendlied eher Haus- als Gemeindelieder. Die große Verbreitung von Rists *Werde munter, mein Gemüte* deutet in die gleiche Richtung. Es ist in diesem Zusammenhang erwähnenswert, dass die Gesangbücher auch einen Gebetsanhang, namentlich von Morgen- und Abendgebeten enthielten, dass sie also nicht zuletzt Privatgebetbücher waren. Nicht selten finden wir sogar eine Aufschlüsselung der Psalmen für die verschiedenen persönlichen Anliegen. Der Verbreitung dieser Hauslieder widerspricht aber, dass Texte, die eindeutig dem christlichen Festkreis zugehören, ebenfalls oben rangieren: Das 11x nachgewiesene *Wir singen dir, Immanuel* ist (auch) ein Weihnachtslied, das achtmal nachgewiesene *Sei fröhlich alles weit und breit* ein Osterlied und die jeweils siebenmal nachgewiesenen *Zeuch ein zu deinen Toren* bzw. *O Welt, sieh hier dein Leben* gehören zu Pfingsten bzw. zur Passionszeit.

Am wichtigsten ist jedoch der Aspekt des Vertrauens, der herzlichen Gottesbeziehung und des Trostes. Hierher gehört die weit überwiegende Mehrzahl der rezipierten Lieder. Auch das bei den Reformierten so erfolgreiche *Warum willst du draußen stehen* ist ein persönliches Gebetslied, obgleich es sich als Adventslied verstehen lässt und mit Gen 24,31 einen Bibelbezug aufweisen kann.

Seit alters beginnen die Liedteile der reformierten Gesangbücher mit Psalmbereimungen. Und wenn Gesänge, die Psalmen versifizieren, schon nicht zu Beginn stehen, so werden sie doch vorzüglich berücksichtigt. Gerhardt hat 26 Texten Psalmen zugrunde gelegt, ferner einem das Lied des Moses aus Dtn 32,1–43.[14] Es läge nahe anzunehmen, dass diese besonders häufig den Weg ins reformierte Gesangbuch fanden. Die allermeisten von ihnen spielen aber wider Erwarten in der Rezeption durch die reformierte Kirche gar keine Rolle. Lediglich drei Lieder wurden berücksichtigt:

4x Ps 85 *Herr, der du vormals hast dein Land*
3x Ps 25 *Nach dir, o Herr, verlanget mich*
2x Ps 146 *Du meine Seele, singe*

Eher könnte bei der Auswahl der *PSALMODIA SACRA* der Psalmbezug bedeutungsvoll gewesen sein. Unter ihren 31 Liedern gibt es drei, die in den hier betrachteten reformierten Gesangbüchern nicht stehen. Drei davon haben Psalmtexte zur Grundlage: *Der Herr, der aller Enden* (Ps 23); *Gott ist mein Licht, der Herr mein Heil* (Ps 27); *Wie der Hirsch in großen Dürsten* (Ps 42).[15]

Förderlich für die Rezeption war ohne Zweifel die Möglichkeit, ein Lied nach einer Genfer Psalmliedmelodie zu singen. Das Choralbuch merkt dies ausdrücklich an: *Wie soll ich dich empfangen* Ps 128; *Warum willst du draußen stehen* Ps 42; *Befiehl du deine Wege* Ps 130. Ansonsten scheint dieser Aspekt aber wenig Einfluss gehabt zu haben. Er war jedoch für die Aufnahme der *Bundeslieder* (1680) von Joachim Neander wichtig.[16] Diese Lieder, die ungefähr zu der Zeit veröffentlicht wurden, als Paul

---

[14] Freundlicher Hinweis von Konrad Klek, Erlangen.
[15] Das vierte Lied ist Gerhardts Kriegsklage *Wie ist so groß und schwer die Last*.
[16] Joachim Neander, *Glaub- und Liebes-übung: Auffgemuntert durch Einfältige Bundes-Lieder und Danck-Psalmen: Neugesetzt nach bekant und unbekannte Sang-Weisen*, Bremen: Brauer 1680.

Gerhardts Œuvre anfing, einen Platz in der reformierten Konfession zu erhalten, ließen sich nicht nur überwiegend nach den bekannten Psalmliedmelodien singen, sondern besaßen zudem den großen Vorteil, von einem reformierten Autor zu stammen. So konnten sie als ganze Gruppe in einem Sonderteil aufgenommen werden.

5. Melodien

Paul Gerhardt hatte viele seiner Texte an Singweisen bekannter Kirchenlieder angepasst. Deutliches Zeichen einer sehr weitgehenden Verbreitung eines Textes mit übernommener Melodie ist die Wanderung einer Melodiebezeichnung, auch Faux-Timbre genannt. *Nun ruhen alle Wälder* ist nach der Weise von *O Welt, ich muss dich lassen* zu singen. Gerhardts Text verschmolz aber mit der Melodie so sehr, dass *Nun ruhen alle Wälder* und nicht mehr *O Welt, ich muss dich lassen* als Incipit gebräuchlich wurde. In den Büchern Quedlinburg 1708 (53), Halle 1745 (31) und Kassel 1764 (61) dient *Nun ruhen alle Wälder* nun umgekehrt als Melodieangabe zu *O Welt, sieh hier dein Leben*.

Analog verhält es sich mit *Wach auf, mein Herz, und singe*. Der Text ist eine Kontrafaktur zu *Nun lasst uns Gott, dem Herren* und wird nach dessen Melodie von *PSALMODIA SACRA* an[17] bis zum heutigen *Evangelischen Gesangbuch* gesungen. Wenn nun bei den Gesangbüchern Kassel 1764 (221) oder Halle 1745 (20) bei *Nun lasst uns gehn und treten* als Melodieangabe zu lesen ist *Wach auf, mein Herz, und singe*, so ist genau die Melodie von *Nun lasst uns Gott, dem Herren* gemeint.

Wesentlich schwieriger zu beurteilen ist die Verwendung von Originalmelodien, wie sie relativ bald von Johann Crüger, Johann Georg

---

[17] Auch in *PRAXIS PIETATIS MELICA* 1647 (Erstveröffentlichung) und den darauf bezogenen *Geistlichen Kirchen-Melodien* Crügers 1649 liegt diese Melodiezuweisung vor.

Ebeling, Jacob Hintze und Nicolaus Hasse bereitgestellt wurden – eine Frage übrigens, die man auch mit dem Problem des Einflusses von *PSALMODIA SACRA* auf die Gerhardt-Rezeption verbinden kann. Als möglicher Hinweis auf die Verwendung einer Originalmelodie, d. h. neuen Komposition, lässt sich der Verweis auf die »eigene Melodie« ansehen. Hier ist freilich zu differenzieren. So steht über dem nur zweimal aufgenommenen *Ich weiß, dass mein Erlöser lebt, das soll mir niemand nehmen* bei Halle 1718 (192) nicht »in eigener«, sondern »In bekannter Melodie«. Das Lied fehlt in *PSALMODIA SACRA*, wurde aber mit der Melodie von Ebeling in dessen *Geistlichen Andachten* (1666/67) und deren Neuausgaben verbreitet. Dabei ist für die Akzeptanz dieses Buches bemerkenswert, dass die Nürnberger Oktav-Ausgabe 1683 mit einer »nützlichen Vorrede Conrad Feuerleins, Predigers zu unser Lieben Frauen in Nürnberg« versehen war.[18] Für das sehr geläufige Strophenmuster lässt sich auch die Singweise von *Wann mein Stündlein vorhanden ist* verwenden, womit das Lied im Gesangbuch Germantown 1763 verbunden ist. Somit ist die Verwendung der neuen Melodie nicht zu klären oder eher unwahrscheinlich.

Ein wenig verwendetes Lied ist auch *O Jesu Christ, dein Kripplein ist*. Sein Strophenschema ist, wiewohl nicht ganz neu, so doch durch die verschiedene Länge der Zeilen ungewöhnlich. Das Lied hat sowohl in *PSALMODIA SACRA* wie auch schon seit 1653 in *PRAXIS PIETATIS MELICA* eine Komposition von Crüger bei sich.[19] Wieder gibt das Gesangbuch Halle 1718 (283) an: »In bekandter Melodie«. Das Choralbuch Nr. 12 führt Gerhardts Lied unter der Melodie zu *Wir Christenleut habn jetzund Freud*.[20] Crügers Melodie, die im Lutherischen Bereich einige Verbreitung gefun-

---

[18] Nach Johannes Zahn, Die Melodien der deutschen evangelischen Kirchenlieder aus den Quellen geschöpft. 6 Bde. Gütersloh 1889–1893, ND Hildesheim: Olms 1963, hier Nr. 4678 (im Folgenden nur Zahn mit der Nummer). Die Editionen sind bei Zahn, Bd. VI, Nr. 706, 723 und 772 verzeichnet und beschrieben.

[19] PPM Krit. Ed. I,2 (vgl. Anm. 13) zu Nr. 110.

[20] Zahn, 2072: *Wir Christenleut, Wir Christenleut* von C. Füger, Dresden 1593.

den hat,[21] scheint sich bei den Reformierten nicht durchgesetzt zu haben. In dem wichtigen Werk Quedlinburg 1708 (23) liest man: »Mel. Ach Gott und Herr, wie groß und schwer«. Allerdings ist diese Singweise von Melchior Franck auf einen Text zugeschnitten, der in der 2. und 4. Zeile vier Silben weniger hat als Paul Gerhardts Weihnachtslied.[22] Für dieses wäre also Anpassungsarbeit nötig gewesen, oder es handelt sich einfach um eine falsche Angabe. Wiederum ist eine Verwendung der Melodia propria von Crüger also nicht zu beweisen und insgesamt unwahrscheinlich.

Für die Bekanntheit von Crügers Komposition zu *Wie soll ich dich empfangen*[23], mit der das Lied heute im *Evangelischen Gesangbuch* steht, fand ich in den reformierten Büchern keine Zeugnisse, sehr wohl aber im Choralbuch Nr. 12. Dort steht sie mit dem Liedeingang »Wie soll ich dich empfangen etc. Hat 10 Vers. Oder: Hertzlich tut mich verlangen. Oder nach dem 128. Psalm«. Quedlinburg 1708 (8) gibt an: »Ich dank dir lieber Herre«. In drei anderen Gesangbüchern – Halle 1718 (3), Halle 1745 (5), Kassel 1764 (43) – heißt die Lehnmelodie *Herzlich tut mich verlangen*. Das achtzeilig jambische Strophenmuster ist äußerst verbreitet, es boten sich mithin viele Möglichkeiten der Kontrafaktur an, von denen das Gesangbuch Germantown (10) *Valet will ich dir geben* wählte. Mit Melchior Teschners Compositio posterior zu diesem Lied steht *Wie soll ich dich empfangen* heute im *Gesangbuch der Evangelisch-reformierten Kirchen der deutschsprachigen Schweiz* (RG).[24]

Zu *Sollt ich meinem Gott nicht singen* schreiben Halle 1718 (288) und Halle 1745: »In eigner Melodey«. Eine solche liegt von Ebeling vor,[25] eine

---

[21] Zahn, 2074.
[22] Zahn, 2049.
[23] PPM Krit. Ed. Bd. I.1, Nr. 90, Zahn, 5438. Ebelings Melodie Zahn 5439.
[24] Zahn 5404a. Vgl. zu diesem Lied und seinen diversen Melodien jetzt Konrad Klek, Johann Crüger – Aspekte der Wirkungsgeschichte, in: Albrecht Henkys / Hans-Otto Korth / Wolfgang Miersemann (Hg.), Crüger 1622. Ein Berliner Kantor schreibt Musikgeschichte, Beeskow: ortus 2022, 239–256, hier 252–254.
[25] Zahn 7901a, in den Ebeling-Ausgaben Stettin 1671 und Nürnberg 1683 natürlich auch verwendet.

andere findet sich in der von Peter Sohren in Frankfurt edierten PPM seit 1668.[26] Das Lied fehlt in *PSALMODIA SACRA*. Die Berliner PPM *Editio X* (1661), Nr. 254, verweist auf Crügers Melodie zu *Lasset uns den Herren preisen*, ein Osterlied von Johann Rist. Diese Melodieschöpfung Crügers nimmt ihrerseits »subtilen Bezug auf die Originalmelodie Johann Schops«.[27] Bezieht sich nun die Bemerkung »In eigner Melodey« auf Crügers Tonsatz oder auf Schops Original?[28] Und ist letzteres gemeint, wenn die Gesangbücher Quedlinburg 1708 (374) und Büdingen 1738 (67) *Lasset uns den Herren preisen* als Singweise angeben? Ältere Melodien kommen für Kontrafakturen nicht in Frage. Mit *Lasset uns den Herren preisen* hat Rist nämlich zugleich ein neues Strophenmuster erfunden. Das Choralbuch Nr. 100 verweist auf Johann Flittners *Ach was soll ich Sünder machen*,[29] führt aber die Schop-Melodie (mit kleinen Varianten) als Nr. 208 an: »Solt ich meinem Gott nicht singen: Lasset uns den Herren preissen, o ihr, etc. Hat 12 Vers.« Ebenfalls unter der Angabe »In eigener Melodie« druckt das Gesangbuch Germantown (207) eine neue, andere Singweise. Durch Verzicht auf eine Melodieangabe zog sich Kassel 1764 (30) aus der Affäre.

Noch unsicherer ist der Verweis auf eine »eigne Melodey« bei *Warum willst du draußen stehen* im Gesangbuch Quedlinburg 1708 (10). Ist wirklich Crügers Komposition gemeint, wie sie sich in *PSALMODIA SACRA* (und seit 1653 in PPM) findet?[30] Eine weitere Originalmelodie für *Warum willst du draußen stehen* findet sich bei Ebeling 1666/67.[31] Während Quedlinburg auf eine »eigne Melodey« verweist, verbinden andere Gesangbücher den Text mit einer vorgefundenen Melodie: Kassel 1764 (42), Kas-

---

[26] Zahn 7902. PPM Krit. Ed. II,2, 238.
[27] PPM Krit. Ed. Bd. I.2, Kommentar zu Nr. 193. Zuerst PPM 1647, Zahn, 7887.
[28] Zahn, 7886a. Bei EG 325 ist Gerhardts Lied mit Schops Melodie verbunden.
[29] Zahn, 3573b. Die Weise ist nur unter dreimaliger Wiederholung der ersten beiden Melodiezeilen verwendbar.
[30] PPM Krit. Ed. Bd. I.1, Nr. 91, Zahn, 6559.
[31] Zahn, 6560.

sel 1717 (5), Kassel 1725 (4), Marburg 1736 (16) und Germantown (9) nennen Ps 42. Halle 1718 (4), Marburg 1719 (18) und Halle 1745 (7) geben *Freu dich sehr, o meine Seele* an. Dabei handelt es sich um dieselbe Melodie wie bei Ps 42 *Wie nach einer Wasserquelle* – ein Fall von Faux timbre. Mit *Werde munter, mein Gemüte* verbinden das Lied Büdingen 1738 (4), Bremen 1740 (19), Lemgo 1714 (88) und ebd. 1731 (18) sowie Hanau 1719 (18). Zu Rists überaus bekanntem *Werde munter, mein Gemüte* gehört eine Melodie von Johann Schop. Das Choralbuch nennt die beiden Entlehnungen als möglich. Eine Referenz verweist auf Nr. 142 *Werde munter, mein Gemüte*, wo die Melodie Johann Schops verzeichnet ist (mit etlichen, namentlich rhythmischen Veränderungen). Unter Nr. 252 aber ist angeführt: »Warum wilt du draussen stehen etc. Oder nach dem 42. Psalm« und Crügers Melodie erscheint. Somit bezeugt das Choralbuch immerhin, dass diese bekannt war. Ebelings Singweise dürfte hingegen gar keine Rolle gespielt haben.

Für das Osterlied *Auf, auf, mein Herz, mit Freuden*, das heute zu den bekannteren Paul Gerhardt-Liedern gehört, ist die Aufnahme Quedlinburg 1708 (72) der einzige Beleg. Das Lied steht in *PSALMODIA SACRA* und in PPM mit einem Tonsatz Crügers. Dessen Melodie finden wir auch heute im *Evangelischen Gesangbuch* bei dem Lied und sie muss weit verbreitet gewesen sein.[32] Eine ältere geistliche Singweise konnte nicht entlehnt werden, denn Gerhardts Text ist mit sehr hoher Wahrscheinlichkeit das erste Beispiel für das Strophenmuster. Theoretisch könnte sich die Quedlinburger Angabe »In eigner Melodey« freilich auch auf eine neue Melodie bei Freylinghausen 1704 beziehen.[33]

Warum sollt ich mich denn grämen ist in Quedlinburg 1708, S. 356, nicht nur mit dem Hinweis »In eigner Melodey« versehen, sondern dient auch als Melodiespender. Bei *Fröhlich soll mein Herze springen* heißt es nämlich im gleichen Gesangbuch »Mel: Warum sollt ich mich denn

---

[32] Zahn, 5243, *PSALMODIA SACRA* 117, EG 112.
[33] *Geist-reiches Gesang-Buch* (wie Anm. 11) Nr. 109. Zahn, 5245.

grämen«.³⁴ Auch Büdingen 1738 (5) verweist ebenso wie Quedlinburg 1708 bei *Fröhlich soll mein Hetze springen* auf die Melodie von *Warum sollt ich mich denn grämen*, obgleich dieses Lied hier gar nicht aufgenommen ist. Mehrere Gesangbücher lassen eine Singanweisung ganz weg. *Warum sollt ich mich denn grämen* hat eine exquisite Strophenform, verbindet 4-, 3- und 2-hebige trochäische Zeilen und ist (soweit beurteilbar) ohne Vorläufer. In *PSALMODIA SACRA* kommt das Lied nicht vor, aber in PPM bekam es eine Komposition von Crüger, die entsprechende Verbreitung fand.³⁵ Heute wird es in EG 370 wie RG 678 mit der Singweise von Ebeling 1666 verbunden. Im Choralbuch Nr. 89 steht das Lied ohne weitere Verweise mit Crügers Melodie, in Gesangbuch Germantown (342) und Halle 1718 (296) aber mit dem Hinweis: »In bekannter Melodie«. Ein Melodieverweis fehlt Kassel 1764 (182) und Frankfurt 1702 (68). Somit lässt sich für *Warum sollt ich mich denn grämen* mit Sicherheit sagen, dass die Melodie Crügers auch von den Reformierten verwendet wurde.

Für *Nicht so traurig nicht so sehr* heißt es Quedlinburg 1708 (179): »In eigner Melodey«. Theoretisch könnte man das Lied auf die Genfer Melodie zu Ps 75, also Lobwassers *O Herr Gott, wir loben dich* singen,³⁶ aber es gibt keinen Grund, eine Lehnmelodie als diejenige anzunehmen, die mit der »eignen Melodey« gemeint wäre. Das Lied von der christlichen Zufriedenheit hat in *PSALMODIA SACRA* (292), wie auch schon in *Geistliche Kirchen-Melodien* 1649 (119) eine sechsstimmige Komposition von Crüger erhalten, die mit der Vertonung in PPM (seit 1647) korrespondiert

---

[34] *Fröhlich soll mein Herze springen* hat zwar auch eine eigene Melodie von Crüger seit der PPM 1653 (Zahn, 6481, EG 36), aber auf diese wird im hier untersuchten Korpus nicht verwiesen.
[35] PPM Krit. Ed. Bd. I.1, Nr. 353, schon in PPM 1653. Zahn 6455a bezeugt eine weite Verbreitung.
[36] EdK. Das deutsche Kirchenlied. Kritische Gesamtausgabe der Melodien. Vorgelegt von Joachim Stalmann, bearbeitet von Karl-Günther Hartmann, Hans-Otto Korth u.a. Kassel: Bärenreiter 1993 ff., Fa62. Zahn, 3333.

und hier auch weiter verbreitet wurde.[37] Genf 1679 (21) und Amsterdam 1698 (148) sind ohne Melodieangabe, aber das Choralbuch führt Crügers Melodie unter Nr. 77 mit der Überschrift »Nicht so traurig, nicht so sehr, etc. hat 15 Vers« an.

Somit lassen sich aufgrund meines Materials nur für sehr wenige Lieder Paul Gerhardts Anhaltspunkte dafür vorlegen, dass sie mit neuen Originalmelodien in reformierte Gesangbücher eingegangen sein könnten. Einigermaßen sicher ist es nur für *Warum sollt ich mich denn grämen* und *Nicht so traurig, nicht so sehr*; nahe liegt es für *Auf, auf, mein Herz, mit Freuden*. Das ist wenig, vor allem wenn man auf die Lieder Johann Rists blickt, von denen sehr viele ihre ursprünglichen Melodien behielten. Der Wedeler Pastor hatte freilich eine andere Strategie und sorgte selbst ganz gezielt für Vertonungen schon in seinen Erstveröffentlichungen. Paul Gerhardt war kein guter Selbstvermarkter. Und vielleicht wäre es ihm bei seiner harschen Einstellung gegenüber der calvinistischen Konfession ohnehin schwarz von Augen geworden, hätte ihm jemand seine eigenen Texte in einem reformierten Gesangbuch gezeigt.

---

[37] PPM Krit. Ed. Bd. I.1, Nr. 348, vgl. Kommentar dazu Bd. I,2.

Befiehl du deine Wege – mehr als ein Bibelwort-Akrostichon

Konrad Klek

Lied und Bibelwort

Das heute neben dem Sommerlied wohl bekannteste Lied Paul Gerhardts wird *Befiehl du deine Wege* sein. Dass dies als Bibelwort-Akrostichon zu Psalm 37,5 konstruiert ist, gehört zum Hymnologie-Grundwissen zumindest von Liebhabern: *Befiehl dem Herren deine Weg und hoff auf ihn, er wirds wohl machen* ergibt sich aus den Anfangsworten der zwölf Strophen. Das derzeitige *Evangelische Gesangbuch* (EG) hat dies sogar durch Kursivschreibung markiert und das Lied prominent platziert als Leitlied der Rubrik *Angst und Vertrauen* (EG 361). Unter dem Liedtitel steht zudem die Angabe *Psalm 37,5*. Analog ist beim Gerhardt-Lied EG 351 *Ist Gott für mich, so trete* der Bibelstellenbezug *Römer 8,31–39* benannt, was nicht ganz präzise ist, denn auch Röm 8,1 (Str. 6), Röm 8,15 (Str. 7) und Röm 8,26 (Str. 8) sind mehr oder weniger wörtlich aufgenommen. In der Werkausgabe Johann Georg Ebelings steht denn auch treffender als Unter-Überschrift »Auß dem 8. Cap. an die Römer.«[1]

Der im Liedtext kenntliche Bibelwortbezug – ob poetisch kunstvoll als Akrostichon oder einfach in quasi zitathafter Übernahme einzelner Bibelworte – verleiht Liedern zumindest im protestantischen Raum eine spezielle Aura, allgemeine Gültigkeit, insofern sie so das Prinzip *sola*

---

[1] Johann Georg Ebeling, PAULI GERHARDI Geistliche Andachten, Berlin 1666 (im Folgenden: GA), S. 39, Reprint: Bern 1975. Vgl. die Scans der Berliner Staatsbibliothek: https://digital.staatsbibliothek-berlin.de/suche?queryString=PPN770863140.

scriptura repräsentieren. Konkrete Entstehungsumstände, religiöse Erlebniszusammenhänge treten zurück, insofern sich das Bibelwort mit seiner religiösen Valenz sozusagen vor das Lied schiebt.

Ist Gott für mich, so trete und Michael Schirmer

Nun hat Günter Balders im Zuge seiner 2009 publizierten Erkundungen am Paul Gerhardt-Liedkorpus mit textscharfen Argusaugen bei *Ist Gott für mich, so trete* (EG 351) entdeckt, dass »ungewöhnlich oft die Anfangsbuchstaben m bzw. das Wort ›mich‹ in Beziehung zu einem mit s bzw. sch beginnenden Wort oder betonter Silbe, mehr als 20mal« stehen.[2] Demzufolge kommt er zur Hypothese, dass das Lied dem fast gleichaltrigen Konrektor am Grauen Kloster zu Berlin und Dichterfreund Michael Schirmer (1606–1673)[3] zugedacht sei, der wegen seines persönlichen Geschicks – er litt u. a. stark an Depressionen – in der Biographik seit dem 19. Jahrhundert als »deutscher Hiob« tituliert wird. Seine Namensinitialen M und S wären demnach ursächlich für die benannten spezifischen Wort-Konstellationen im Lied. Balders weist auch noch auf das MICHAEL-Anagramm in der auffallenden Wendung *mir lachet* in der Schlussstrophe hin. Balders entging allerdings, dass darüber hinaus im ersten wie im letzten Satz des Liedes der vollständige Name MICHAEL SCHIRMER als Anagramm auszumachen ist, in den beiden Schlussversen getoppt durch ein weiteres MICHAEL-Anagramm. Im dezidierten *mich* kann sich MICHAEL stets namentlich aufgerufen sehen:[4]

---

[2] Günter Balders, »Mein Herz soll dir grünen …«. Buchstabensymbolik und kleine Formelemente bei Paul Gerhardt, in: Winfried Böttler (Hg.), »Mach in mir deinem Geiste Raum«. Poesie und Spiritualität bei Paul Gerhardt (Beiträge der Paul-Gerhardt-Gesellschaft, Band 5), Berlin 2009, 55–123, hier 67.

[3] Im EG vertreten als Textdichter von Lied 9 *Nun jauchzet, all ihr Frommen* und Lied 130 *O Heilger Geist, kehr bei uns ein*.

[4] Die Orthographie der Liedtexte folgt hinsichtlich der Buchstaben, wenn nicht

ISt Gott füR MICH, so tREte / Gleich ALlEs wider MICH (Str. 1)
SCHIRMER   /   MICHAEL
Die Sonne, die MIr LACHEt, / ist MEin HerR JesuS CHRIst, (EG 351,13)
         MICHAEL   SCHIRMER
Das, was MICH singend mAchEt, / ist, was im HimmeL ist.
         MICHAEL

Anagramme gehören zu den typischen artifiziellen Spielereien in barocker Poesie, waren selbstverständlich in der weit verbreiteten Kultur von Widmungsgedichten zu allen Lebenslagen bis hin zum würdigenden Abgesang auf Verstorbene. Balders Entdeckung der konkreten Widmung von *Ist Gott, für mich, so trete* an den depressiven Michael Schirmer lässt die für manche Rezipienten heute vielleicht abstoßenden Passagen wie *Widersacher Rott* (1,8) oder *die Höll und ihre Flammen* (6,3) in anderem Licht erscheinen. Von Depressionen geplagte Menschen sehen sich oft tatsächlich mit einem Heer, einer *Rotte* von *Feinden* (1,7) konfrontiert. So wäre das Lied insgesamt neu zu entdecken als Antidepressivum in der Seelsorge.

Ein Anagramm in *Befiehl du deine Wege*

Zu *Befiehl du deine Wege*, in Johann Crügers Gesangbuch *Praxis pietatis melica* (PPM) erstmals in der 5. Auflage 1653 veröffentlicht (wie das soeben besprochene Lied), hat Günter Balders 2009 die Beobachtung mitgeteilt, dass bei Str. 11 in den Zeilen 5 bis 8 eine gezielte Inversiv-Kon-

---

anders angegeben, der Erstveröffentlichung in Johann Crügers Gesangbuch *Praxis pietatis melica* (im Folgenden: PPM) 1653. Groß- und Kleinschreibung sowie Interpunktion folgen heutigen Regeln. Zur Identifizierung der für ein Anagramm relevanten Buchstaben werden diese großgeschrieben und durch Fettdruck hervorgehoben.

struktion mit den eigenen Namens-Initialen P und G vorliegen könnte. Diese Inversion würde so präzise die in der Schlusszeile benannte Wendung des Geschicks widerspiegeln:

*G*ott gibt dir selbst die *P*almen	G / P
In deine rechte Hand	
Und du singst Freuden=*P*salmen	P
Dem, der dein Leyd *g*ewandt.	G
(Schreibweise nach GA, S. 83)	

Zumindest in *Editio X.* der PPM von 1661 steht unter diesem Lied als Autorensignatur denn auch »P.G.«[5]

Nun hat Balders inzwischen in derselben Strophe, die mit ihrer Emphase hervorsticht, ein Anagramm ausgemacht und zwar ELISABETH HORTLEDER, Mutter von Gerhardts späterer Frau Anna Maria Berthold, die im Dezember 1651 nach langer Leidenszeit verstarb und laut Kirchenbucheintrag mit Datum 14.12. wohl an diesem Tag bestattet wurde.[6] Gerhardt hat bekanntlich ab 1642/1643 im Berliner Haus des Kammergerichtsadvokaten Andreas Berthold und seiner Frau Elisabeth (geb.) Hortleder gelebt und im November 1651, also kurz vor ihrem Tod, Berlin

---

[5] S. die kritische Edition der PPM von Hans-Otto Korth / Wolfgang Miersemann, Johann Crüger. PRAXIS PIETATIS MELICA. Edition und Dokumentation der Werkgeschichte, Band I/1, Halle 2014, 325 f. und den Kommentar in Band I/2, Halle 2015, 228.

[6] Vgl. Arnold Niemann, Paul Gerhardt ohne Legende. Untersuchungen zum gesellschaftlichen Umfeld Paul Gerhardts, Göttingen 2009, 33. Wir danken Günter Balders herzlich für die Zustimmung zu Publikation und Auswertung seines Anagramm-Fundes. Mit Balders gehen wir von HORTLEDER als zutreffender Schreibweise des Nachnamens aus. In der Leichenpredigt für A.M. Berthold ist er so überliefert (s. u. Anm. 10, Scan 77.) Der Kirchenbucheintrag zeigt »Hordtleder«. Das zusätzliche »d« ließe sich bei den im Folgenden aufgelisteten Anagramm-Befunden allerdings in allen Fällen im Text auch finden.

verlassen, um seine erste Pfarrstelle in Mittenwalde anzutreten. Im Februar 1655 heiratete er dann Anna Maria.[7]

W**OL** dir, du Kind **DER TRE**ue	ORTLEDER
Du **H**ast und trägst davon	H
Mit Ruhm und Danckgeschreye	
Den Sieg und Ehrenkron.	
Gott g**IBT** dir **SEL**bst die P**A**lmen	ELISABET
In deine rechte **H**and	H
...	

Dass der Buchstabe H, letzter Buchstabe des Vornamens und erster des Nachnamens, jeweils in der Folgezeile zu finden ist[8], da aber in prominenter Position, scheint eher gezieltes sprachliches Konstrukt zu sein denn anagrammatisches Defizit.

Str. 11 beschließt die mit Str. 6 einsetzende Ermunterung zur Glaubenszuversicht wider den Augenschein, durchgängig im Modus der *Du*-Anrede gehalten, mit emphatischer *Wohl dir*-Seligpreisung. Während in Str. 10 dem *treuen* Du noch futurisch eine Wendung des Geschicks in Aussicht gestellt wird, spricht Str. 11 von der vollzogenen Wendung des Leids und dem darauf reagierenden *Dankgeschrei*. Die Schlussstrophe 12 ist dann als verallgemeinernde *Uns*-Bitte sprachlich abgesetzt von Str. 6 bis 11.

Die von Balders aufgespürte Fährte HORTLEDER lässt sich im Lied noch weiterverfolgen. In Str. 6 baut sich, ausgehend vom wiederholten Initialwort *Hoff*, in den ersten drei Zeilen der Name sukzessive auf:

---

[7] Zu den Details von Paul Gerhardts Biographie s. Christian Bunners, Paul Gerhardt. Weg – Werk – Wirkung, Göttingen 2006.

[8] In PPM (seit 1653) wie GA steht nicht *Wohl*, sondern *Wol*, ebenso in Str. 6 *Höle* und nicht *Höhle*. S. die kritische Edition wie Anm. 5.

HOff, o du aRme Seele   HOR
HOff, und sey unveRzagT: HORT
GOTt wiRd dich aus DER HöLE   HORTLEDER

In den Zeilen 6 und 7 lässt sich – mit Fokus bei *erblicken* – der Vorname entdecken:

ErwArte nur der Zeit,   A
So wirsT du scHon ErBLIckEn   ELIS   BETH
Die Sonn der schönsten Freud.

Alternativ steckt aber auch HORTLEDER in Zeile 7:
So wiRsT Du scHOn ERbLickEn

Es drängt sich in der Tat als Hypothese auf, dass dieses Lied mit Referenz zu ELISABETH HORTLEDER gedichtet wurde. Ob es in die Situation ihres Leidens spricht oder unmittelbar nach ihrem Tod entstanden ist, lässt sich nicht entscheiden. Die Strophen 6 bis 10 machen in futurischer Redeweise einer leidenden Person Mut. Str. 11 als Pointe dieser Passage wechselt ins Präsenz und bringt als letztes Wort sogar das Verb im Perfekt. Spricht dies die mit dem Tod erreichte himmlische Seinsweise der Vollendeten an oder ist es eine theologisch kühne, aber nicht untypische Prolepse?[9] Die sprachliche Diktion von Str. 11 greift jedenfalls mit *Sieg und Ehrenkron* Vollendungs-Topoi aus der Offenbarung auf. Dass Gott selbst die Jubel-*Palmen* in die Hand gibt, ist als Vorstellung von der himmlischen Wirklichkeit plausibel, wo eben das Leid definitiv *gewandt*, ins

---

[9] Axmacher bietet in ihrer Besprechung des Liedes auf dem Hintergrund der Providentia-Lehre einiges an theologischer Argumentation auf, um das Präsens von Str. 11 als proleptische Redeweise plausibel zu machen. S. Elke Axmacher, Ein Lied von der göttlichen Providenz. Befiehl du deine Wege, in: dies., Johann Arnd und Paul Gerhardt (Mainzer hymnologische Studien, Band 3), Tübingen 2001, 103–142, hier z. B. 136 f.

Gegenteil, in Heil umgekehrt ist. Str. 12 hat einerseits Plausibilität als Bitte um ein – jetzt wieder futurisch gedachtes – »seliges Ende« für die Hinterbliebenen (*uns*), andererseits kann *uns* hier auch inklusiv die betroffene leidende Person mit der Gemeinde zusammenschließen in der gemeinsamen Bitte um ein *Ende aller Not*, wie es in der vorausgehenden Strophe vollmundig vor Augen gestellt worden ist.

Leider ist die Leichenpredigt für Elisabeth Hortleder nicht publiziert worden oder nicht erhalten. Hätte sich hieraus ein Hinweis auf Psalm 37,5 etwa als Denkspruch der Verstorbenen ergeben, hätte die Anagramm-Hypothese verifiziert (und präzisiert) werden können. Dass der Geburtsname der Verstorbenen und nicht ihr Ehename BERTHOLD eingezeichnet erscheint, ist zeittypisch. Die Vorrangstellung des Ehenamens ist eine spätere (bürgerliche) Erscheinung. Namentlich in geistlichen Zusammenhängen hat der Geburtsname Vorrang als Taufname, welcher das Verhältnis der Gotteskindschaft konstituiert. Zudem waren damals mehrfache Namenswechsel bei Wiederverheiratung keine Seltenheit. Auch die erhaltene Leichenpredigt für Paul Gerhardts Frau führt im Titel ihren Geburtsnamen »Anna Maria Bertholdin«.[10]

Aus dem Lebenslauf in dieser Leichenpredigt geht hervor, dass die Mutter fünf Jahre lang schwer leidend, bettlägrig und hilfsbedürftig war und von der Tochter aufopferungsvoll gepflegt wurde.

»Wie Sie denn ihre seelige Mutter / da dieselbige endlich ganz Krafft=loß und unvermögend worden / und getreue Auffwartung wol von nöthen gehabet / keinem Gesinde anvertrauen wollen / sondern hat diesen Dienst selbst auff sich genommen. Und damit Sie ja nicht etwas versäumen möchte / ist Sie auch des Nachts nicht von der Mutter gewichen / sondern hat sich bey dero Bette / auff der Erden / mit einem geringen Lager beholffen /

---

[10] S. den Scan der mit äußerst umfänglicher Titulatur versehenen, 1670 in Guben gedruckten Leichenpredigt von Samuel Lorentz: https://digital.staatsbibliothek-berlin.de/werkansicht?PPN=PPN644185619&PHYSID=PHYS_0005&DMDID

auch sobald sich die Mutter gerühret / munter und wach gewesen zu allem / was Sie gefo[r]dert und begehret hat / und das hat gewehret gantzer fünff Jahre lang.«[11]

Dies als konkreter Kontext macht manche Zuspitzung in Formulierungen der Strophen 6 bis 10 plausibel. Die seelsorgerliche *Du*-Anrede fixiert aber nicht auf ein bestimmtes Gegenüber, dieses *Du* gilt jedem Menschen, der in der Gottesbeziehung lebt, auch dem Autor selbst. Nicht von ungefähr lässt er sich in Str. 6,4 auch selbst als potentiell kummerbeschwert namentlich fassen:

DA dicH deR KUmmER PLAGT   PAUL GERHARDT

Eine analoge Verschränkung der Namen lässt sich gleich am Beginn des Liedes konstatieren:

BEfIehL *du deine WegE*   ELI   BE
Und **wAS** *dein* **HerT***ze kränckt*   SA   TH
Der allertreusten Pflege
Deß, **DER** *den* **H***immel* **LEnckT***,*   H   TLEDER
*De***R W***O**lken, Luft und Winden*   OR

Der Mittlere dieser Verse ist als Ansatzpunkt für den Namen des Autors auszumachen[12]:

Und **wA***s* **D***ein* **HeRT***ze kränckt,*   HARDT
Der **ALleRT***re***U***sten* **P***fle***GE**   PAUL GER

---

[11] S. Scan 79 (wie Anm. 10).
[12] Hier wäre auch die häufig begegnende Namensversion PAULUS GERHARD möglich, in PPM steht als Signatur meist »Paul Gerhard«.

Eine Besonderheit dieses Liedes ist das Schlüsselwort *Pflege*. Nach der prominenten Platzierung im ersten Satz des Liedes erscheint es erst wieder bei der *uns*-Bitte in der Schlussstrophe und dient so auch inhaltlich als Klammer für das gesamte Lied. Am Liedende ermöglicht dieses Wort mit initialem P zudem ein Anagramm des Autors (fast vollständig in seiner Zeile).

Und lAß biß in den Tod	A
Uns ALlzeiT DeineR PfleGE	PAUL GER DT
Und TReu empfoHlen seyn	H R

Allerdings lässt sich in der Schlussstrophe ebenso der Nachname HORTLEDER identifizieren und zwar gleich doppelt. In Verbindung mit der Bitte um göttliche *Pflege* bis zum Tode ist dies wohl eher ein Indiz dafür, dass das Lied in die Situation ihrer Leidenszeit hineinspricht.

Mach End, o HerR, mach EnDE	DER
An alLEr unseR NOTH	HORTLE
...	
Uns allzeit DEineR Pflege	DER
Und TReu empfOHLEn seyn	HORTLE

Befiehl du deine Wege ist das einzige Lied Paul Gerhardts, in welchem *Pflege* im Sinne der göttlichen cura (Sorge)[13] als Substantiv erscheint. Dies unterstreicht einerseits die von Elke Axmacher profilierte,[14] exponierte Stellung dieses Liedes als Entfaltung der Providentia(Fürsorge)-Lehre, andererseits könnte dies eben auf den konkreten Entstehungskontext verweisen: seelsorgerliche Begleitung der fünf Jahre lang Pflegebedürftigen Elisabeth Hortleder. Auch wenn de facto die Tochter die »nö-

---

[13] Vgl. 1. Petrus 5,7: »All eure Sorge werfet auf ihn, denn er sorget für euch.«
[14] S. Anm. 9.

thige« Pflege leistet, zeigt sich darin, um mit Schleiermacher zu sprechen, die »schlechthinnige Abhängigkeit« des Menschen von der cura dei.

Ein zweites Schlüsselwort des Liedes ist *Treu*, wechselweise als Eigenschaft Gottes respektive seines Handelns (Str. 1,2; 3,1) und als dem entsprechendes Verhalten des Menschen: *dem Herren trauen* (Str. 2,1). In der drittletzten Strophe (10,2) wird nochmals summarisch das *treu verbleiben* des *Du* reklamiert, was in der Seligpreisung als *Kind der Treue* (Str. 11) kulminiert – biblisch ist Gottes*kind*schaft ja mit den Seligpreisungen verlinkt (Mt 5,9). Ein zentraler weiterer biblischer Leitsatz zur Sterbebereitung lautet: *Sei getreu bis an den Tod, so will ich dir die Krone des Lebens geben* (Offb 2,10). Die Anfangsbuchstaben TR von *Treue* lassen sich als RT-Konstellation signifikant in HORTLEDER integrieren.

Ziel (finis) von Gottes Sorge für die Gläubigen ist laut der Providentia-Lehre Gottes Ehre (gloria Dei).[15] Günter Balders hat in seiner Erkundung von Gerhardts Buchstabensymbolik signifikante Beispiele für S-D-G-Konstellationen für **S**oli **D**eo **G**loria aufgeführt, wobei die Buchstabenfolge variiert werden kann.[16] Beim singulären, pointierenden Wort *Dank-ge-schreye* in Str. 11,3 beginnen die ersten drei Silben mit D-G-S. Das folgende *Den SieG* enthält als Anfangs und Endbuchstaben D-S-G. In der Folgezeile beginnen die drei einsilbigen Worte *gibt dir selbst* mit G-D-S, zwei weitere Zeilen später finden sich in *Du SinGst* die drei Buchstaben in Verdichtung. In Zeile 5 steckt schließlich (neben ELISABET):

*G**O**tt gibt D**i**R se**L**bst d**I**e P**A**lmen*   GLORIA

---

[15] Vgl. Axmacher (wie Anm. 9), 139.
[16] G. Balders (wie Anm. 2), 85–87. S. prominent etwa die Liedincipits *Die Güldne Sonne* (EG 449) und *Ich SinGe Dir* (EG 324).

»Denn Tulipan und Salomonis Seide waren ihm einfach zu schön zum Umdichten.«
Erzählungen der Schriftstellerin Helga Schubert im Kontext hymnologischer Rezeptionsforschung

Anja Conrad

Einleitung

Die Rezeptions- und Wirkungsgeschichte geistlicher Lieder ist in der seit dem 19. Jahrhundert entstandenen klassischen Hymnologie wenig betrieben, im Angesicht historischer Quellenforschung vielmehr abgewertet worden. In seinem Aufsatz »Die Rezeption des geistlichen Liedes als Gegenstand der Hymnologie« hat Andreas Marti 2018 die historisch-hymnologische Frage nach der Dynamik von Rezeptionsvorgängen bis zu unseren heutigen Liedfassungen und die systematisch-theologische Frage nach individuellen Aneignungsprozessen für die Hymnologie beleuchtet.[1] Vor allem die Reflexion über das unvermeidliche Miteinander von identifikatorischer Nähe bei persönlicher Aneignung und von objektivierender Distanz bei der wissenschaftlichen Untersuchung und künstlerischen Verarbeitung von Liedern erscheint hier als wichtige Aufgabe – einerseits als Teil der kulturwissenschaftlichen Einbettung hymnologischer Forschung, andererseits als hilfreiches Bindeglied zu methodischen Fragen der aktuellen Katechetik, Gemeindepädagogik und Musikvermittlung.[2]

Die im Jahr 2021 veröffentlichten neueren Erzählungen der Schriftstellerin Helga Schubert (geb. 1940) regen dazu an, einerseits der Frage nach der Rezeption und Wirkung religiöser Inhalte und im Speziellen

---

[1] Andreas Marti, Die Rezeption des geistlichen Liedes als Gegenstand der Hymnologie, in: JLH 57 (2018), 165–178; hier v. a. 165–168. 177–178.
[2] Ebd., 178.

geistlicher Liedtexte in literarischen Werken nachzugehen. Christian Bunners hat das exemplarisch in seiner Paul-Gerhardt-Biographie im Kapitel »Dichter und Dichterinnen über den Dichter« getan.[3] Weiter sei auch auf den in der vorigen Beitragsreihe der Paul-Gerhardt-Gesellschaft erschienen Band zu Paul Gerhardt im Spiegel der Literatur verwiesen, der von Theodor Fontane bis Robert Gernhardt Einblick in die literarische Rezeption von Gerhardts Liedern gibt.[4] Andererseits lassen sich aber auch zeit- und kulturgeschichtliche Beobachtungen anstellen. Speziell bei Schuberts Texten handelt es sich um autobiographisch fundierte Erzählungen, die Einblick in den Umgang mit Liedtexten einer bestimmten Generation geben und zeigen, wie Geschichte und Lebensgeschichten ineinandergreifen.

Helga Schubert gehörte neben Kolleginnen wie Elke Erb, Sarah Kirsch oder Christa Wolf zu den profilierten Schriftstellerinnen der DDR, war aber auch über die damaligen Staatsgrenzen hinaus im deutschsprachigen Literaturbetrieb angesehen und geschätzt. Ihr Werk umfasst vor allem kurze Prosatexte, darüber hinaus Kinderbücher, Dokumentarfilme, Drehbücher und Theaterstücke. Heute lebt sie mit ihrem Mann Johannes Helm (geb. 1927), emeritierter Professor für Klinische Psychologie der Humboldt-Universität Berlin, in Mecklenburg-Vorpommern. Nach längerer Schaffenspause erlangte sie mit der Verleihung des Ingeborg-Bachmann-Preises 2020 große Aufmerksamkeit, wurde vielfach zur ihrer Biographie und ihrer Arbeit interviewt.[5]

---

[3] Christian Bunners, Paul Gerhardt. Weg – Werk – Wirkung, Göttingen ²2007, 272–289.

[4] Günter Balders / Christian Bunners (Hg.), »Und was er sang, es ist noch nicht verklungen«. Paul Gerhardt im Spiegel der Literatur (Beiträge der Paul-Gerhardt-Gesellschaft Band 7), Berlin 2011.

[5] Exemplarisch: Jan Wiele, Hinter der Kornkante, in: FAZ, www.faz.net/-gsf-a1w3j; 31.07.2020, aktualisiert: 02.08.2020; zuletzt aufgerufen am: 24.01.2023; Cornelia Geißler, Helga Schubert: Wie das Leben sich dreht, in: Berliner Zeitung, 06.09.2020.

Der vorliegende Aufsatz soll in drei Schritten an die Person und die Frage der lebensgeschichtlich eingebetteten Rezeption von Kirchenliedern heranführen: erstens mit einer Vorstellung der Schriftstellerin Helga Schubert und einigen grundsätzlichen Informationen zu ihrem Werk und ihrer Arbeitsweise. Zweitens zeige ich anhand dreier Beispiele aus ihrem 2021 publizierten Erzählband »Vom Aufstehen«[6], welche Rolle geistliche Lieder in Schuberts Erzählungen literarisch einnehmen und welche Einblicke sie in Rezeptions- und Identifikationsprozesse ermöglichen. Drittens fasse ich zusammen und benenne im Anschluss an Marti einige Perspektiven für weiterführende Forschungsfragen.

1. Zu Leben und Werk Helga Schuberts

Helga Helm, geb. Schubert, wurde 1940 in Berlin geboren. Ihr Vater verstarb als Soldat im Winter 1941 an der Front vor Moskau. Das Bild, das sie sich von ihm als Kind machen konnte, beruhte ausschließlich auf innerfamiliärem Erzählen sowie auf Fotografien. Das Verhältnis zur Mutter blieb zeitlebens schwierig und von Ablehnung und Vorwürfen geprägt. Erst am Ende – so legt es die Erzählung »Vom Aufstehen« nahe – kann so etwas wie Vergebung zwischen den beiden entstehen, als die Mutter sechs Tage vor ihrem Tod resümiert: »Ich habe drei Heldentaten vollbracht, die dich betrafen. Erstens: Ich habe dich nicht abgetrieben, obwohl dein Vater das wollte. Und für mich kamst du eigentlich auch unerwünscht. Wir haben deinetwegen im fünften Monat geheiratet. Zweitens: Ich habe dich bei der Flucht aus Hinterpommern bis zur Erschöpfung in einem dreirädrigen Kinderwagen im Treck bis Greifswald geschoben, und drittens: Ich habe dich nicht vergiftet oder erschossen, als die Russen in Greifswald einmarschierten.«[7] Darauf antwortet die Tochter: »Ich ver-

---

[6] Helga Schubert, Vom Aufstehen. Ein Leben in Geschichten, München 2021.
[7] Ebd., 216–217.

danke dir, dass ich lebe, es ist alles gut.«[8] Als Glück empfand Schubert den Umstand, zuhause schon früh den Zugang zum Lesen bekommen zu haben: »Ich hatte das Glück durch diese sehr strenge und kühle, aber eben auch sehr gebildete und belesene Mutter, solche Texte[9] schon als Kind gelesen zu haben. Ich habe unglaublich viele Bücher und Gedichte gelesen. Ich habe das Gesangbuch genommen und gelesen. Paul Gerhardt mit allen Strophen. Man muss Texte vor allem lesen und nicht nur im Internet sehen. Denn ich denke, man trägt eine Verantwortung für die Kultur des Landes, in dem man geboren wurde, indem man sie zur Kenntnis nimmt und damit arbeitet.«[10]

Schubert studierte nach dem Abitur Psychologie und war als Therapeutin sowie als Ausbilderin in der klientenzentrierten Gesprächstherapie nach Carl Rogers tätig. Seit den 1970er Jahren publiziert sie unter ihrem Geburtsnamen Helga Schubert als freie Schriftstellerin. Ihre Erzählungen verbinden häufig dokumentarische und erzählende Elemente, anhand derer sie den eigenen Lebensweg reflektiert. Literarisch präzise entlarvt sie absurde und inhumane Verhaltensweisen in der NS-Diktatur, der Nachkriegszeit sowie der SED-Diktatur und stellt das jederzeit mögliche Ineinander von Idylle und Schrecken alltäglicher Situationen dar.[11] Die Literaturwissenschaftlerin Ines Geipel beschreibt Schuberts Arbeitsweise mit z. T. jahrelangen Recherchen als »eine ästhetische Politik des Gefühls, die auf eine Art Nachzeit, ein anderes Zeitmaß, auf mimetische Wundheilung aus ist. Sorgsam anschauen, Stück für Stück auseinandernehmen,

---

[8] Ebd., 217.
[9] Schubert bezieht sich hier u. a. auf Texte von Thomas Mann, Anton Tschechow, Fjodor Dostojewski.
[10] Anja Conrad, Vom großen Strom der Kultur. Ein Interview mit der Schriftstellerin Helga Schubert, PTh 111 (2022), 97–108, hier 105.
[11] Vgl. Helga Schubert, Lauter Leben. Erzählungen [1975], München 2022; dies., Das verbotene Zimmer, Darmstadt 1982; dies., Judasfrauen. Zehn Fallgeschichte weiblicher Denunziation im Dritten Reich [1990], München 2021; dies., Die Welt da drinnen. Eine deutsche Nervenklinik und der Wahn vom unwerten Leben [2003], München 2021.

sortieren, neu zusammensetzen, integrieren, vermitteln, den genauen Punkt treffen.«[12] Politisch setzte sie sich – im Gegensatz zu vielen anderen in der DDR schriftstellerisch Tätigen für die rechtsstaatliche Einheit beider deutschen Staaten ein, war 1989/90 Pressesprecherin des Zentralen Runden Tisches und bereitete die ersten freien Wahlen in Ostdeutschland im März 1990 vor.

Einladungen zum Wettbewerb des Ingeborg-Bachmann-Preises in Klagenfurt konnte sie als Teilnehmerin bzw. Jurorin zu DDR-Zeiten entweder nicht oder nur unter staatlicher Beobachtung wahrnehmen. Im Wettbewerb von der Literaturkritikerin und Jurorin Insa Wilke vorgeschlagen, gewann Schubert im Alter von 80 Jahren nach einer längeren Publikationspause überraschend den Ingeborg-Bachmann-Preis 2020 mit ihrer Erzählung »Vom Aufstehen«, dem der gleichnamige Band mit kurzen autobiographischen Erzählungen und Alltagsminiaturen folgte.[13]

Die für Schubert charakteristische Verbindung aus autobiographischen Inhalten und literarisch-erzählerischen Elementen begegnet u. a. auch in Texten von Marlen Haushofer, Franz Fühmann, Hanns-Josef Ortheil, Ulla Hahn oder Annie Ernaux. Texte dieser Art lassen sich nicht widerspruchslos einem Genre zuordnen und werden zwar u. U. als »Essay«, »Erzählung« oder »Roman« bezeichnet, literaturwissenschaftlich jedoch unter dem Oberbegriff »Autofiktion« gefasst.[14] Ob man der Ebene der real

---

[12] Ines Geipel, Frauen gegen die SED-Diktatur. Wie DDR-Schriftstellerinnen kämpften, in: FAZ, www.faz.net/-gsf-a3yxz; 01.10.2020, aktualisiert am 03.10.2020 [zuletzt aufgerufen am 03.01.2023].

[13] Zu weiteren biographischen Stationen und literarischen Auszeichnungen vgl. Julian Kanning, Art. Schubert, Helga, in: Michael Opitz / Michael Hofmann (Hg.), Metzler-Lexikon DDR-Literatur. Autoren – Institutionen – Debatten, Stuttgart/Weimar 2009, 302 303; Hannes Krauss / Elke Kasper, Art. Schubert, Helga, in: Walter Kühlmann / Walther Killy (Hg.), Killy-Literaturlexikon. Autoren und Werke des deutschsprachigen Kulturraumes. Bd. 10, Berlin 2011, 606–607.

[14] Zum Begriff »Autofiktion« vgl. Serge Doubrovsky, Nah am Text, in: Kultur & Gespenster. Nr. 7 (2008), 123–133, hier 123; des Weiteren Matias Martinez,

erlebten Ereignisse und Fakten oder der Ebene der literarisch-konstruierten Momente den Vorzug gibt, wird literaturtheoretisch unterschiedlich bewertet bzw. obliegt jeweils individuell der Lesart des Rezipienten.[15] Zugleich ist aus psychologischer Perspektive zu berücksichtigen, dass autobiographisches Erinnern und Erzählen grundsätzlich der persönlichen Auswahl und Konstruktion unterworfen ist und damit immer – unbewusst oder bewusst ein kreativ-fiktives Moment enthält.[16] Für die hier ausgewählten Szenen lässt sich festhalten, dass sie als solche real erlebt wurden. D. h. die Wahl der genannten Lieder und die mit ihnen geschilderten Situationen sind nicht frei erfunden. Der kreativen Bearbeitung unterliegt vor allem ihre literarische Darstellung und Deutung sowie ihre Positionierung innerhalb der Erzählung.[17] Sofern ich nachfolgend auf Fra-

---

Art. Fiktionalität, in: Dieter Burdorf / Christoph Fasbender / Burkhard Moennighoff (Hg.), Metzler Lexikon Literatur. Begriffe und Definitionen, 3., völlig neu bearbeitete Auflage, Stuttgart 2007 [MLL³], 240; Helga Schwalm, Art. Autobiographie und Art. Autobiographischer Roman, MLL³, 57–59.

[15] Deutlich wurde Letzteres etwa im Rahmen der Jury-Diskussion beim Ingeborg-Bachmann-Preis 2020 um die Frage, inwieweit die literarische Protagonistin und Erzählerin »Helga« mit der Autorin Helga Schubert gleichzusetzen sei. Zur Lesung und Jurydiskussion vgl. https://bachmannpreis.orf.at/stories/3053900/ und https://bachmannpreis.orf.at/stories/3047140/ [zuletzt aufgerufen am 03. 01. 2023].

[16] Wiederum lässt sich auch an der Art der Auswahl und Konstruktion (zumindest aus psychoanalytischer Sicht) etwas über eine Person, ihr Erleben der Wirklichkeit und ihre damit verbundenen Bedürfnisse, Wünsche und Hoffnungen sagen. Das ist nicht Thema dieses Beitrages, soll aber darauf hinweisen, dass die Vokabeln »fiktiv« und »kreativ« nicht automatisch mit »falsch« und »unwahr« gleichzusetzen sind, d. h. konstruierte Elemente haben einen die Person beleuchtenden Wahrheitsgehalt. Vgl. Johannes Cremerius, Die Konstruktion der biographischen Wirklichkeit im analytischen Prozeß, in: ders., Vom Handwerk des Psychoanalytikers: Das Werkzeug der psychoanalytischen Technik. Band 2, Stuttgart-Bad Cannstatt ²1990, 398–425.

[17] Die Informationen entstammen einem längeren Gespräch mit der Schriftstellerin im September 2021, das in Auszügen veröffentlicht wurde. Vgl. Anja Conrad, Vom großen Strom der Kultur (wie Anm. 10).

gen der literarischen Gestaltung eingehe, werde ich von Helga Schubert als Textautorin sprechen. Sofern es sich um Aussagen und Deutungen innerhalb der Erzählung handelt, spreche ich von ihr als textimmanenter »Erzählerin«.

2. Rezeption geistlicher Liedtexte im Erzählband »Vom Aufstehen«

Helga Schubert bezeichnet sich selbst als »gläubig«.[18] Von Seiten ihrer Mutter diente religiöse Bildung ausschließlich dem besseren ästhetischen Verständnis von Kunstwerken, Musik und Literatur. Unter dieser Prämisse kultureller Bildung schickte sie die Tochter in den Religions- und Konfirmandenunterricht. Schubert empfand nach eigenen Angaben jedoch das Empfangen des Segens im Gottesdienst als glaubensstiftenden Moment, weil sie dort im Gegensatz zum häuslichen und schulischen Alltag spürbar ohne Leistungsdruck sein konnte. Darüber hinaus empfand sie die Zugehörigkeit zur evangelischen Kirche als inneres Gegengewicht zum vorgegebenen Personenkult im kommunistischen System.[19] Religiöse Inhalte und die Reflexion über religiöse Praktiken (Singen, Lesen, Gedenken, Segnen, Seelsorge etc.) sind fester Bestandteil des Erzählbandes »Vom Aufstehen«, folgen aber keiner missionarischen oder religiös-erbaulichen Intention, sondern wahren eine zuweilen auch mit feiner Ironie versehene kritische Distanz. Lediglich Hoffnung, so Schubert, könnten die Erzählungen machen aufgrund ihrer zugrundeliegenden lebensbejahenden Haltung.[20]

---

[18] Ebd., 101.
[19] Ebd., 101–102. 106.
[20] Schubert über die Entstehung des Erzählbandes in Conrad (wie Anm. 10), 98: »Diese Erzählungen hatte ich nur einmal bei Vernissagen hier in der Galerie meines Mannes gelesen. Einige hatte ich auch ausgedruckt. Als die meisten Besucher der Vernissagen die Texte geschenkt haben wollten, habe ich festgestellt: Das sind Geschichten, mit denen ich mir selber Hoffnung

Nachfolgend gehe ich auf drei Formen der Rezeption geistlicher Liedtexte und deren Reflexion ein, wie sie in Schuberts Erzählband »Vom Aufstehen« begegnen.[21]

2.1 Persönliche Erinnerung und Textvorlage – Lieder als Mittel der Selbstreflexion

Neben Paul Gerhardts *Geh aus, mein Herz, und suche Freud*[22] werden Luise Hensels *Müde bin ich, geh zur Ruh*[23], Julie Hausmanns *So nimm denn meine Hände*[24] sowie Dietrich Bonhoeffers *Von guten Mächten*[25] explizit in den Erzählungen genannt. Zitate erstrecken sich auf einzelne Strophen, Zeilen oder Wendungen: gemeinhin das, was Menschen von Liedtexten erinnern, wenn sie sich ein Lied in einer bestimmten Lebenssituation merken, es aber nicht unter kritischen Gesichtspunkten lesen oder bewusst mit anderen Varianten vergleichen. Bei den genannten Liedern von Gerhardt und Hausmann wird die jeweils erste Strophe in Teilen zitiert, bei Bonhoeffers Text die (als Refrain verwandte) letzte Strophe. Im Falle von *Müde bin ich, geh zu Ruh* ist zunächst das abendliche Vorsingen der ersten drei Strophen durch die Mutter Grundlage für die Textkenntnis der Erzählerin. Eine Recherche im Internet macht sie schließlich zum ersten Mal mit schriftlich fixierten Textvarianten und einer Variante der ihr bis dato nicht bekannten vierten Strophe vertraut. Es sind die

---

mache. Und anderen Menschen ging das offensichtlich auch so: ›Können Sie mir die Geschichte mal geben? Sie macht mir Hoffnung. Sie macht mir Hoffnung, mein Altsein anzunehmen. Sie macht mir Hoffnung, eine Verantwortung anzunehmen oder meine Krankheit anzunehmen.‹ Das ist mir immer wieder gesagt worden.«

[21] Schubert geht nicht explizit auf die Melodien ein, weshalb ich diese nicht thematisiere.
[22] In der Erzählung »Vom Aufstehen«, Schubert, Vom Aufstehen, 218–219.
[23] In den Erzählungen »Die vierte Strophe« und »Vom Aufstehen«, ebd., 13–14. 209–211.
[24] In der Erzählung »Dämmerung eines einzigen Tages«, ebd., 172.
[25] In der Erzählung »Der erste Tag im Jahr«, ebd., 198. 200.

kleinen, aber feinen Unterschiede, die ihr bewusst werden: »Augen statt Äuglein, Bette statt Bettchen, Schaden statt Sünde.«[26] Bei den anderen Liedern diente das *Evangelische Gesangbuch* (1993) als Vorlage. Auch beim Bonhoeffer-Text schildert die Erzählerin, wie ihr die Unterschiede zwischen Textvorlage und persönlich erinnertem Text beim Singen im Gottesdienst am Altjahresabend bewusst werden – *von guten Mächten wunderbar »geborgen«* statt *»umgeben«*, was sich ohnehin nicht auf *»Morgen«* reime.[27] Mit Blick in den Text zeigt sich, dass sie die erste Liedzeile der ersten Strophe *Von guten Mächten treu und still umgeben* und der siebten Strophe *Von guten Mächten wunderbar geborgen* in der Erinnerung kombiniert hat. Das wiederum lässt darauf schließen, dass ihr der Text in der Vertonung von Siegfried Fietz zugänglich war, wo die letzte Strophe als Refrain den Anschein erweckt, *Von guten Mächten wunderbar geborgen* sei die titelgebende Liedzeile.

Die Erzählerin gesteht der Variante, die ihr im schriftlichen Text begegnet, zunächst Vorrang und Korrektheit zu.[28] Lakonisch und mit einer gewissen Ironie resümiert sie in der Erzählung »Die vierte Strophe«: »Er macht also allen Schaden wieder gut in dem Lied und nicht die Sünden, achtundsechzig Jahre falsch gedacht.«[29] Und ebenso in »Der erste Tag im Jahr«: »Dabei fiel mir auf, dass ich den Text in falscher Erinnerung hatte, nämlich: Von guten Mächten wunderbar umgeben. Warum nicht denken, von ihnen geborgen zu sein? Wenn sie mich umgeben, sind sie ja viel zu weit weg.«[30] Das Erkennen der Unterschiede zwischen gelerntem Liedtext und schriftlicher Textvorlage dient der Erzählerin als Quelle der Selbstreflexion und Selbsterkenntnis sowie als Anregung zu neuen Denkwegen. Gleichwohl bleibt offen, inwieweit das dann tatsächlich geschieht. Gerade

---

[26] Ebd., 14.
[27] Ebd., 198.
[28] Anders aber z. B. im Kapitel »Nur ein Wort«, in: Schubert, Die Welt da drinnen, 53–54.
[29] Schubert, Vom Aufstehen, 14.
[30] Ebd., 198.

über die offenen Fragen jedoch tritt die Autorin mit ihren Rezipienten ins Gespräch. Auf der Erzählebene zeigt sich im Umgang mit Liedtexten, was Helga Schubert als Autorin über ihre eigene Textpragmatik sagt:

> »Das Äußerste, was ich mir erlaubt habe, ist, mit Humor darauf hinzuweisen, dass man ein klein bisschen an der eigenen Sicht rücken kann. Aber das ist das Äußerste bei mir. Auch nicht in der Wir-Form schreiben! Das sind alles No-Gos. Ich weiß ja nicht, wie andere denken. Ich kann bloß sagen: ›Das habe ich alles gesehen.‹«[31]

2.2 Charakterisierung von Erzählfiguren – Lieder am Ende des Lebens

Die Lieder *So nimm denn meine Hände* sowie *Geh aus, mein Herz, und suche Freud* erscheinen in zwei Szenen, die vom Lebensende zweier Frauen erzählen.

Erstere spielt sich am Sterbebett einer 97-jährigen Frau ab. In der Erzählung singt die am Bett anwesende Tochter der im Sterben liegenden Mutter *So nimm denn meine Hände* vor, kennt aber nur die erste Strophe und schreibt der Erzählerin eine WhatsApp-Nachricht. Im Heim sei kein Gesangbuch zu finden, »nur« eine Bibel.[32] Die Erzählerin fotografiert daraufhin das Lied in ihrem Gesangbuch (EG 376) und schickt es ihr per WhatsApp. »Die Mutter hat sie plötzlich ganz fest umarmt, schrieb sie mir danach. Sie schläft jetzt ganz ruhig, ist die letzte Nachricht der Tochter auf meinem Smartphone.«[33] So schließt die Erzählerin die Szene ab.

Geh aus, mein Herz, und suche Freud ist sodann in der Erzählung »Vom Aufstehen« das Lied, das sich die Mutter der Erzählerin zum Geburtstag im November und auch als Lied zu ihrer Beerdigung wünscht. Auf die Frage des Pfarrers, was gemacht werden solle, wenn sie im Winter sterbe, entgegnet die Mutter: »Dann müssen Sie es umdich-

---

[31] Conrad (wie Anm. 10), 101.
[32] Vgl. Schubert, Vom Aufstehen, 172.
[33] A. a. O.

ten.«[34] Sie stirbt schließlich im Februar. Der Pfarrer erfüllt den Wunsch und dichtet »Sommerzeit« in »Jahreszeit« um, belässt aber den weiteren Text in der Originalgestalt.[35]

Schubert nutzt die Lieder nach eigenen Angaben dazu, beide Frauen und deren Lebenshaltung zu charakterisieren: die eine als gläubige, praktizierende Christin, die ihr Leben als Führung an und in Gottes Händen versteht; die andere als Atheistin, die der Kirche aus kulturell-ästhetischen Gründen verbunden blieb, ihr Leben jedoch lieber in den eigenen Händen sah.[36] Sterbende, die sich ihres nahen Todes bewusst sind, stehen psychisch vor der immensen Herausforderung, das endgültige Ende ihres biologischen Lebens als Realität anzuerkennen und seelisch zu integrieren. Als länger andauernder Zustand bedeutet das eine seelische Überforderung, die immer wieder nach Entlastung verlangt. Dementsprechend schwanken Sterbende phasenweise in ihrem Verhalten zwischen einerseits der Anerkennung der Realität, treffen Vorbereitungen und können über ihren eigenen Tod sprechen und andrerseits Entlastung schaffender Verleugnung, sind aktiv und schmieden Pläne, als würden sie ewig leben.[37] *So nimm denn meine Hände* demonstriert einerseits die fortschreitende Akzeptanz des nahen Todes, auf die sich eine psychische Beruhigung einstellt. Im Handlungsimpuls der Sterbenden, ihre Tochter fest zu umarmen, zeigt sich andererseits eine letzte Form der Selbstwirksamkeit. Sie selbst führt aus, was im Lied als Bitte an Gott ausgesprochen wird

---

[34] Ebd., 219.
[35] A. a. O.
[36] Vgl. Conrad (wie Anm. 10), 101–102.
[37] Vgl. Michael Klessmann, Seelsorge. Begleitung, Begegnung, Lebensdeutung im Horizont des christlichen Glaubens. Ein Lehrbuch, 5. überarbeitete und aktualisierte Auflage, Neukirchen-Vluyn 2015, 384–394, hier zur Komplexität von Sterbeprozessen und zur Problematik einer Einteilung in Sterbephasen 386–389; zur Einführung aus psychoanalytischer Sicht vgl. Kurt R. Eissler., Der sterbende Patient. Zur Psychologie des Todes, Stuttgart-Bad Cannstatt 1978.

(das Nehmen der Hände, das Umhüllen), d. h. was sie für sich selbst erhofft und was gleichzeitig als Anerkennung der Realität und Geste des Abschieds gelten kann.[38] Die Frau kann ausführen, was sie sich selbst im Tod erhofft.

Geh aus, mein Herz, und suche Freud steht erzählerisch für die Lebenslust und zuweilen risikobehaftete Lebensführung einer Frau, die im hohen Alter von 101 Jahren stirbt. Das Lied gehört zwar zur Vorbereitung der eigenen Beerdigung, die Frau beugt den Liedtext jedoch über Tod und Jahreszeiten hinaus ihren Wünschen, als ginge es hier weniger um die Annahme des eigenen Ablebens, als vielmehr um den Wunsch weiterzuleben. Gerhardts soteriologische Deutung der irdischen Natur und ihrer Kreisläufe auf die segenspendende Verbindung zwischen Gott und Mensch und dem himmlischen Paradiesgarten spielen explizit keine Rolle. Lied und Liedrezeption der Erzählfigur treffen sich allenfalls im Wunsch des Weiterlebens.[39] Die Erzählerin beendet die Szene mit den Sätzen: »Der Pfarrer hatte ihr den Wunsch erfüllt. Aber nur mit der ersten Zeile. Denn Tulipan und Salomonis Seide waren ihm einfach zu schön zum Umdichten.«[40] So steht innerhalb der Mutter-Tochter-Beziehung gerade der Umgang mit dem Gerhardt-Lied an einer für die Erzählung signifikanten Stelle. Denn es sind die letzten Sätze, die überhaupt über die Mutter, unter der die Erzählerin lebenslang gelitten hat, gesagt werden. Das bedeutet aus Sicht der Tochter: Die Macht der Mutter wirkt nur be-

---

[38] Vgl. Conrad, 101. In der Erzählung als solcher geht es gleichwohl auch um eine Deutung des Sterbens als »Dämmerung« und Übergang, wie der Titel »Dämmerungen eines einzigen Tages« und der weitere Kontext der Szene nahelegen.

[39] Das ist theologisch u. U. ernüchternd, entspricht aber über weite Strecken den Erfahrungen in der kirchlichen Realität. Der Wunsch nach Umdichtung des Textes spricht auch dafür, dass lediglich die Melodie August Harders in Verbindung mit der ersten Liedzeile im Zentrum des Interesses stand; vgl. Juliane Keitel, Liedkommentar zu EG 503 *Geh aus, mein Herz, und suche Freud*, in: HbEG Bd. 3, Liederkunde Heft 9, 34–39.

[40] Schubert, Vom Aufstehen, 219.

dingt weiter – nur in der ersten Zeile. Alles, was im Lied und im übertragenen Sinn im Leben danach kommt, liegt in anderen Händen und gehorcht anderen Regeln, obgleich im Verhältnis zwischen der winterlichen Jahreszeit und den Tulipan ein semantischer Bruch entsteht. Die Vorrangstellung, die hier der poetischen Schönheit von Gerhardts Sprache gegenüber den Wünschen der Mutter zugesprochen wird, wird innerhalb der Handlung zum erzählerischen Umschlagpunkt, der die persönliche Lösung und Befreiung der Tochter eröffnet.[41]

2.3 Fremde Wärme – Lieder als Übergangsphänomen

Seit sie etwa sechs Jahre alt war, so beschreibt die Erzählerin, sei das Schönste jeden Tag der Moment gewesen, in dem die Mutter ihr vor dem Einschlafen *Müde bin ich, geh zu Ruh* vorgesungen habe: »Drei Strophen. Jeden Abend: [...]. Hypnotisch, noch heute, fast siebzig Jahre später, wird mir beim Schreiben warm, zuerst im Kopf, dann in den Armen: ein leichtes wohliges Zischen in meinen Ohren. Es ist alles gut.«[42] Da es der Mutter kaum möglich ist, der Tochter mit eigenen Worten emotionale Nähe zu vermitteln, werden die fremden Worte des geistlichen Liedes hier zu etwas, das sich im Anschluss an Donald R. Winnicott als »Übergangsphänomen«[43] bezeichnen lässt und mit dessen Hilfe – entgegen der

---

[41] So endet die Erzählung auch frei vom Zurückschauen in die Vergangenheit mit der Zuwendung zum Aufstehen in den bevorstehenden Tag mit dem Ehemann (Schubert, Vom Aufstehen, 219). Vgl. Schuberts Bemerkung zum Ende der Erzählung in: Conrad (wie Anm. 10), 98: »Die Erzählung endet mit dem Aufstehen, aber auch ganz und gar mit dem Menschen, für den man das alles tut. Man steht zudem für sich selbst auf, weil es sich um eine Verantwortung handelt, die man übernommen hat und die man erfüllen möchte. Aber die Geschichte endet damit, dass der andere dieses Aufstehen existenziell braucht, annimmt und diese Liebe erwidert.«

[42] Schubert, Vom Aufstehen, 13, ebenso in der Erzählung »Vom Aufstehen«, ebd. 209.

[43] Vgl. Donald W. Winnicott, Vom Spiel zur Kreativität, Stuttgart [6]1992, 10–36; Dieter Tenbrink, Art. Übergangsobjekt, Übergangsraum, in: Wolfgang Mer-

sonst konfliktbehafteten Beziehung eine entlastete Verbindung zwischen Mutter und Tochter entstehen kann.

Charakteristisch für Übergangsphänomene ist, dass sie der kindlichen Seele helfen, ambivalente Gefühle und die schmerzhafte Abwesenheit einer Bezugsperson temporär auszuhalten und spielerisch in das eigene Seelenleben integrieren zu können, ohne dass die Angst vor Trennung und Hilflosigkeit überwältigend würde. Das abendliche Einschlafen ist in diesem Zusammenhang einer der klassischen Orte für das Auftreten von Übergangsphänomenen, in denen Kinder auf etwas zugreifen, das zwar nicht die Mutter (bzw. die wichtigste Bezugsperson) *ist*, aber die Mutter *bedeutet*. Gegenstände wie eine bestimmte Decke oder ein Kuscheltier können hier ebenso zu Übergangsphänomenen werden wie bestimmte Worte, Melodien oder Gesten.[44] In diesem Fall geschieht dies durch den allabendlich begangenen Sprachraum eines geistlichen Abendliedes, der dem Mädchen für kurze Zeit einen Ausgleich zur sonst fehlenden mütterlichen Einfühlung bietet.[45] Paradox mutet an, dass in Gestalt des Liedes

---

tens (Hg.), Handbuch psychoanalytischer Grundbegriffe, 4., überarbeitete und erweiterte Auflage, Stuttgart 2014, 995–1000. Ich bleibe hier allgemein bei der Bezeichnung »Übergangsphänomen«. Die dazugehörige entwicklungspsychologische Theorie Winnicotts ist weitaus komplexer und unterscheidet u. a. zwischen »Übergangsobjekten« und »Übergangsräumen« bzw. einem »intermediären Raum«.

[44] Vgl. Winnicott, ebd., 11. 13. 15.

[45] Entwicklungspsychologisch ist für Kinder gerade das mütterliche Eingehen und Einfühlen auf die kindlichen Bedürfnisse ein entscheidender Faktor für die Ausbildung der eigenen Fähigkeit, zwischen einer erlebten inneren, subjektiven Welt und einer äußeren, objektiven Welt unterscheiden zu können. Nach Winnicott gehören Übergangsphänomene zu einem lebensnotwenig intermediären und in Teilen illusionären Bereich, der bei dieser Aufgabe Entlastung schafft. In ihn fließen Erfahrungen innerer und äußerer Realität gleichermaßen ein, wie es für Erwachsene etwa in Kunst und Religion der Fall ist. Vgl. Winnicott (wie Anm. 43), 11–12, hier 11: »Es ist ein Bereich, der kaum in Frage gestellt wird, weil wir uns zumeist damit begnügen, ihn als eine Sphäre zu betrachten, in der das Individuum ausruhen darf von der le-

gleichermaßen die emotionale Zuwendung wie die emotionale Abwendung der Mutter spürbar werden.

Erst Jahrzehnte später erfährt die Erzählerin bei einer Internetrecherche von der Existenz einer vierten Strophe. Bei der von ihr recherchierten Fassung handelt es sich um eine sekundäre Variante:

Kranken Herzen sende Ruh,
müde Augen schließe zu,
Gott im Himmel halte Wacht,
gib uns eine gute Nacht.[46]

Nur die letzte Liedzeile dieser Strophe enthalte das Pronomen »uns«, das Mutter und Tochter zu einer Einheit verbunden hätte. Rückblickend deutet die Tochter das Weglassen der vierten Strophe als Vorbehalt der Mutter gegen diese Verbindung. »So half sie nur mir«, schlussfolgert sie.[47] Ob die Mutter die Strophe wissentlich oder nur aus Unkenntnis ausgelassen hat, bleibt offen. Rückblickend wird dieser Umstand jedoch für die Tochter auch in diesem Lied zur Erfahrung kindlicher Einsamkeit. Am Ende bleibt vor allem das Bezugssystem aus verlässlichen Beziehungen stabilisierend, wie etwa der Kontakt zur Großmutter.[48]

---

benslänglichen menschlichen Aufgabe, innere und äußere Realität voneinander getrennt und doch in wechselseitiger Verbindung zu halten.«

[46] Schubert, Vom Aufstehen, 14. Eine konkrete Quelle innerhalb der Internetrecherche wird in der Erzählung nicht genannt. Zur schon früh einsetzenden Bearbeitung dieser vierten Strophe, die im Original *Kranken Herzen sende Ruh', nasse Augen schließe zu! Laß den Mond am Himmel stehn und die stille Welt besehn!* lautet, siehe: Jürgen Henkys, *Müde bin ich, geh zur Ruh*, in: Hansjakob Becker / Ansgar Franz / et al. (Hg.), Geistliches Wunderhorn. Große deutsche Kirchenlieder, München ²2003, 401–407, hier 405.

[47] Schubert, Vom Aufstehen, 14.

[48] Vgl. die erste Erzählung »Mein idealer Ort« über die Beziehung zur Großmutter in: Schubert, ebd., 7–10. Die Erzählerin schließt diese Erinnerung an die Großmutter mit den Sätzen, ebd. 10: »So konnte ich alle Kälte überleben. Jeden Tag. Bis heute.«

Der Psychoanalytiker Tilmann Moser kritisierte in seinem Essay »Gottesvergiftung« die emotionale Machtentfaltung geistlicher Lieder als unzureichenden und irreführenden Ersatz, mit dem Gott die Aufgabe der vorbehaltlosen Liebe zugeschrieben werde, die Kinder zuallererst von ihren Eltern und unabhängig von religiösen Inhalten erfahren müssten, um eine eigene psychische Stabilität entwickeln zu können. Für Moser entpuppten sich die religiös besetzte Sehnsucht nach Liebe und der Glaube an deren Erfüllung als Illusionen, die enttäuscht würden und nachhaltig destabilisierend wirkten.[49] Schubert jedoch, von klientenzentrierter Psychotherapie herkommend, akzeptiert ein religiöses Lied wie *Müde bin ich, geh zur Ruh* zumindest auf sprachlicher Ebene als Hilfsmittel, wenn es um die Vermittlung von zwischenmenschlicher Wärme, Integration und Akzeptanz geht.[50] So lässt sie aller Verbitterung zum Trotz die Erzählerin resümieren:

> »Meine Mutter half mir mit diesem Lied zu einer fremdem Wärme aus ihrer Kühle, ihrem Stolz und ihrer Unversöhnlichkeit, aus ihrer tagelangen, wochenlangen schweigenden Verletztheit, ihren Verwünschungen: Wärst du doch damals gestorben auf der Flucht.«[51]

Hinzu kommt die weitere Beobachtung: Ziel der kindlichen Gefühle wird in der ersten Strophe der Vater, den das Mädchen nicht wie Tilmann Mo-

---

[49] Vgl. Tilmann Moser, Gottesvergiftung, Berlin [16]2015, 53–101.
[50] Als solches kann es auch aus analytischer Sicht unter bestimmten Bedingungen gelten. Vgl. oben die Ausführungen zu Übergangsphänomenen sowie Conrad (wie Anm. 10), 106. Vgl. dazu auch Mosers kritische Äußerungen über das Singen der Abendlieder *Der Mond ist aufgegangen* und *Nun ruhen alle Wälder*, in ders., Gottesvergiftung (wie Anm. 49), 60: »Im Grunde hattest du [Gott] also unser aller Seelen gepachtet, so daß wir ohne dich einander keine Gefühle mitteilen konnten, und in diesen beiden Liedern wurden wesentliche Gefühle annähernd Sprache und zwischen uns fühlbar gemacht. Sie haben die Mauern der Verschlossenheit vorübergehend niedergelegt.«
[51] Schubert, Vom Aufstehen, 210–211.

ser als göttlichen, sondern als den leiblichen Vater versteht.[52] Helga Schubert und mit ihr die Erzählerin gehört jener Generation von Kindern an, deren kriegsbedingtes Schicksal es war, häufig ohne Väter aufzuwachsen. Entweder, weil sie im Krieg gefallen, bzw. in Gefangenschaft verschleppt waren, oder, weil sie traumatisiert und in ihren Verhaltensweisen den Kindern kaum zugänglich aus Krieg oder Gefangenschaft zurückkehrten und demnach als Vertrauens- und Identifikationsperson abwesend wirkten.[53] Die Erzählerin kann sich sowohl über die ihr nahestehende Großmutter und die Ablehnung der Mutter als auch über das Abendlied eine Vorstellung von ihrem Vater machen und sich mit ihm identifizieren, wenn auch nicht frei von Ambivalenzen und Idealisierungen:

> »Schade, dass er tot ist, er hätte dich verstanden, sagte sie [die Mutter]. Sein Herz war heiter, freundlich und voller Zärtlichkeit, keiner Fliege konnte er etwas zuleide tun, dein Vater, sagte meine Großmutter, die verhasste Schwiegermutter meiner Mutter, der ich auch so ähnelte. Vater also sollte abends beim Einschlafen seine Augen über meinem Bette lassen.«[54]

Ähnlich der bereits beschriebenen Erkenntnis von Textvarianten dient der Liedtext dem Kind zum Bedenken der erfahrenen Härte und Gewalt

---

[52] Unter Umständen war das von der Mutter auch so intendiert, um den religiösen Gehalt möglichst gering zu halten. Dafür würde das Weglassen der vierten Strophe sprechen, ebenso wie der Umstand, dass die Mutter über die zweite Strophe zur göttlichen Vergebung »ganz schnell« und »aufmunternd« hinweggesungen habe, vgl. Schubert, ebd., 210.

[53] Vgl. Hartmut Radebold / Jürgen Reulecke / Hermann Schulz, Söhne ohne Väter. Erfahrungen der Kriegsgeneration, 2. erw. Aufl., Berlin 2007; Hartmut Radebold, Abwesende Väter und Kriegskindheit. Alte Verletzungen bewältigen, Göttingen 2010; Sabine Bode, Die vergessene Generation. Die Kriegskinder brechen ihr Schweigen. Mit einem Nachwort von Luise Reddemann, Stuttgart ^{36}2019, 45–48; literarisch auch verarbeitet bei Paul Maar, Wie alles kam. Roman meiner Kindheit, Frankfurt a. M. ^{2}2020, 58–64.

[54] Schubert, ebd., 209–210.

im Lebensalltag. So auch, wenn es in der dritten Strophe die leiblichen Verwandten bildlich vor Augen hat. Jene Verwandten aus Hinterpommern also, die Mutter und Tochter beim Aufbruch zur Flucht nicht geweckt hätten, um Platz auf dem Pferdewagen zu sparen, und gleich in den Westen durchgefahren seien: »Diese egoistischen und treulosen Verwandten sollte Gott also auch in der Hand halten. Wir waren demnach mit denen in einer Hand.«[55] Literarisch stellt Schubert Aussagen über die beruhigende Wirkung des Liedes direkt neben die erfahrenen Härten und Desillusionierungen, mit denen die Szenen jeweils enden und damit hermeneutisch offen bleiben. *Müde bin ich, geh zu Ruh* wird so auf der Erzählebene nicht zum Schönsten des Tages, weil das Lied frei von Leiden wäre, sondern weil es das zum Teil irrationale Leiden für das Kind im Hören und Verarbeiten des Textes aushaltbar macht.[56]

3. Abschluss und Ausblick

Andreas Marti schreibt am Ende seines Beitrags:

>»Lieder, die wir uns als Kinder aneignen, werden trotz möglicher historischer und sprachlicher Distanz als eigene wahrgenommen; die Dialektik von Distanz und Identifikation ist in die persönliche Geschichte mit Liedern eingebettet. [...] Angesichts des manifesten Traditionsabbruchs kann Rezeption nicht nur als ein Vorgang behandelt werden, den man beobachtet und beschreibt, sondern den wir mit den Methoden von Katechetik, Ge-

---

[55] Ebd., 210.
[56] Entscheidend ist, dass die Illusion, alles sei gut, hier nur zeitweise und für das Kind in hilfreicher Weise gebraucht wird und nicht, wie in Mosers geschilderter Kindheitserfahrung, zum pathologischen Dauerzustand wird. Nach Winnicott gehört dieser begrenzte Gebrauch von Illusionen notwendig zur Entwicklung der kindlichen Psyche und zur Fähigkeit, Beziehungen sinnhaft zu erleben, vgl. Winnicott (wie Anm. 43) [6]1992, 10–36.

meindepädagogik und Musikvermittlung zu befördern haben, soll uns nicht unser Gegenstand in ein bis zwei Generationen unter der Hand zerrinnen.«[57]

Helga Schuberts autofiktionale Erzählungen sind ein Beispiel für die biographische Verankerung von geistlichen Liedern und deren lebenslange Wirkung im Un- oder Vorbewussten. Einerseits erzählen die Texte davon, wie Lieder in existenziell sensiblen Momenten emotionalen Halt und Geborgenheit bieten und andererseits durch fremd wirkende Sprache und Inhalt einen inneren Abstand ermöglichen sowohl kritisch zum Lied und seinen religiösen Aussagen als auch zu eigenen Haltungen des Denkens, Fühlens und Handelns. Es sind insbesondere ihre frühen Erlebnisse in der Kriegs- und Nachkriegszeit, auf die sie in den Erzählungen immer wieder zu sprechen kommt. Nachfolgend skizziere ich mögliche historisch-hymnologische und systematisch-hymnologische Fragestellungen im Hinblick auf den zeitgeschichtlichen Kontext von Schuberts Biographie.

Schubert gehört zur Generation der sogenannten »Kriegskinder«. Die von ihr erwähnten Lieder sind solche, die zumindest noch zum kollektiven Gedächtnis des kirchlich sozialisierten Teils dieser Generation gehören. Das ist rezeptionsgeschichtlich interessant, weil der fortschreitende kirchliche Traditionsabbruch hier sowohl mit dem Kultur- und Zivilisationsbruch der NS-Diktatur, dem Kriegsende 1945 und den damit verbundenen gesellschaftlichen Veränderungen durch Flucht und Vertreibung als auch mit der Neuformierung der evangelischen Kirchen in Deutschland, den dazugehörenden vereinheitlichenden Agendenwerken und dem Evangelischen Kirchengesangbuch (EKG 1950) zusammenfällt. In diesem Übergang liegen demnach Ereignisse und Entscheidungen, die die Gestalt des kirchlichen Lebens in Deutschland bis heute prägen. Dafür spricht weiterhin die Erforschung transgenerationaler Auswirkungen von kriegs-

---

[57] Marti (wie Anm. 1), 178.

bedingten Erlebnissen und Traumata sowie die geschichtswissenschaftliche Erforschung von Emotionalität.[58] Kulturwissenschaftlich eröffnen sich in der Hymnologie Forschungsfelder, die weitgehend unbeackert sind, und für die reichlich Material (Briefe, Erinnerungen, Zeitzeugeninterviews, Protokolle etc.) vorhanden wäre. Welche Rolle haben geistliche Lieder etwa als kulturelle Beheimatung für Flüchtlinge und Vertriebene gespielt? Sei es auf dem Fluchtweg selbst oder beim Neuanfang an einem fremden Ort. Wie haben vaterlose Kriegskinder Texte über Gott, den »Vater«, gehört? Welche Auswirkungen hatten die gesellschaftlichen Umwälzungen und die Auflösungen ganzer Landeskirchen auf die Zusammenstellung des EKG nach 1945?[59]

Im Hinblick auf eine Hymnologievermittlung, die ihren Schwerpunkt lange bei den Dichter- und Musikerbiographien gewählt und zuweilen hagiographische Züge angenommen hat, ließe sich auch forschungsgeschichtlich fragen: In welchem Verhältnis stehen eigene Kriegserlebnisse zur Identifikation mit Liederdichtern, die selbst Kriege erlebt und erlitten haben? Paul Gerhardt, Johann Heermann, Dietrich Bonhoeffer oder Jochen Klepper sind hier sicher die prominentesten Beispiele. Welchen Einfluss hatte dementsprechend die private identifikatorische Rezeption von Liedern auf deren wissenschaftliche Erforschung und Interpretation? D. h. welche epochenspezifischen Tendenzen haben sich daraus gerade im 20. Jahrhundert für die Entwicklung der hymnologischen Forschung ergeben?

»Denn Tulipan und Salomonis Seide waren ihm einfach zu schön zum Umdichten.« Lieder bleiben nicht um ihrer selbst willen oder aufgrund ihrer geschichts-, literatur- oder musikwissenschaftlichen Erfor-

---

[58] Exemplarisch sei hier auf die Publikationen von Jan und Aleida Assmann sowie von Ute Frevert verwiesen.

[59] Vgl. Marion Josephin Wetzel, Die Integration von Flüchtlingen in evangelischen Kirchengemeinden. Das Beispiel Schleswig-Holsteins nach 1945, Münster / New York / et al. 2009, 154–207; Andreas Kossert, Kalte Heimat, Die Geschichte der deutschen Vertriebenen nach 1945, München 2008, 229. 238–243.

schung im aktiven kulturellen Gedächtnis, also im Funktionsgedächtnis einer Gesellschaft erhalten. Auch die historistisch geprägte Wertschätzung der (vermeintlich) ursprünglichsten Form hat die Brüche mit der Tradition nicht aufhalten können. Am Ende hat sie sie vielleicht sogar befördert. Lieder bleiben, weil Menschen sich anhand von ihnen mit bestimmten Personen identifizieren, sich an bestimmte Lebenssituationen erinnern oder eine wie auch immer geartete emotionale Befriedigung aus der Beschäftigung mit einem Lied davontragen, weil sie – wie Marti schreibt – die »eigenen« Lieder geworden sind.[60] Helga Schuberts Texte können literarisch für die unscheinbaren Momente sensibilisieren, in denen das geschieht. Und sie können darauf hinweisen, wie zeitgeschichtliche Ereignisse und Umbrüche bis in diese unscheinbaren Aneignungsprozesse und emotionalen Dispositionen einer Person hineinwirken. Hymnologische Rezeptionsforschung kann dazu beitragen, dass die Ge-

---

[60] Vgl. zur lebensbegleitenden Funktion von Liedern die interdisziplinäre Arbeit des Mediziners, Theologen und Kirchenmusikers Marc Neufeld, Die Bedeutung von Liedern in der Lebensgeschichte. Das Liedinterview als therapeutisches Instrument, Wiesbaden 2011. Zur philosophischen und geschichtswissenschaftlichen Theorie von Emotionen vgl. u. a. die Arbeiten der Historikerin Ute Frevert sowie der Philosophin Martha Nussbaum. Zusammenfassend schreibt sie zu ihrer Theoriebildung über Emotionen als Form der Aufmerksamkeit und des intensiven Engagements in Martha C. Nussbaum, Politische Emotionen. Warum Liebe für Gerechtigkeit wichtig ist, Berlin 2014, 595: »In *Upheavals of Thought* [kursive Hervorhebung M. N.] vertrete ich eine Theorie der Emotionen, der zufolge alle Gefühle ein auf ein Objekt gerichtetes intentionales Denken oder Wahrnehmen sowie eine Bewertung dieses Objekts vom Standpunkt des Akteurs aus beinhalten. Diese Bewertung mißt dem Objekt eine Bedeutung bei, die sich aus den Zielsetzungen des Akteurs ergibt. So trauern wir nicht um jeden Toten in der Welt, sondern nur um Menschen, die für unser Leben wichtig waren, wir fürchten uns nicht vor allen schlimmen Ereignissen, sondern vor jenen, die eine ernsthafte Bedrohung für unsere eigenen Pläne darstellen [...].« Zu Musik und Emotion vgl. Martha C. Nussbaum, Upheavals of Thought. The Intelligence of Emotions, Cambridge 2001, 249–294.

schichte von geistlichen Liedern wissenschaftlich reflektiert ins Verhältnis zur Lebensgeschichte einer Person oder einer ganzen Generation gesetzt wird. Idealerweise führt das dazu, dass diese Lieder auch weiterhin eine Geschichte haben werden.

Autorenverzeichnis

Anja Conrad (Jg. 1983), Diplom-Theologin, Liturgiewissenschaftlerin M.A., Diplom-Kirchenmusikerin (B), Pfarrerin im Kirchenkreis Schmalkalden, Doktorandin im Fachbereich Evangelische Theologie der Philipps-Universität Marburg am Lehrstuhl für Praktische Theologie.

Konrad Klek (Jg. 1960), Dr. theol. und A-Kirchenmusiker, Professor für Kirchenmusik am Fachbereich Theologie der Friedrich-Alexander-Universität Erlangen-Nürnberg, zugleich Universitätsmusikdirektor. Seit 2015 Präsident der Paul-Gerhardt-Gesellschaft.

Irmgard Scheitler (Jg. 1950), apl. Prof. für Neuere Deutsche Literatur i. R., Universität Würzburg. Zahlreiche Publikationen zum Grenzbereich Literatur/Musik. Mitherausgeberin des Jahrbuchs für Liturgik und Hymnologie.

Susanne Weichenhan (Jg. 1955), Pfarrerin und Oberkonsistorialrätin i. R., Dipl.-Forsting., Pfarrdienst in Mittenwalde/Mark, Alt-Sarepta (Wolgograd/Russland), Potsdam und Treuenbrietzen, Gründungsmitglied der Paul-Gerhardt-Gesellschaft (1999) und seitdem Stellvertreterin des Präsidenten.

Johannes Schilling | Brinja Bauer
Singt dem Herrn ein neues Lied
500 Jahre Evangelisches Gesangbuch

296 Seiten | Klappenbroschur
13,5 x 19 cm
ISBN 978-3-374-07415-0
EUR 25,00 [D]

Singt dem Herrn ein neues Lied – seit den Zeiten des Psalters haben Menschen gesungen, zum Lob Gottes und zur Freude der Menschen.

Vor 500 Jahren, 1524, erschienen die ersten evangelischen Gesangbücher. Auf Initiative Martin Luthers wurden neue evangelische Lieder gedichtet und gesammelt, und mit dem Singen wurde das Evangelium unter die Leute gebracht. Im Lauf der Jahrhunderte wurde das Gesangbuch für viele Christenmenschen zum Grundbuch ihres Glaubens und zum festen Bestandteil ihres Lebens in Alltag und Gottesdienst.

Dieses Buch bietet einen Überblick über die Geschichte evangelischer Gesangbücher. Es behandelt die wichtigsten Stationen dieser Geschichte, stellt die bedeutendsten Liederdichter dar, gibt einen Einblick in den Wandel evangelischer Frömmigkeit, geht dem Verhältnis von Kontinuitäten und Innovationen in den evangelischen Gesangbüchern bis in die Gegenwart nach und wirft einen Blick in die Zukunft evangelischer Gesangbücher.

EVANGELISCHE VERLAGSANSTALT
Leipzig   www.eva-leipzig.de

Tel +49 (0) 341/ 7 11 41 -44   shop@eva-leipzig.de

Johannes Schilling (Hrsg.)
Briefkultur der Reformationszeit

Schriften der Stiftung Luthergedenkstätten in Sachsen-Anhalt | 27

332 Seiten | Hardcover | 17 x 24 cm
ISBN 978-3-374-07427-3
EUR 98,00 [D]

Die Reformationszeit ist auch eine Hochzeit der Briefkultur. Humanistisch geschulte Autoren treten miteinander in Briefwechsel, beraten theologische und politische Probleme, unterrichten einander über Fragen des täglichen Lebens und bekunden einander Feindschaft und Freundschaft. Erasmus und Johannes Reuchlin, Christoph Scheurl und Martin Luther, Philipp Melanchthon und Matthias Flacius korrespondieren miteinander, lateinisch und griechisch und, wenn es darauf ankommt, auch auf Deutsch. Daneben geht es um die Überlieferung und Sammlung der Briefe – eine bisweilen spannende Geschichte.

Die in diesem Buch versammelten Beiträge gehen auf eine wissenschaftliche Tagung der Stiftung Luthergedenkstätten in Sachsen-Anhalt zurück, die vom 25. bis 27. Januar 2023 in Wittenberg anlässlich des Ausscheidens des Vorstands und Direktors der Stiftung, Dr. Stefan Rhein, aus dem aktiven Dienst stattfand.

Tel +49 (0) 341/ 7 11 41 -44   shop@eva-leipzig.de

Martin Nicol
Zwischen Kaffeehaus und Kanzel
Praktische Theologie im Wechselspiel
mit den Künsten

304 Seiten | Paperback | 15,5 x 23 cm
ISBN 978-3-374-07368-9
EUR 48,00 [D]

Martin Nicols Begeisterung für die Künste motivierte in Erlangen, Braunschweig, in der Schweiz und anderswo Pastorinnen und Pastoren, die private Leidenschaft für diese oder jene Kunst nicht auf den Feierabend zu verschieben, sondern mit in den beruflichen Alltag zu nehmen. Der Band versammelt Aufsätze von Martin Nicol, in denen Gedichte, Kantaten oder Filme eine ästhetisch ausgerichtete Praktische Theologie inspirieren. Zu einer Praxis, die im Wechselspiel mit den Künsten der Schönheit Gottes auf der Spur ist, möchte Nicol auch in einer theologisch, politisch und kulturell veränderten Landschaft mit diesen Texten Lust machen.

EVANGELISCHE VERLAGSANSTALT
Leipzig   www.eva-leipzig.de

Tel +49 (0) 341/ 7 11 41 -44   shop@eva-leipzig.de

Volker Stolle

Die Kelchstrophe im evangelischen Kirchenlied

Glauben und Bekennen (GuB) | 4

304 Seiten | Paperback | 15,5 x 23 cm
ISBN 978-3-374-07496-9
EUR 98,00 [D]

Volker Stolle untersucht die Kelchsymbolik im evangelischen Kirchenlied in ihrem frömmigkeitsgeschichtlichen Rahmen. Kelch ist hier ein Bild für die Situation, die fromme Menschen (christliche Gemeinden) zu bewältigen haben, die die frohe Botschaft in sich aufnehmen und ihr im Gotteslob Ausdruck und Gestalt verleihen. Sie leben in einer eschatologischen Existenz, indem sie mit Christus verbunden sind und unter Leiden ihrer endlichen Vollendung entgegengehen. Die Kelchstrophe diente der Kritik am gängigen Erscheinungsbild der Kirche sowie zur Kennzeichnung eines geistlichen Liedes.

Von ihren reformatorischen Anfängen her erlebte die Kelchstrophe eine vielgestaltige Rezeption, die lange Zeit von einem kreativen Umgang geprägt war. Die Metapher des Leidenskelches hielt sich durch, während das Verständnis der damit verbundenen Symbolik deutlichen Wandlungen unterlag. Schließlich aber verlor diese Metapher ihre Faszination, die zu ihrer Adaption in unterschiedlichen Frömmigkeitskontexten geführt hatte. Es zeigt sich eine bemerkenswerte mentalitätsgeschichtliche Plausibilität für die Verwendung der Kelchstrophe im evangelischen Kirchenlied.

Tel +49 (0) 341/ 7 11 41 -44   shop@eva-leipzig.de